职业教育“十三五”规划教材
财会专业课证岗一体化教材 · 校企合作系列

审计基础与实务

陈苗苗 赖丽珍◎主编

立信会计出版社
LIXIN ACCOUNTING PUBLISHING HOUSE

图书在版编目(CIP)数据

审计基础与实务/陈苗苗，赖丽珍主编. —上海：立信会计出版社，2021.6(2025.2 重印)

ISBN 978-7-5429-6352-9

Ⅰ.①审… Ⅱ.①陈… ②赖… Ⅲ.①审计学—职业教育—教材 Ⅳ.①F239.0

中国版本图书馆 CIP 数据核字(2021)第 114139 号

策划编辑　余　榕
责任编辑　孙　勇
封面设计　南房间

审计基础与实务
SHENJI JICHU YU SHIWU

出版发行	立信会计出版社		
地　　址	上海市中山西路 2230 号	邮政编码	200235
电　　话	(021)64411389	传　　真	(021)64411325
网　　址	www.lixinaph.com	电子邮箱	lixinaph2019@126.com
网上书店	http://lixin.jd.com		http://lxkjcbs.tmall.com
经　　销	各地新华书店		

印　　刷	苏州市古得堡数码印刷有限公司		
开　　本	787 毫米×1092 毫米	1/16	
印　　张	14.25		
字　　数	384 千字		
版　　次	2021 年 6 月第 1 版		
印　　次	2025 年 2 月第 5 次		
书　　号	ISBN 978-7-5429-6352-9/F		
定　　价	38.00 元		

职业教育“十三五”规划教材
财会专业课证岗一体化教材·校企合作系列
编委会名单

主　　　任　张红梅　广西金融职业技术学院(广西银行学校)副教授

副　主　任　徐建宁　北京东大正保科技有限公司(中华会计网校)高级会计师

参编行业专家　(排名不分先后)

农初勤　广西南宁海翔会计师事务所所长　高级会计师

蒋海娟　广西安驰财务管理有限责任公司　总经理

冯雅竹　北京东大正保科技有限公司(中华会计网校)会计师

王芳萍　北京东大正保科技有限公司(中华会计网校)会计师

主要编写人员　(排名不分先后)

韦雁玲　蒙丽容　李　燕　苏　梅　李思静

周平欢　陈素萍　张　祺　陈苗苗　陈　添

朱梅英　麦　海

GENERAL PREFACE 总　序

随着"互联网+"的快速发展,《教育信息化"十三五"规划》提出了职业教育信息化建设的目标任务和重点措施,在线教育、数字化教材已经成为传统教育行业转型的重要方向。开发符合"互联网+"教育的教材,以教育信息化全面推动教育现代化,促进教育公平,提升教育质量,为培养现代化建设所需要的高素质人才提供保障,已成为当前教材建设和改革的重中之重。

广西金融职业技术学院(广西银行学校)作为广西唯一的专门培养财经人才的全日制高等职业教育学校,享有"广西金融人才培养的摇篮"之美誉。学校会计专业实力雄厚,拥有一支业务水平高、教学能力强、专兼结合、双师型结构的优秀教学团队。近年来,学校在大力推进教育教学改革的基础上,在会计专业建设方面取得明显成效,毕业生就业率达到95%以上,毕业生双证率达到99%以上,地域品牌效应显著,已经成为广西职业院校中会计专业学生规模最大的学校。为了更好地开展教育教学工作,学校专任教师依据教学改革成果,结合职业教育人才培养目标和会计专业特点,与中华会计网校合作,带动兄弟学校,在会计专业理事分会的指导下,联合行业企业专家,推出一套基于"互联网+"教育教学改革理念的课证岗融合的高质量的职业教育"十三五"规划教材。

本套教材系校企共研,着重体现"课证岗融合"和"产学合作"的特点：

（1）从职业岗位能力培养出发，注重学生职业能力的养成。职业能力培养是职业院校教育的培养目标，会计职业能力培养围绕学生的职业道德素养养成和职业技能训练来开展。本套教材从会计职业能力入手，每个模块均把“基础知识”“岗位技能”“职业素养”等教学目标有机结合，按任务和活动设置职业能力目标，明确工作任务，引导学生高效学习。

（2）关注学生职业资格证书考试的需求，立体化特色鲜明。本套教材注重会计专业资格考试相关知识的规划和整合，文字通俗易懂，配备各个知识点的讲解，以及大量形象化的案例和典型考点等内容，让学生边思边学，边做边学；对于重要事项和考点列有“温馨提示”“特别提醒”等内容，并配备二维码链接，将教材学习和实训、测试、互动等辅助教学资源紧密结合，实现资源立体化，为教师和学生提供全面的教学支持。

（3）注重学生可持续发展和继续教育的需求。在突出培养学生动手能力的同时，本套教材充分考虑职业院校学生的职业发展需求和综合能力培养，融合会计专业理论知识的同时兼顾学生继续教育和终身教育的要求，丰富教学资源的内容及其呈现途径，引导学生持续性学习。

（4）校企合作。为了更好地融合“课证岗”的知识内容，本套教材由我校与中华会计网校共同组织专业老师编写，融合了学校专任老师丰富的教学经验以及中华会计网校老师所提供的大量的题库资源和资深的证书考试指导。校企双方共同确定教材大纲和编写内容，既满足了学生职业岗位能力培养的需要，又满足了证书考试的需求。

本套教材根据我国现行的企业会计准则体系和最新的税收政策法规编写，无论课程标准的开发，还是项目载体的设计、教学方法的改革和创新，都凝结了编写队伍在会计示范特色专业及实训基地建设中的心血和多年的教学经验。本套教材的出版，将会为财会专业职业教育教材建设的不断发展提供新的助力。

张红梅

2021 年 6 月

FOREWORD 前言

本书根据高职高专培养面向一线懂理论、重操作的高等应用型会计专门人才目标的需要，充分考虑我国目前高职高专教育教学特点、学生的知识能力水平，遵循“以学生为主体，以就业为导向”的原则，以注册会计师审计为主线，以“精简理论，突出实务”为宗旨，以“网中网审计实务实训平台”审计案例为辅助，为满足“培养学生实践能力为主，理论够用为度”的高职高专教育要求而编写。

本书共有11个模块：模块1阐述了审计的概念和审计的分类；模块2阐述了会计师事务所的业务范围、注册会计师的职业道德及其应该承担的法律责任；模块3～5为审计的基本知识，阐述了实施审计工作的过程和完成审计任务必须具备的基本知识，包括审计目标、审计证据、审计工作底稿、审计抽样方法等；模块6为审计的基本过程，包括初步业务活动、计划审计工作、风险识别与风险评估、风险应对、完成审计工作、出具审计报告等；模块7～10为审计的基本任务，包括销售与收款循环审计、采购与付款循环审计、生产与存货循环审计、货币资金审计；模块11介绍了完成审计工作的基本内容与如何出具审计报告。

本书紧扣“网中网审计实务实训平台”的章节分布，并借用了其大量的案例，实现了理论教学过程与审计实训过程的对接，使得审计理论教学与实训教学融为一体，并针对教学内容配备了大量典型、新颖、综合性的审计案例和配套的课后练习题；本书每个模块都安排了考核目标、实践目标、知识点思维导图、案例导读、拓展阅读、模块测试等内容，可以让学生在课堂上体验“学中做，做中学”的乐趣，达到提升教学效果的目的。

本书既适合我国高职高专会计专业及相关专业的教学之用，也可作为政府审计人员、会计师事务所审计人员、企事业单位经济管理人员学习审计知识的参考用书。

本书在编写过程中得到了广西金融职业技术学院、广东机电职业技术学院、厦门网中网公司等单位提供的帮助，在此表示由衷的感谢。

本书由陈苗苗、赖丽珍担任主编，陈苗苗负责模块1～6的编写，赖丽珍负责模块7～11的编写。由于编者水平有限，加之编写时间仓促，书中难免存在疏漏和不足之处，敬请广大读者批评指正。

编　　者

2021年6月

模拟试题一

模拟试题二

模拟试题一参考答案

模拟试题二参考答案

CONTENTS 目　录

模块 1

初识审计

［考核目标］

1. 了解审计产生和发展的历程及其存在的原因。
2. 理解并掌握审计的概念和分类。
3. 理解注册会计师审计和政府审计的区别。

［实践目标］

1. 理解审计的概念。
2. 对注册会计师审计有初步的认识。

［知识点思维导图］

- 初识审计
  - 审计概述
    - 审计的产生
    - 审计的概念
    - 审计的特征
    - 审计的职能
  - 审计的分类
    - 审计的不同分类
    - 注册会计师审计和政府审计的区别

［案例导读］

启东审计叫醒 20 万元“沉睡”村级建设资金

2019 年 7 月 5 日，启东市审计局在该市民政局领导干部经济责任审计过程中了解到，“沉睡”了 3 年半的 20 万元“城乡社区建设以奖代补专项资金”终于拨付到位。2019 年 5 月，该审计局启动了民政局主要负责人经济责任审计，重点关注了拨付到各镇区的民政专项资金相关情况。审计人员发现，该市民政局于 2015 年 12 月将 4 个村级服务中心各 10 万元“城乡社区建设以奖代补资金”拨付给所在镇财政。“资金到了镇级财政后会不会存在截留、挪用现象呢?”审计组决定进行延伸。带着疑问，审计人员先审查了该市合作镇二效镇村。通过审阅财政支付凭证、集体资金收款凭证、补贴发放明细资料，审计组并没有发现二效镇村收到此笔 10 万元“城乡社区建设以奖代补资金”。“难道是资金滞留在镇级财政了?”经与镇财政、民政等部门工作人员核实，审计人员确认这笔资金到了镇级后没有拨付到村级。锁定问题后，审计人员一鼓作气，对剩下 3 个镇的专项资金拨付及使用情况进行审查，发现吕四港镇天汾镇村也存在与二效镇村同样的问题。“‘城乡社区建设以奖代补资金’是用于改善社区公共服务、便民利民服务、志愿互助服务，不断提升社区服务功能的。你们要立刻整改，不然对不起老百姓啊。”审计人员要求合作镇和吕四港镇立即整改。合作镇按审计要求在 6 月 13 日将 10 万元转到二效镇村账上，吕四港镇于 6 月 28 日将 10 万元转到天汾镇村账上，沉睡多年的资金终于“苏醒”过来。

资料来源：启东市审计局. 启东审计叫醒 20 万元“沉睡”村级建设资金[EB/OL].(2019-07-11)[2021-06-06]. http://www.nantong.gov.cn/ntssjj/algs/content/167f8cb6-31dd-4f93-936c-60ae1a9bd2aa.html.

想一想

什么是审计？审计的职能和作用是什么？为什么需要进行审计？

任务 1.1　审计概述

一、审计的产生

审计起源于企业所有权和经营权相分离，是市场经济发展到一定阶段的产物。随着社会经济的发展、经济组织规模的不断扩大、经营活动过程的复杂化、管理层级的增多，财产的所有者无法亲自管理全部资产的运营，而需要将其财产交付他人代管或者代为经营，财产的所有权和经营权发生分离，这就形成了受托责任关系。为了监督经营管理者的经济行为和受托责任的履行情况，财产所有者授权和委托专业机构和人员，对财产经营者的经营业绩等情况进行审查和评价，于是审计便应运而生了。

我国注册会计师制度出现于 20 世纪初，伴随着市场经济的萌芽与发展而产生。中华人民共和国成立初期，随着对资本主义工商业的社会主义改造的完成，我国建立起高度集中的计划经济体制，市场经济退出历史舞台，注册会计师制度失去了生存基础。1978 年，我国实行“对外开放、对内搞活”的经济建设方针，外国投资者大量涌入，为保护投资者利益，我国迫切需要建立注册会计师制度。1980 年 12 月，我国开始重建注册会计师制度，并取得了较快的发展。

二、审计的概念

审计是指专职机构和人员接受委托或者授权，依法对被审计单位的财政、财务收支及有关经济活动的真实性、合法性、效益性进行审查，评价其经济责任，用来维护财经法纪，改善经营管理，提高经济效益，促进宏观调控的独立性经济监督活动。

财务报表审计是注册会计师的传统核心业务。财务报表审计是指注册会计师对财务报表是否不存在重大错报提供合理保证，以积极方式提出意见，增强除了管理层的预期使用者对财务报表信赖的程度。

上述审计的定义阐明了以下内容：

(1) 审计主体，即由谁来进行审计。例如，审计机关，国家授权或者委托的机构和人员，注册会计师等，均属于审计主体。

(2) 审计的依据，包括法律、法规、制度、准则、标准等。

(3) 审计的对象，如财政财务收支、会计凭证、会计账簿、财务会计报告及相关资料等。

(4) 审计的本质特征,即独立性。

(5) 审计的职能,包括监督、鉴证和评价职能。

(6) 审计的目标,即对财政财务收支的真实性、合法性、效益性进行审查和评价。

三、审计的特征

(一) 独立性

独立性是审计的本质特征,也是审计工作顺利进行的必要条件。独立性是指审计人员对被审单位保持精神上的独立和实质上的独立。所谓精神上独立,是指审计人员在执行审计工作中,保持独立的姿态等。所谓实质上的独立性,是指审计人员具有独立的身份,与被审计单位之间不存在经济联系和有损于独立性的其他联系,如直系亲属。

(二) 权威性

审计的权威性是保证有效行使审计权的必要条件。审计人员依法执行职务,受法律保护。任何组织和个人不得拒绝、阻碍审计人员依法执行职务,不得打击报复审计人员。审计机关有如下权力:要求报送资料权,检查权,调查取证权,采取临时强制措施权,建议主管部门纠正其有关规定权,通报、公布审计结果权,对被审计单位拒绝、阻碍审计工作的处理、处罚权,对被审计单位违反预算或者其他违反国家规定的财政收支行为的处理权,对被审计单位违反国家规定的财务收支行为的处理、处罚权,给予被审计单位有关责任人员行政处分的建议权等。

(三) 公正性

与权威性密切相关的是审计的公正性。审计人员应站在第三者的立场上,进行实事求是的检查,做出不带任何偏见的、符合客观实际的判断,并做出公正的评价和处理,以正确地确定或者解除被审计人的经济责任。

四、审计的职能

(一) 经济监督

经济监督是审计的基本职能,主要是指通过审计,监察和督促被审计单位的经济活动在规定的范围内、在正常的轨道上进行;监察和督促有关经济责任者忠实地履行经济责任,同时借以揭露违法违纪、稽查损失浪费、查明错误弊端、判断管理缺陷和追究经济责任等。

(二) 经济鉴证

经济鉴证是指审计机构和审计人员对被审计单位会计报表及其他经济资料进行检查和验证,确定其财务状况和经营成果是否真实、公允、合法、合规,并出具书面证明,以便为审计的授权人或者委托人提供确切的信息,并取信于社会公众的一种职能。

(三) 经济评价

经济评价是指审计机构和审计人员对被审计单位的经济资料及经济活动进行审查,并依据一定的标准对所查明的事实进行分析和判断,肯定成绩,指出问题,总结经验,寻求改善管理、提高效率和效益的途径的一种职能。经济评价包括评定和建议两个方面。例如,审计人员通过审核检查,评定被审计单位的经营决策、计划、方案是否切实可行,是否科学先进,是否被贯彻执行;评定被审计单位内部控制制度是否健全和有效;评定被审计单位各项会计资料及其他经济资料是否真实、可靠;评定被审计单位各项资源的使用是否合理和有效等,并根据评定的结果,提出改善经营管理的建议。

任务1.2 审计的分类

一、审计的不同分类

(一) 按审计的执行主体分类

按审计执行主体不同，审计可以分为政府审计、内部审计和注册会计师审计。三者的具体内容如表1-1所示。

表1-1 政府审计、内部审计和注册会计师审计的具体内容

审计分类	审计主体	审计对象	监督性质	审计方式	独立性	经费/收入来源
政府审计	政府审计机构	政府及其部门的财政收支情况等	行政监督	强制执行	单向	经费列入预算，由本级人民政府予以保证
内部审计	各单位内部审计部门	本单位的财务收支及经营管理活动	内部监督	自行安排	相对	工资
注册会计师审计	注册会计师	所有盈利企业和非盈利企业	民间监督	受托	双向	收入一般来源于被审计单位

(二) 按审计的基本内容分类

按审计的基本内容不同，审计可以分为财政财务审计、经济效益审计和财经法纪审计。

1. 财政财务审计

财政财务审计是财政审计和财务审计的总称，是指对被审计单位财政、财务收支的真实性和合法合规性进行的审查，旨在纠正错误、防止舞弊。其中，财务审计是指对企事业单位的资产、负债和损益的真实性和合法合规性进行审查。由于企业的财务状况、经营成果和现金流量是以会计报表为媒介集中反映的，因而财务审计时常又表现为会计报表审计。

2. 经济效益审计

经济效益审计是指对被审计单位经济活动的效率、效果和效益状况进行的审查和评价，目的是促进被审计单位各种资源的利用效率，提高盈利能力，实现经营目标。

3. 财经法纪审计

财经法纪审计是指国家审计机关和内部审计部门对严重违反财经法纪的行为所进行的专项审计。其目的在于维护财经法纪，保护国家和人民财产的安全和完整。

(三) 按审计范围分类

按审计范围不同，审计可以分为全部审计和局部审计。全部审计是指审计人员对被审单位被审期间全部经济活动和会计资料进行审核检查。局部审计是指审计人员对被审期间部分经济活动和部分经济核算资料进行审计，如现金审计、银行存款审计等。

(四) 按是否有确定的时间分类

按是否有确定的时间，审计可以分为定期审计和不定期审计。定期审计是指每到一定时间都要进行的审计，如年度审计。不定期审计是指不确定审计时间而临时进行的审计，如根据司法机关的委托对某项案件进行专案审查。

二、政府审计和注册会计师审计的区别

政府审计主要是指政府审计机关(如审计署和地方审计厅局)依法对政府部门的财政收支进行的检查监督,此外,还包括对国有的金融机构和企事业组织的财务收支进行的检查监督。注册会计师审计是指注册会计师接受客户委托,对客户财务报表进行独立检查并发表意见。政府审计和注册会计师审计共同发挥作用,是国家维护市场经济秩序、强化经济监督的有力手段。但两者也存在以下几方面的区别。

(一)审计目标和对象不同

政府审计是对政府的财政收支或者国有金融机构和企事业组织财务收支进行的审计,旨在确定其是否真实、合法和具有效益。注册会计师审计是注册会计师依法对企业财务报表进行的审计,旨在确定其是否符合会计准则和相关会计制度,是否公允反映了财务状况、经营成果和现金流量。

(二)审计的标准不同

政府审计的依据是《中华人民共和国审计法》和审计署制定的《国家审计准则》。注册会计师审计的依据是《中华人民共和国注册会计师法》和财政部批准发布的《中国注册会计师审计准则》。

(三)经费或者收入来源不同

政府审计是行政行为。政府审计机关履行职责所必需的经费,列入同级财政预算,由同级人民政府予以保证。注册会计师审计是市场行为,是有偿服务,其费用由注册会计师和审计客户协商确定。但是注册会计师在发表审计意见时,独立性不能受到干扰。

(四)取证权限不同

政府审计和注册会计师审计都需要取得审计证据,各有关单位都有责任配合。政府审计具有更大的强制力,各有关单位和个人应当支持、协助审计机关工作,如实向审计机关反映情况,提供有关证明材料。注册会计师审计受市场行为的局限,在获取审计证据时,很大程度上依赖于企业及相关单位配合和协助,对企业及相关单位没有行政强制力。

(五)对发现问题的处理方式不同

对政府审计而言,审计机关对违反国家规定的财政收支、财务收支行为可在职权范围内做出审计决定或者向有关主管机关提出处理、处罚意见。对注册会计师审计而言,注册会计师对审计过程中发现的问题只能提请企业调整有关数据或进行披露,没有行政强制力;如果企业拒绝调整和披露,注册会计师需根据具体情况予以反映,具体表现为出具保留意见或否定意见的审计报告。

想一想

审计署、屈臣氏内部审计部门、大信会计师事务所各属于哪类审计主体?

拓展阅读

2015年9月稳增长促改革调结构惠民生防风险政策措施贯彻落实跟踪审计结果

2015年9月,审计署组织对31个省、自治区、直辖市(以下统称"省")和29个中央部门、7个中央企业落实稳增长促改革调结构惠民生防风险政策措施情况进行了跟踪审计,重点审计

了这些地区和单位财政存量资金盘活情况，以及保障性住房、扶贫及社会保障、环境和生态保护、涉农及就业服务等民生领域项目推进和政策落实情况，抽查了758个单位、595个项目，涉及项目资金1 011.7亿元。

从审计情况看，有关中央部门和地方政府积极采取措施盘活财政存量资金、加快预算执行；通过制定、完善相关政策措施，推动养老服务业、精准扶贫等民生政策的落实，取得了积极成效。如四川省加快实施大小凉山彝区扶贫工程，开展了彝家新寨建设、生态移民搬迁、乡村道路通畅与大交通工程等项目建设，新建成通乡油路完成年度计划的112%，通村公路完成年度计划的174%，加快推动少数民族地区贫困群众脱贫；吉林省长春市采取提高财政补贴标准、享受划拨土地及税费减免、市政服务优惠价格等措施，大力推动了长春市养老服务体系建设，2014年以来，将非营利性养老机构一次性建设床位补贴标准提高1.25倍，运营补贴最高提高1倍，吸引新增民办养老机构80家，新增民办养老床位8 835张。

审计也发现，一些财政资金未及时支出，部门和地区还存在贯彻落实民生领域政策措施不到位，部分重点建设项目推进缓慢等问题，有关制度障碍亟须切实破除。

一、财政资金统筹盘活方面

抽查农林水、扶贫、社会保障与就业、城乡社区事务、保障性安居工程、养老服务等重点民生领域476.78亿元财政存量资金发现，22个省的33个项目141.76亿元资金由于制度规定制约、预算与项目实施不协调、项目审批时间长、已完成项目资金未及时统筹等，未得到有效利用。

二、保障性住房建设方面

11个省保障性安居工程项目推进缓慢；7个省的12个市县及单位虚报保障性安居工程开工或完工量14 450套；5个省的5个市县已建成的5.75万套保障性住房闲置。

三、社会保障和就业服务方面

内蒙古自治区部分人员违规获取低保资金；人力资源社会保障部未按时出台完善公共就业服务体系的创业服务功能相关措施。

四、环境和生态保护方面

13个省黄标车淘汰任务完成率明显偏低，不足50%；云南省8个城镇污水垃圾处理设施等工程进展缓慢。

五、涉农方面

2个省部分地区高标准农田建设、土地开发整理等任务落实不到位；商务部公益性农产品批发市场试点项目进展缓慢；吉林省国有农场办社会职能改革试点工作未能按计划实施。

资料来源：中华人民共和国审计署. 2015年9月稳增长促改革调结构惠民生防风险政策措施贯彻落实跟踪审计结果[EB/OL].(2015-11-06)[2021-06-06]. http://www.gov.cn/xinwen/2015-11/06/content_5005661.htm.

模块测试

参考答案

一、单项选择题

1. 审计的本质特征是(   )。

A. 权威性　　B. 经济监督　　C. 独立性　　D. 建设性

2. (　　)是审计产生的基础。

A. 受托责任关系　B. 会计　C. 经济监督　D. 独立性

3. 按审计主体的不同,审计可分为(　　)。

A. 财务报表审计、经营审计、合规性审计

B. 政府审计、注册会计师审计、内部审计

C. 定期审计、不定期审计

D. 全部审计、局部审计

4. (　　)属于单向独立审计。

A. 民间审计　B. 注册会计师审计

C. 内部审计　D. 独立审计

5. (　　)监督检查各级政府及其部门的财政收支及公共资金的收支、运用情况。

A. 政府审计　B. 注册会计师审计　C. 内部审计　D. 独立审计

二、多项选择题

1. 审计主体有(　　)。

A. 政府审计机关　B. 内部审计机构

C. 公司经理　D. 注册会计师

2. 审计的职能包括(　　)。

A. 经济监督　B. 经济鉴证　C. 经济评价　D. 制约性

3. 按照审计的基本内容不同,审计可以分为(　　)。

A. 财政财务审计　B. 注册会计师审计

C. 经济效益审计　D. 财经法纪审计

4. 审计的特征有(　　)。

A. 独立性　B. 权威性　C. 公正性　D. 制约性

5. 下列对注册会计师审计的理解中,正确的有(　　)。

A. 注册会计师审计的依据是《中华人民共和国注册会计师法》和财政部批准发布的《中国注册会计师审计准则》

B. 注册会计师审计在取得审计证据时对企业及相关单位没有行政强制力

C. 注册会计师对审计过程中发现的问题只能提请企业调整有关数据或者进行披露

D. 注册会计师审计是注册会计师依法对企业财务报表进行的审计,确定其是否符合会计准则和相关会计制度,是否公允反映了财务状况、经营成果和现金流量

三、判断题

1. 审计和会计是一回事。　(　　)

2. 审计是社会经济发展到一定阶段的产物,是在财产所有权与经营权相分离而形成的受托责任关系下,基于监督的客观需要而产生的。　(　　)

3. 注册会计师审计的首要特征是独立性,它不同于政府审计和内部审计,审计主体既独立于被审计单位,又独立于审计委托人。　(　　)

四、案例分析题

1. 英国南海股份有限公司破产审计案

1710年,从事海外贸易业务的英国南海股份有限公司成立。公司最初10年经营业绩平

平，公司董事会为了使股票达到预期价格，开始对外散布各种所谓的好消息，如南海股份有限公司在1719年年底将有大量利润可实现，并预计在1720年的圣诞节按面值的60%支付股利。这一消息促进了债券转换，进而带动了股价上升。1719年，南海公司股价为114英镑；到1720年3月，股价劲升至300英镑以上；到1720年7月，股票价格已高达1 050英镑。此时，南海股份有限公司的老板又想出了新主意：以数倍于面额的价格发行可分期付款的新股。同时，南海股份有限公司将获取的现金转贷给购买股票的公众。这样，随着南海股份有限公司股价的扶摇直上，一场投机浪潮席卷全国。

英国议会为了制止国内"泡沫公司"的膨胀，于1720年6月通过了《泡沫公司取缔法》，一些公司被解散。许多投资者开始清醒，并抛售手中所持股票。随着投机热潮的冷却，南海股份有限公司的股价一落千丈，从1720年8月25日到9月28日，南海股份有限公司的股票价格从900英镑下跌到190英镑，到12月份仅为124英镑。投资者遭受巨大损失。1720年年底，英国政府对"南海公司"资产进行清理，发现其实际资本所剩无几。而后，南海股份有限公司宣布破产。投资者要求英国议会严惩欺诈者，并赔偿损失。1720年9月，英国议会组织了特别委员会，对"南海泡沫"事件进行秘密查证，并特邀资深会计教师查尔斯·斯奈尔对南海股份有限公司的会计账目进行检查。

查尔斯·斯奈尔通过对南海股份有限公司账目的查询、审核，于1721年以会计师名义提交了一份会计账簿检查意见。在该份报告中，查尔斯·斯奈尔指出了公司存在舞弊行为、会计记录严重不实等问题。英国议会根据这份查账报告将南海股份有限公司董事之一的雅各希·布伦特以及他的合伙人的不动产全部予以没收。

1828年，由于经济发展对资金的高度需求，英国政府重新认识到股份有限公司的经济意义，撤销了1720年的《泡沫公司取缔法》，重新恢复了股份有限公司这一现代企业制度的形式。通过设立民间审计的方式，将股份有限公司中因所有权与经营权分离所产生的不足予以制约，完善了股份制这种现代企业制度。

讨论与分析：

(1) 试分析英国南海股份有限公司破产审计案的历史意义及其对现代民间审计产生的深远影响。

(2) 试述股份有限公司发展对民间审计的客观需要。

2. 三峡库区移民资金审计

根据《中华人民共和国审计法》的规定，审计署于2006年对湖北省、重庆市本级和两省(市)所属10个移民区县2004年、2005年2个年度的三峡库区移民资金进行了审计。

1) 基本情况及总体评价

三峡库区移民搬迁安置工作于1993年正式实施，规划至2009年完成，是一个庞大、复杂的系统工程，包括农村移民安置、城集镇迁建、工矿企业迁建和专项设施复建等内容。审计结果表明：移民资金管理较为规范，使用情况总体较好；移民搬迁进度总体提前，移民工程质量总体良好；移民安置基本落实，库区社会基本稳定。

2) 审计发现的主要问题

(1) 一些部门、单位违规使用移民资金。此次审计共发现各类违规问题金额2.89亿元。一是违规使用移民资金2.72亿元，主要用于超规模移民项目或非移民项目建设、行政开支、创办企业、平衡预算、购房、付息等。审计发现5起涉嫌侵占移民资金的案件，已移交公安机关和纪检监察部门处理。二是虚报多得移民补偿和政策性补助资金1 694.32万元。

(2) 移民培训费支出结构不合理，用于移民培训中心基建和设备购置的比例过高。两省(市)自三峡移民工程实施以来至2005年年底累计支出三峡移民培训费2.84亿元，其中移民技能培训支出为5 952万元，占21%，低于国家规定的60%的比例；而用于培训中心基建和设备购置的支出却高达1.39亿元，占49%。重庆市个别区县建购的培训中心规格过高、利用率低。

(3) 部分移民后期扶持和产业发展项目实施较慢。审计抽查了重庆市万州区等6个区县的移民后期扶持项目实施情况，均发现存在资金拨付滞后、项目实施缓慢问题。如万州区2004年、2005年的153个移民后期扶持项目、6 549万元后期扶持补助资金，至2005年年底仍有87个扶持项目未开工、5 563万元补助资金滞留在区财政局和移民局。

(4) 部分移民安置质量不高，就业生活较为困难。审计随机走访了28个乡镇的429户就地后靠安置农村移民。由于受安置环境容量所限，受访移民的人均耕地数量不足，土质差，部分移民生活较为困难。

针对审计发现的问题，审计署已依法出具审计报告，并下达了审计决定书。审计署同时建议：湖北、重庆两省(市)政府应强化对移民管理部门和资金使用单位的监督；国家有关部门、库区各级政府应不断加大移民后期扶持工作力度，继续统筹解决好库区产业发展和移民生计问题。一是投入向库区倾斜；二是做好库区产业发展和移民后期扶持；三是切实用好移民培训资金，搞好移民技能培训。

3) 整改情况

对审计发现的违规使用移民资金等问题，国务院三峡办高度重视，专门下发通知要求两省(市)认真整改。两省(市)政府多次召集有关区县专门研究部署整改工作。至2006年12月底，两省(市)通过收回、归垫被挤占挪用的资金和补办相应手续等方式，已整改违规问题金额2.42亿元，整改率达83.7%。

讨论与分析：

(1) 本案中审计主体和审计对象分别是什么？

(2) 试分析政府审计的职能与作用。

模块 2

业务范围、职业道德与法律责任

[考核目标]

1. 了解会计师事务所的组织形式及业务范围。
2. 理解并掌握注册会计师执业准则、职业道德基本原则。
3. 理解注册会计师应承担的法律责任。

[实践目标]

1. 理解注册会计师的职业道德基本原则。
2. 理解注册会计师应承担的法律责任。

[知识点思维导图]

- 业务范围、职业道德与法律责任
  - 会计师事务所的组织形式及业务范围
    - 会计师事务所的组织形式
    - 会计师事务所的业务范围
  - 注册会计师职业道德规范
    - 注册会计师职业道德的概念
    - 注册会计师职业道德的基本原则
  - 注册会计师法律责任
    - 注册会计师法律责任的概念
    - 注册会计师法律责任的成因
    - 注册会计师法律责任的种类

[案例导读]

虚增利润 2.78 亿元，“华锐风电”被严处

2015 年 11 月 10 日，中国证券监督管理委员会（下称“证监会”）向“华锐风电”下发《行政处罚决定书》和《市场禁入决定书》。“华锐风电”因财务造假被给予警告，并处以 60 万元罚款，其当年的掌舵者韩俊良被采取终身证券市场禁入措施。

为粉饰上市首年业绩，“华锐风电”通过伪造单据等方式在 2011 年度提前确认收入，虚增 2011 年利润总额 277 861 363.60 元，占 2011 年利润总额的比例为 37.58%。利安达会计师事务所作为“华锐风电”2011 年年报审计机构，在“华锐风电”2011 年年报审计业务中未能勤勉尽责，存在诸多执业问题。

“华锐风电”和利安达会计师事务所扰乱了证券市场的秩序，损害了投资者的利益，背离了证券市场的诚信精神与价值。证监会依法做出行政处罚，严厉打击破坏证券市场秩序的信息披露违法行为与证券服务机构未勤勉尽责履行法定义务的行为，维护公开、公平、公正的市场秩序。

资料来源：金彧. 虚增利润 2.78 亿　华锐风电被罚 60 万[EB/OL]. (2015-11-21)[2021-06-06]. http://epaper.bjnews.com.cn/html/2015-11-21/content_608955.htm? div=-1.

想一想

作为“华锐风电”2011 年年报审计机构的利安达会计师事务所，其在执业过程中应该遵循哪些执业准则，遵守哪些职业道德，承担哪些法律责任？

任务 2.1　会计师事务所的组织形式及业务范围

一、会计师事务所的组织形式

会计师事务所是指依法设立，接受当事人委托，从事鉴证、咨询等相关服务业务的专业中介机构。其组织形式与责任类型如表 2-1 所示。

表 2-1　会计师事务所组织形式

组织形式	责任类型
独资会计师事务所	无限责任
普通合伙会计师事务所	无限连带责任
有限责任会计师事务所	有限责任
特殊普通合伙会计师事务所	无过失合伙人有限责任，过失合伙人无限责任

（一）独资会计师事务所

独资会计师事务所是指由具有注册会计师执业资格的个人独立开办的，承担无限责任的会计师事务所。这种组织形式的优点是：对执业人员的需求不多，容易设立，执业灵活，能够在代理记账、代理纳税等方面很好地满足小型企业对注册会计师服务业务的需求。其缺点是：无力承担大型业务，缺乏发展后劲。

（二）普通合伙会计师事务所

普通合伙会计师事务所是由两位或者两位以上合伙人组成的合伙组织所形成的会计师事务所。合伙人以各自的财产对会计师事务所的债务承担无限连带责任。这种组织形式的优点是：在风险牵制和共同利益的驱动下，促使会计师事务所强化专业发展，扩大规模，提高规避风险的能力。其缺点是：建立一个跨地区、跨国界的大型会计师事务所要经历一个漫长的过程；同时，任何一个合伙人在执业中的失误或者舞弊行为，都可能给整个会计师事务所带来灭顶之灾，使之一日之间土崩瓦解。

（三）有限责任会计师事务所

有限责任会计师事务所是指由注册会计师认购会计师事务所股份，并以其所认购股份对会计师事务所承担有限责任的会计师事务所。有限责任会计师事务所以其全部资产对其债务承担有限责任。这种组织形式的优点是：可以通过公司制形式迅速聚集一批注册会计师，建立大规模的事务所，可以承办大型业务。其缺点是：降低了风险责任对执业行为的高度制约，弱化了注册会计师的个人责任。

（四）特殊普通合伙会计师事务所

特殊普通合伙会计师事务所是指以其全部资产对其债务承担有限责任，各合伙人只对个人执业行为承担无限责任的会计师事务所。无过失的合伙人对于其他合伙人的过失或者不当执业行为以自己在事务所中的财产为限承担责任，不承担无限责任，除非该合伙人参与了过失或者不当执业。这种组织形式的最大特点在于：既融入了普通合伙会计师事务所和有限责任会计师事务所的优点，又摒弃了它们的不足。

根据《中华人民共和国注册会计师法》的规定，我国允许设立普通合伙会计师事务所、有限责任会计师事务所和特殊普通合伙会计师事务所。

二、会计师事务所的业务范围

当前，会计师事务所的业务范围越来越大，触及社会经济生活的各个方面，呈多元化发展趋势。我国会计师事务所的业务范围包括鉴证业务和相关服务业务两方面，如图 2-1 所示。

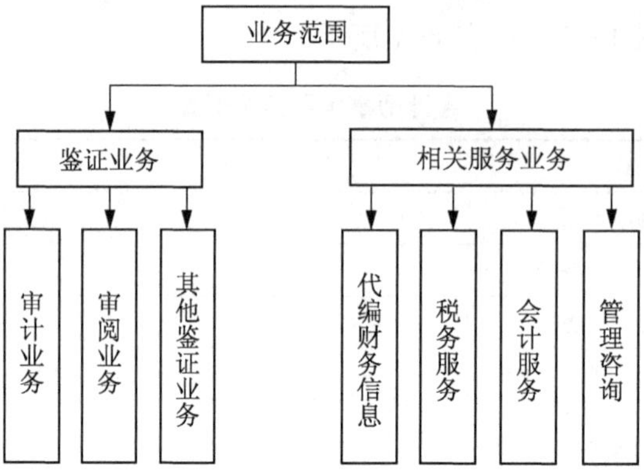

图 2-1 会计师事务所的业务范围

（一）鉴证业务

鉴证业务是指注册会计师对鉴证对象信息做出结论，以增强除了责任方的预期使用者对鉴证对象信息信任程度的业务。鉴证业务旨在增进某一鉴证对象信息的可信性。例如，针对公司管理层（责任方）按照适用的企业会计准则（标准）对其财务状况、经营成果和现金流量（鉴证对象）进行确认、计量和列报而形成的财务报表（鉴证对象信息），具有独立性和专业性的注册会计师对其财务报表实施一定的方法进行查证（获取证据）后，得出结论，并出具一份书面报告（鉴证报告），以增强除管理层之外的报告使用者（预期使用者）对财务报表的信任程度。

鉴证业务按照鉴证对象的不同，可分为审计业务、审阅业务和其他鉴证业务。鉴证业务按照提供的保证程度不同，可分为合理保证和有限保证。审计业务属于合理保证（高水平保证）的鉴证业务，注册会计师将审计业务风险降至审计业务环境下可接受的低水平，以此作为以积极方式提出审计意见的基础；审阅业务属于有限保证（低于审计业务的保证水平）的鉴证业务，注册会计师将审阅业务风险降至审阅业务环境下可接受的水平，以此作为以消极方式提出审阅结论的基础。

（二）相关服务业务

相关服务业务是非鉴证业务，具体包括代编财务信息、税务服务、会计服务和管理咨询等。相关服务业务通常不像鉴证业务那样对注册会计师提出独立性要求。在提供相关服务时，注册会计师不能提供任何程度的保证。

任务 2.2 注册会计师职业道德规范

一、注册会计师职业道德的概念

注册会计师职业道德是注册会计师的职业品德、职业纪律、职业能力和职业责任的总称。

二、注册会计师职业道德的基本原则

《中国注册会计师职业道德守则第 1 号——职业道德基本原则》和《中国注册会计师职业道德守则第 2 号——职业道德框架概念》规定了与注册会计师执行财务报表审计相关的职业道德基本原则，并提供了运用这些原则的概念框架。根据上述职业道德守则，注册会计师应当遵守的基本原则，如表 2-2 所示。

表 2-2　　注册会计师职业道德的基本原则

项目	内容
遵守职业道德	(1) 诚信 (2) 客观公正 (3) 独立性(包括实质上和形式上的独立) (4) 专业胜任能力和勤勉尽责 (5) 保密 (6) 良好职业行为

(一) 诚信

诚信即诚实、守信，是指一个人的言行与内心思想一致，不虚假；能够履行与别人的约定而取得对方的信任。诚信原则要求注册会计师在所有的职业关系和商业关系中保持正直，诚实守信。

1. 禁止情况

(1) 含有虚假记载、误导性陈述。

(2) 含有缺乏充分根据的陈述或者信息。

(3) 存在遗漏或者含糊其辞的信息，而这种遗漏或者含糊其辞可能会产生误导。

2. 防范措施

注册会计师如果注意到已与有问题的信息发生关联，应当采取措施消除。

(二) 客观公正

客观，是指按照事物的本来面目去考察，不添加个人的偏见。公正，是指公平，正直，不偏袒。客观和公正原则要求注册会计师应当公正处事，实事求是，不得由于偏见、利益冲突或他人的不当影响而损害自己的职业判断。如果存在对职业判断产生过度不当影响的情形，注册会计师不得从事与之相关的职业活动。

(三) 独立性

注册会计师应当从实质上和形式上保持独立性，不得因任何利害关系影响其客观公正。实质上的独立是一种内心状态，它使得注册会计师在提出结论时不受损害职业判断的因素影响，诚信行事，遵循客观公正原则，保持职业怀疑态度；形式上的独立是一种外在表现，它使得一个理性且掌握充分信息的第三方，在权衡所有相关事实和情况后，认为会计师事务所或者审计项目组成员没有损害诚信原则、客观公正原则或者保持职业怀疑态度。

1. 对独立性基本原则产生威胁的具体情形

1）产生自身利益威胁的情形

（1）鉴证业务项目组成员在鉴证被审计单位中拥有直接经济利益。

（2）会计师事务所过分依赖向某一被审计单位的收费。

（3）鉴证业务项目组成员与鉴证被审计单位存在重要的密切商业关系。

（4）会计师事务所担心可能失去某一重要被审计单位。

（5）审计项目组成员与被审计单位进行雇佣协商。

（6）会计师事务所存在与鉴证业务相关的或有收费安排。

（7）在评价其所在会计师事务所的人员以前提供专业服务的结果时，注册会计师发现重大错误。

2）产生自我评价威胁的情形

（1）会计师事务所设计或者运行财务系统后，对该财务系统的有效性出具鉴证报告。

（2）会计师事务所编制用于生成有关记录的原始数据，又将这些数据作为鉴证对象。

（3）鉴证业务项目组成员现在是或最近曾是被审计单位的董事或高级管理人员。

（4）鉴证业务项目组成员现在受雇于或最近曾受雇于被审计单位，且在被审计单位中担任能够对鉴证对象产生重大影响的职务。

（5）会计师事务所为鉴证被审计单位提供的其他服务，直接影响鉴证业务中鉴证对象信息。

3）产生过度推介威胁的情形

（1）会计师事务所推介被审计单位的股份。

（2）在鉴证被审计单位与第三方发生诉讼或纠纷时，注册会计师担任被审计单位的辩护人。

4）产生亲密关系威胁的情形

（1）项目组成员与被审计单位的董事或高级管理人员存在直系亲属或近亲属关系。

（2）项目组成员与被审计单位某员工存在直系亲属或者近亲属关系，且该员工所处职位能够对业务对象产生重大影响。

（3）被审计单位的董事或管理层，或者所处职位能够对业务对象产生重大影响的员工最近曾是会计师事务所的合伙人。

（4）注册会计师接受被审计单位的礼品或享受优惠待遇，除非所涉价值微小。

（5）会计师事务所的高级员工长期与某一鉴证被审计单位发生关联。

5）产生外在压力威胁的情形

（1）会计师事务所收到被审计单位解除业务关系的威胁。

（2）会计师事务所坚持不同意审计被审计单位对某项交易的会计处理，被审计单位可能不将计划的非鉴证业务合同提供给该会计师事务所。

（3）会计师事务所受到被审计单位的起诉威胁。

（4）会计师事务所受到因降低收费而不恰当缩小工作范围的威胁。

（5）由于被审计单位的员工对所涉事项更具专长，会计师事务所面临同意被审计单位员工判断的压力。

(6) 注册会计师被会计师事务所合伙人告知，除非同意被审计单位的不当会计处理，否则将不被提升。

2. 防范措施

1) 会计师事务所应当从整体上维护其独立性

(1) 会计师事务所的高级管理人员重视独立性，并要求鉴证小组成员保持独立性。

(2) 制定有关独立性的政策和程序，包括识别损害独立性的因素、评价损害的严重程度以及采取相应的维护措施。

(3) 建立必要的监督及惩戒机制以促使有关政策和程序得到遵循。

(4) 及时向所有高级管理人员和员工传达有关政策和程序及其变化。

(5) 制定能使员工向更高级别人员反映独立性问题的政策和程序。

2) 在承办具体鉴证业务时，会计师事务所应当维护其独立性

(1) 安排鉴证小组以外的注册会计师进行复核。

(2) 定期轮换项目负责人及签字注册会计师。

(3) 与鉴证客户的审计委员会或者监事会讨论独立性问题。

(4) 向鉴证客户的审计委员会或监事会告知服务性质和收费范围。

(5) 制定确保鉴证小组成员不代替鉴证客户行使管理决策或承担相应责任的政策和程序。

(6) 将独立性受到损害的鉴证小组成员调离鉴证小组。

当维护措施不足以消除损害独立性因素的影响或者将其降至可接受水平时，会计师事务所应当拒绝承接业务或解除业务约定。

【实训练习 2-1】

林芝是审计商夏股份有限公司的审计小组成员，现持有商夏股份有限公司的股票 1 000 股，市值约为 6 000 元。由于数额较小，林芝未将该股票售出，也未予回避。

讨论与分析：

(1) 上述情形是否对独立性造成威胁？请简要说明理由。

(2) 若影响独立性，事务所可采用下列哪些措施消除这种威胁或者将其降至可接受水平？

A. 要求林芝将所有的股票处置

B. 要求林芝将所持有的股份数变少，如降至持有 100 股

C. 将林芝调离该审计项目组

D. 拒绝执行该审计业务

答案：(1) 持有该股票属于直接经济利益，影响独立性。

(2) AC。

【实训练习 2-2】

华兴会计师事务所由于业务规模的扩大，按照正常借款条件和程序于 2020 年向中国工商银行南联支行借款 500 万元。此事项对该事务所具有重要性。2021 年 5 月，该事务所承接了中国工商银行南联支行的审计业务。

讨论与分析：

(1) 上述情形是否对独立性造成威胁?

(2) 可以采取“请华兴会计师事务所以外的其他注册会计师复核已做的工作”这一措施来防范这一威胁吗?

答案:(1) 是。

(2) 可以。

【实训练习 2-3】

正大会计师事务所的审计客户之一是天兴销售公司。该事务所自主开发的内部控制软件是由天兴销售公司代理销售的。

讨论与分析:

(1) 正大会计师事务所是否出现了威胁独立性的因素?

(2) 若独立性受到威胁,正大会计师事务所采取下列哪些措施可以降低其影响?

A. 会计师事务所终止该项经营业务

B. 会计师事务所降低经营关系的重要性,使经济利益不重大,经营关系明显不重要

C. 会计师事务所拒绝执行该鉴证业务

D. 会计师事务所出具非标准审计报告

答案:(1) 是。

(2) AC。

【实训练习 2-4】

注册会计师李鑫于 2021 年 5 月接受事务所指派,参加中国银行东城支行 2020 年度财务报表的审计项目。李鑫的妹妹在中国银行东城支行担任财务经理。

讨论与分析:

(1) 上述情形是否对独立性造成威胁?

(2) 威胁主要来自哪个方面?

(3) 可采用下列哪种方式降低这种威胁?

A. 将李鑫调离该项目组

B. 让李鑫不处理其妹妹负责的领域

C. 让其他人复核李鑫工作

D. 事务所拒绝承接该业务

答案:(1) 是。

(2) 关联关系。

(3) A。

【实训练习 2-5】

注册会计师王可自 2020 年以来一直是北方银行年度财务报表审计业务的项目组成员,并于 2021 年 5 月 1 日兼任北方银行的董事。王可所在事务所因不知情,继续接受北方银行年度财务报表审计业务。

讨论与分析:

(1) 上述情形是否威胁独立性?

(2) 有何防范措施? 若无防范措施,则王可所在事务所应采取何种方式?

答案：(1) 是。

(2) 无防范措施。王可所在事务所应拒绝执行该鉴证业务。

(四) 专业胜任能力和勤勉尽责

专业胜任能力和勤勉尽责原则要求注册会计师通过教育、培训和执业实践获取和保持专业胜任能力。注册会计师应当持续了解并掌握当前法律、技术和实务的发展变化，将专业知识和技能始终保持在应有的水平，确保为客户提供具有专业水准的服务。在运用专业知识和技能时，注册会计师应当合理运用职业判断。注册会计师应当勤勉尽责，既遵守职业准则的要求又保持应有的职业怀疑，认真、全面、及时地完成工作任务。

【实训练习 2-6】

光大会计师事务所由于规模较小，人才不完备，所以尚未取得证券和期货从业资格，但是客户之一友华有限公司将于 2021 年 12 月发行可转换公司债券。

讨论与分析：

(1) 光大会计师事务所在哪方面可能违反职业道德准则？

(2) 光大会计师事务所可采取什么措施来遵守职业道德准则？

答案：(1) 专业胜任能力。

(2) 该事务所应拒绝执行该鉴证业务。

(五) 保密

保密原则是指注册会计师应对审计中知悉的被审计单位信息保守秘密。

1. 注册会计师应避免的行为

(1) 在未经适当且特别授权情况下，向会计师事务所或者雇佣单位以外的第三方披露由于职业关系和商业关系所获知的涉密信息。

(2) 利用由职业关系和商业关系所获知的涉密信息为自己或者第三方牟取利益。

2. 注册会计师可以披露涉密信息的情形

(1) 法律法规允许披露，且获得被审计单位或者雇佣单位授权。

(2) 法律法规要求披露。

(3) 注册会计师有义务和权利披露且法律法规未予禁止。

3. 在决定是否披露涉密信息时，注册会计师应考虑的因素

(1) 客户同意披露的涉密信息，法律法规是否禁止披露。

(2) 如果被审计单位或者雇佣单位同意披露涉密信息，这种披露是否可能损害相关人的利益。

(3) 是否已在可行的范围内了解和证实了所有相关信息，信息是否完整。

(4) 信息披露的方式和对象，包括披露对象是否恰当。

(5) 可能承担的法律责任和后果。

【实训练习 2-7】

天达会计师事务所于 2021 年负责审计鑫源电子厂 2020 年度的财务会计报告。其另一客户天方晶体管厂是鑫源电子厂的长期供应商，但是鑫源电子厂以天方晶体管厂供货质量残次、出现了很多废品为由拒不付款。天方晶体管厂就向天达会计师事务所索取鑫源电子厂 2020 年年末的存货盘存表，天达会计师事务所答应了这一要求，并索取了其所追回货款10%的费用。

讨论与分析：

(1) 该事务所在哪个方面违反了职业道德规范？

(2) 下列各项中，不属于注册会计师违反职业道德规范的情形有(　　)。

A. 取得客户的授权

B. 接受同业复核

C. 向监管机构报告发现的违反法律的行为

D. 在与客户相关的诉讼中将工作底稿作为法律依据

答案：(1) 保密。

(2) ABCD。

(六) 良好职业行为

注册会计师应当遵循良好职业行为原则，爱岗敬业，遵守相关法律法规，避免发生任何可能损害职业声誉的行为。

注册会计师在向公众传递信息以及推介自己和工作时，应当客观、真实、得体，不得损害职业形象。

注册会计师应当诚实、实事求是，不得有下列行为：①夸大宣传提供的服务、拥有的资质或获得的经验。②贬低或无根据地比较他人的工作。

【实训练习 2-8】

下面是一些会计师事务所的宣传册中的部分语言：

(1) 明发会计师事务所："明发会计师事务所，查账全靠我。"

(2) 捷达会计师事务所："本所与税务局、财政厅具有很好的关系，选择了本所，选择了便捷。"

(3) 旺达会计师事务所："本所现已正式更名为旺达会计师事务所，同时搬迁至远洋大厦，欢迎新老客户光临。"

(4) 正信会计师事务所："本所业务精良，人才丰富，拥有博士20名、研究生百余名，是本地一流的会计师事务所。"

讨论与分析：试说明这些说法是否恰当得体。

答案：(1) 否。　(2) 否。

(3) 是。　(4) 否。

任务 2.3　注册会计师法律责任

一、注册会计师法律责任的概念

注册会计师法律责任是指注册会计师在承办业务的过程中，未能履行合同条款，或者未能保持应有的职业谨慎，或者出于故意未按专业标准出具合格报告，致使审计报告使用者遭受损失，依照有关法律法规，注册会计师或者会计师事务所应承担的法律责任。

二、注册会计师法律责任的成因

法律责任的出现，经常是因为注册会计师在执业过程中没有保持应有的职业谨慎，从而导致了对其他人权益的损害。应有的职业谨慎是指注册会计师应当具备足够的专业知识和业务能力，按照执业准则的要求执业。注册会计师的法律责任认定包括以下三个方面。

（一）违约

违约是指合同的一方或者几方未能达到合同条款的要求。当违约给他人造成损失时，注册会计师应负违约责任。例如，会计师事务所在商定的期间内违反了与被审计单位订立的保密协议，就属于违约。

（二）过失

过失是指在一定条件下，注册会计师没有保持应有的职业谨慎。评价注册会计师的过失，是以其他合格注册会计师在相同条件下可做到的谨慎为标准的。当过失给他人造成损失时，注册会计师应负过失责任。过失按其程度不同，可以分为普通过失和重大过失。

普通过失也称一般过失，是指注册会计师没有完全遵循专业准则的要求。例如，注册会计师未按特定审计项目获取充分、适当的审计证据就出具审计报告的情况，可视为一般过失。

重大过失是指注册会计师根本没有遵循专业准则或者没有按专业准则的基本要求执行审计。

（三）欺诈

欺诈又称舞弊，是指以欺骗或者坑害他人为目的的一种故意的错误行为。具有不良作案动机是欺诈的重要特征，也是欺诈与过失的主要区别之一。对于注册会计师而言，欺诈即明知委托单位的财务报表有重大错报，却加以虚伪的陈述，出具无保留意见的审计报告。

与欺诈相关的另一个概念是推定欺诈，又称涉嫌欺诈，是指虽无故意欺诈或者坑害他人的动机，但却存在极端或异常的过失。

三、注册会计师法律责任的种类

注册会计师因违约、过失或者欺诈给被审计单位或者其他利害关系人造成损失的，按照有关法律和规定，可能被判处行政责任、民事责任或者刑事责任。这三种责任可单处，也可并处。

（一）行政责任

行政责任是指注册会计师或者会计师事物所违反法律法规的规定，并给有关各方造成经济等方面的损害后，政府主管部门或者自律组织对其所追究的具有行政性质的责任。对注册会计师个人来说，追究的行政责任包括警告、没收违法所得、罚款、暂停执行部分或者全部业务、吊销注册会计师证书等；对于会计师事务所而言，追究行政责任包括警告、没收违法所得、罚款、暂停执行部分或者全部业务、吊销有关执业许可证和撤销事务所等。

（二）民事责任

民事责任是指审计人员或审计机构因违反合同或法定民事义务所引起的法律后果，依法承担赔偿经济损失的法律责任，主要包括赔偿经济损失、支付违约金等。

（三）刑事责任

刑事责任是指审计人员由于重大过失、欺诈行为违反了刑法，所应承担的相应法律责任。它主要包括管制、拘留、判刑、剥夺政治权利、罚金、没收财产等。

一般来说，违约和过失可能使注册会计师负行政责任和民事责任，欺诈可能会使注册会计师负民事责任和刑事责任。

拓展阅读

安然公司破产及安达信会计师事务所审计失败

安达信会计师事务所成立于1913年，由美国芝加哥大学教授阿瑟·安达信创建，自成立以来，一直以其稳健诚信的形象被公认为同行业中的“最佳精英”。经过88年经营，该公司在世界84个国家和地区拥有8.5万名员工，在全球拥有10万家大型客户，倒闭前是当时全球五大会计师事务所之一。而在安然事件揭露前后不到几个月，这家“百年老店”毁于一旦，实在令人深思。

自安然公司成立以来，从20世纪80年代到90年代，安达信会计师事务所一直负责其审计工作，并提供咨询服务。2000年，安达信会计师事务所从安然公司获得的5 200万美元总收入中，咨询服务的收入就高达2 700万美元，可见安达信会计师事务所与安然公司之间拥有源远流长的利益关系。安达信会计师事务所的一个雇员说：“安达信会计师事务所休斯敦办公室的太多人得到了安然公司的好处，如果有人拒绝在审计报告上签字，他马上就得走人！”可见其物质利益关系非同一般！

利益驱使安达信会计师事务所帮助安然公司造假。2001年10月，安然公司重新公布了其1997—2000年的财务报表，结果累积利润比原先减少5.91亿美元，而债务却增加6.38亿美元。安达信会计师事务所为之辩解说：这是因为安然公司在股权交易过程中将公司发行股票换取了应收票据。这些应收票据在公司的账本上记录为资产，发行的股票则被记录为股东权益。按照会计原理，在没有收到现金前不能记作权益的增加。在美国国会听证会上，安达信会计师事务所首席执行官贝拉迪诺承认，安达信会计师事务所确实判断失误，以致纵容了安然公司在会计方面进行的一些违规操作。正是在安达信会计师事务所“失职”的情况下，安然公司可以将数亿美元的债务转至不见于公司资产负债表的附属公司或合资企业的账上，从而使债务隐藏在财务报表以外，同时又将不应记作收入的款项记作收入，以这种偷梁换柱的造假方式虚报公司盈利。这与中国某些上市公司造假的手法如出一辙。

随着安然公司问题的暴露，安达信会计师事务所一系列的造假行径相继揭露。2001年，安达信会计师事务所就曾两次因违规操作而被处罚。一次是与审计美国废物管理公司工作中提供虚假误导性审计报告有关。安达信会计师事务所在1992—1996年“明知故犯”和“不顾后果”地为美国废物管理公司提供虚假的、具有误导性的审计报告，虚报收入14.3亿美元。华盛顿联邦法庭以“欺骗及伪造账目”罪判处安达信会计师事务所罚款700万美元。其中，3名合伙人除了被罚款，还被处以5年内不得从事审计工作；另一名合伙人的禁审期为1年。另一次是在2001年春，安达信会计师事务所因为替自己负责审计的佛罗里达州家用设备企业阳光公司做假账，被法院判定向阳光公司的股东支付1.1亿美元。这两次违规操作早已使安达信会计师事务所的声誉大为受损。

2002年6月15日法院开庭审理安达信会计师事务所一案，陪审团一致认定安达信会计师事务所阻碍政府调查的罪名成立。2002年10月16日，美国休斯敦联邦地区法院对安达信会计师事务所妨碍司法调查做出判决，罚款50万美元，并禁止它在5年内从事业务。安然公司造假案曝光后，安达信会计师事务所的声誉严重受损，业务量也大幅度下降。安达信会计师事务所在陪审团做出决定后就宣布从 2002 年 8 月 31 日起停止从事上市公司的审计业务，此后，2 000 多家上市公司客户陆续离开安达信会计师事务所。同时，安达信会计师事务所关闭了全世界绝大多数办事处，员工人数也从 8.5 万人下降到目前的不足 2 000 人，面临破产，最后拍卖却无人收购。

资料来源：夏焕秋. 审计[M]. 2 版. 北京：中国财政经济出版社，2014.

模块测试

参考答案

一、单项选择题

1. 下列业务中，不属于会计师事务所的业务范围的是(　　)。

A. 审阅　B. 税务服务　C. 审计　D. 设计财务会计制度

2. 特殊普通合伙会计师事务所的责任类型是(　　)。

A. 无限责任

B. 无限连带责任

C. 有限责任

D. 无过失合伙人有限责任，过失合伙人无限责任

3. (　　)遵守执业准则和职业道德规范的要求，勤勉尽责，认真、全面、及时地完成工作任务。

A. 独立原则　B. 应有的关注　C. 保密原则　D. 客观原则

4. (　　)是一种内心状态，使得注册会计师在提出结论时不受损害职业判断的因素影响，诚信行事，遵循客观与公正原则，保持职业怀疑态度。

A. 实质上独立　B. 经济上独立　C. 形式上独立　D. 组织上独立

5. 注册会计师应当对在执业过程中获知的客户信息保密，但也有例外。下列各项中，不属于保密例外情形的是(　　)。

A. 法律法规允许披露，并且取得客户或雇佣单位的授权

B. 法律法规要求披露，包括为法律诉讼出示文件或者提供证据，以及向有关监管机构报告发现的违法行为

C. 接受、答复注册会计师协会或者监管机构的质量检查、询问和调查

D. 另一客户提出查看的要求

6. 会计师事务所和注册会计师无法消除损害独立性的因素的影响或者将其降至可接受的低水平时，会计师事务所应当(　　)。

A. 不予理睬，照常承接业务

B. 不予理睬，继续按原计划进行审计

C. 出具无法表示审计意见的审计报告

D. 拒绝承接业务或解除业务约定

7. 会计师事务所如无法胜任或者不能按时完成审计业务，应该(　　)。

A. 减少审计收费　B. 转包给其他会计师事务所

C. 拒绝接受委托　　D. 聘请其他专家帮助

8. 会计师事务所给他人造成经济损失时，应予赔偿，这表明会计师事务所要承担(　　)责任。

A. 行政　　B. 刑事　　C. 民事　　D. 道德

9. (　　)是指注册会计师没有完全遵循执业准则的要求执业。

A. 普通过失　　B. 重大过失　　C. 欺诈　　D. 违约

10. (　　)是指注册会计师明知已审计的财务报表有重大错报，却加以虚假陈述，发表不恰当的意见。

A. 违约　　B. 一般过失　　C. 重大过失　　D. 欺诈

二、多项选择题

1. 现今我国会计师事务所组织形式包括(　　)。

A. 独资会计师事务所　　B. 普通合伙会计师事务所

C. 有限责任会计师事务所　　D. 特殊普通合伙会计师事务所

2. 我国注册会计师鉴证业务包括(　　)。

A. 相关服务业务　　B. 审计　　C. 审阅　　D. 其他鉴证业务

3. 注册会计师职业道德基本原则包括(　　)。

A. 诚信与独立性　　B. 客观与公正

C. 专业胜任能力和勤勉尽责　　D. 保密与良好的职业行为

4. 对注册会计师遵循职业道德基本原则可能导致不利影响的情形有(　　)。

A. 自身利益　　B. 自我评价　　C. 过度推介　　D. 密切关系

5. 根据注册会计师的专业胜任能力和勤勉尽责要求，注册会计师(　　)。

A. 即使不胜任的业务，也可承接

B. 应当持续了解和掌握相关的专业技术和业务的发展，以保持专业胜任能力

C. 应当保持职业怀疑态度

D. 不得按服务成果的大小收取各项费用

6. 注册会计师存在下列(　　)行为时，可能需承担法律责任。

A. 违约　　B. 过失

C. 欺诈　　D. 出具无法表示意见的审计报告

7. 下列关于注册会计师责任与被审计单位管理层、治理层责任之间关系的表述中，正确的有(　　)。

A. 如果财务报表存在重大错报，而注册会计师通过审计没能够发现，因为财务报表已经过注册会计师审计，所以注册会计师责任可以减轻管理层和治理层对财务报表的责任

B. 如果财务报表存在重大错报，而注册会计师通过审计没有能够发现，注册会计师可能承担过失或欺诈的责任

C. 如果财务报表存在重大错报，而注册会计师通过审计没能够发现，也不能因为财务报表已经过注册会计师审计这一事实而减轻管理层和治理层对财务报表的责任

D. 管理层和治理层对编制财务报表承担责任，从源头上保证财务信息质量，管理层和治理层理应对编制财务报表承担完全责任

8. 注册会计师业务准则体系包括(　　)。

A. 相关服务准则　　B. 注册会计师职业道德规范
C. 会计师事务所质量控制准则　　D. 鉴证业务准则

9. 注册会计师执业时应遵守(　　)。
A. 注册会计师职业道德规范　　B. 注册会计师业务准则
C. 会计师事务所质量控制准则　　D. 企业会计准则

10. 下列各项中,符合注册会计师职业道德的有(　　)。
A. 会计师事务所没有以降低收费方式招揽业务
B. 会计师事务所为争取更多的客户对其能力做夸大的广告宣传
C. 会计师事务所允许有条件的其他单位以本所名义承接业务
D. 会计师事务所没有雇佣正在其他会计师事务所执业的注册会计师

三、判断题

1. 特殊普通合伙会计师事务所的所有合伙人都对事务所的债务承担有限责任。(　　)

2. 注册会计师对财务报表审计,能够减轻被审计单位管理层和治理层对财务报表的责任。(　　)

3. 注册会计师若与被审计单位的某位员工具有近亲属关系,就不得执行该客户的审计业务。(　　)

4. 如果注册会计师拥有被审计单位的少量股票,不影响独立性,注册会计师不需要回避。(　　)

5. 如果注册会计师未查出被审计单位财务报表中的错报,则注册会计师应当承担法律责任。(　　)

6. 注册会计师对存货执行了监盘,但抽点检查的数量规模不足,以致于未能对存货取得充分、适当的审计证据,这属于重大过失。(　　)

7. 注册会计师只要按照执业准则进行审计,应能发现被审计单位财务报表中存在的所有错误或者舞弊导致的错报。(　　)

8. 会计师事务所在任何情况下不得对外泄露审计档案所涉及的商业秘密等内容。(　　)

9. 在审计过程中,当注册会计师在会计或者审计以外的领域不具有专长时,可以利用有关专家的工作,从而使项目组具备应有的专业胜任能力。(　　)

10. 审计准则是注册会计师实施审计工作时应遵循的行为规范,但它不是衡量审计工作质量的标准。(　　)

四、案例分析题

吉林紫鑫药业股份有限公司审计失败案例

2011 年 8 月,部分媒体质疑承担吉林紫鑫药业股份有限公司(以下简称“紫鑫药业”)年度财务报表审计的中准会计师事务所(以下简称“中准所”)的审计质量。中国注册会计师协会(以下简称“中注协”)依据《中华人民共和国注册会计师法》和《会计师事务所执业质量检查制度》的有关规定,于 2011 年 8 月至 11 月对中准所执行的紫鑫药业年报审计情况进行了专项检查。

中注协在对紫鑫药业 2010 年年报审计项目的检查中发现,签字注册会计师在项目审计过程中没有保持应有的职业怀疑态度,在审计程序的计划和实施、审计证据的获取、审计结论的形成等方面存在不当，主要在初步业务活动、风险评估程序的执行方面存在不足，对预付账款、收入、关联方及其交易未获取充分、适当的审计证据，特别是在关联方及其交易的审计方面违反了中国注册会计师审计准则和职业道德守则的规定。

资料来源：胡中艾.审计[M].4版.大连：东北财经大学出版社，2014.

讨论与分析：

(1) 试分析该审计失败的主要原因。

(2) 试分析签字注册会计师和中准所各应承担的责任。

模块 3

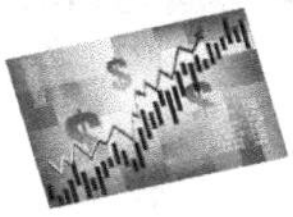

管理层认定与审计目标

[考核目标]

1. 了解管理层认定和审计目标的含义。
2. 理解管理层认定和审计目标的分类。
3. 理解管理层认定与审计目标之间的关系。

[实践目标]

理解管理层认定与审计目标之间的关系。

[知识点思维导图]

- 管理层认定与审计目标
  - 管理层认定
    - 管理层认定的含义
    - 管理层认定的类别
  - 审计目标
    - 审计目标的含义
    - 具体审计目标的类别
    - 认定、审计目标和审计程序之间的关系

[案例导读]

"南纺股份"审计失败案例

2014 年 4 月 30 日,证监会向南京纺织品进出口股份有限公司(以下简称"南纺股份")下发了《行政处罚决定书》。经查明,南纺股份存在以下违法事实。

一、南纺股份 2006 年虚构利润

南纺股份 2006 年年度报告披露的利润为 2 440.50 万元(南纺股份在 2007 年年度报告中将其调整为 1 902.44 万元)。经查,南纺股份虚构利润 3 109.15 万元。扣除虚构的利润,南纺股份 2006 年利润为-668.65 万元。虚构利润占其披露利润的 127.39%。

二、南纺股份 2007 年虚构利润

南纺股份 2007 年年度报告披露的利润为 2 792.74 万元。经查,南纺股份虚构利润 4 223.33 万元。扣除虚构的利润,南纺股份 2007 年利润为-1 430.59 万元。虚构利润占其披露利润的 151.22%。

三、南纺股份 2008 年虚构利润

南纺股份 2008 年年度报告披露的利润为 1 579.36 万元。经查,南纺股份虚构利润 15 199.83 万元。扣除虚构的利润,南纺股份 2008 年利润为-13 620.47 万元。虚构利润占其披露利润的 962.40%。

四、南纺股份 2009 年虚构利润

南纺股份2009年年度报告披露的利润为1 582.78万元。经查，南纺股份虚构利润6 053.18万元。扣除虚构的利润，南纺股份2009年利润为—4 470.40万元。虚构利润占其披露利润的382.43%。

五、南纺股份2010年虚构利润

南纺股份2010年年度报告披露的利润为—104.89万元。经查，南纺股份虚构利润5 864.12万元。扣除虚构的利润，南纺股份2009年利润为—5 969.01万元。虚构利润占其披露利润的5 590.73%。

南纺股份5年虚增利润超3亿元，靠造假得以保住上市位置。如此恶劣的财务造假事件，其审计机构南京立信永华会计师事务所却连续5年签发标准无保留意见的审计报告。

资料来源： 廖春. 南纺股份公司审计失败探讨[D]. 江苏财经大学，2017.

想一想

在本案中，关于披露的利润，管理层给出的认定是什么？注册会计师的审计目标是什么，实现了吗？

任务3.1 管理层认定

一、管理层认定的含义

认定是指管理层对财务报表组成要素的确认、计量、列报做出的明确或者隐含的表达。管理层在财务报表上的认定有些是明确表达的，有些则是隐含表达的。认定与审计目标密切相关，注册会计师的基本职责就是鉴证被审计单位管理层对其报表的认定是否恰当。

【例3-1】 广西城投有限公司主要从事小家电的生产和销售，该公司2020年12月31日资产负债表中“货币资金”项目期初余额为202 946 770.45元，期末余额为260 633 775.09元。

其所包含的明确认定有：①记录的货币资金是存在的。②记录的货币资金截至2020年12月31日的正确余额是260 633 775.09元。

其所隐含的认定有：①所有应列报的货币资金都包括在财务报表中。②记录的货币资金全部由广西城投有限公司所拥有。③货币资金的使用不受任何限制。

二、管理层认定的类别

（一）与各类交易或者事项相关的认定

（1）发生认定。发生认定是指记录的交易或者事项已经发生，且与被审计单位有关。如果被审计单位没有发生销售交易，但在销售明细账中记录了一笔销售，则属于发生认定错报。发生认定错报往往是被审计单位把那些不曾发生的项目记入财务报表，它主要与财务报表组成要素的高估有关。

（2）完整性认定。完整性认定是指所有应当记录的交易或者事项均已经记录。如果被审计单位发生了销售交易，但没有在销售明细账和总账记录，则属于完整性认定错报。完整性认定错报往往是被审计单位漏记交易，它主要与财务报表组成要素的低估有关。

(3) 准确性认定。准确性认定是指与交易或者事项有关的金额及其他数据已恰当记录。例如,在销售交易中,发出商品的数量和账单上的数量不符,被审计单位开单时使用了错误的销售价格,或者账单中乘积、加总错误,或者在销售明细账中记录了错误的金额等,均属于准确性认定错报。

(4) 截止认定。截止认定是指交易或者事项已记录于正确的会计期间。如果被审计单位将本期交易延迟到下期进行账务处理,或者下期交易提前到本期进行账务处理,均属于截止认定错报。

(5) 分类认定。分类认定是指交易或者事项已记录于恰当的账户。如果被审计单位将现销记录为赊销、将出售经营性固定资产所得的收入记录为营业收入等,均属于分类认定错报。

【例3-2】 注册会计师在对广西城投有限公司销售业务进行审计时,无法执行函证程序,其原因是无法获得广西城投有限公司的客户A公司的通信地址及联系方式,随后执行替代审计程序(如检查原始凭证和日后收款等),发现此交易为虚假交易,则属于发生认定错报。同时,注册会计师在进行审计时,通过函证广西城投有限公司的客户B公司,发现有一笔100万元的销售业务未入账,其原因是广西城投有限公司财务人员一直没有收到与该笔销售相关的发运凭证,漏记该笔交易,则属于完整性认定错报。

[**提示**] 发生认定和完整性认定两者强调的是相反的观点,发生认定针对潜在的虚记(高估),完整性认定则针对漏记(低估)。

(二) 与期末账户余额相关的认定

(1) 存在认定。存在认定是指记录的资产、负债和所有者权益是存在的。如果不存在某客户的应收账款,但在被审计单位应收账款明细表中却记录了对该顾客的应收账款,则属于存在认定错报。

(2) 权利和义务认定。权利和义务认定是指记录的资产由被审计单位拥有或者控制,记录的负债是被审计单位应当履行的偿还义务。例如,被审计单位将经营租入的固定资产作为固定资产入账,属于权利认定错报;将不属于本单位的长期借款记入账内,则属于义务认定错报。

(3) 完整性认定。完整性认定是指所有应当记录的资产、负债和所有者权益均已记录。如果存在某客户的应收账款,但在被审计单位应收账款明细表中没有记录对该客户的应收账款,则属于完整性认定错报。

(4) 计价和分摊认定。计价和分摊认定是指资产、负债和所有者权益以恰当的金额包括在财务报表中,与之相关的计价或者分摊调整已恰当记录。例如,被审计单位期末没有对应收账款计提坏账准备,从而高估了应收账款金额,则属于计价和分摊认定错报。

【例3-3】 注册会计师对广西城投有限公司的存货进行审计时,发现该公司主要竞争对手为减少产品库存,于2020年年末大力推出降价促销活动。为了巩固市场份额,广西城投有限公司也开始全面下调主要产品的零售价,不同规格的产品降价幅度从10%到20%不等,部分产品零售价已经明显低于产品成本。但是,广西城投有限公司并没有计提任何存货跌价准备,则属于计价和分摊认定错报。

(三) 与列报和披露相关的认定

(1) 发生及权利和义务认定。发生及权利和义务认定是指披露的交易或者事项和其他情况已发生，且与被审计单位有关。如果将没有发生的交易、事项或者与本单位无关的交易或者事项包括在财务报表中，就属于该项认定错报，如被审计单位将经营租入的固定资产在财务报表附注中作为自有固定资产进行披露。

(2) 完整性认定。完整性认定是指所有应当包括在财务报表中的交易或者事项均已披露。如果应当披露的交易或者事项没有包括在财务报表中，就属于完整性认定错报，如被审计单位没有将关联方和关联方交易在财务报表附注中充分披露。

【例 3-4】 注册会计师在对广西城投有限公司财务报表附注进行审计时，发现该公司已经将一台价值 371 万元的固定资产进行抵押，但未在其财务报表附注中进行披露，则属于完整性认定错报。

(3) 分类和可理解性认定。分类和可理解性认定是指财务信息已被恰当地列报和描述，且披露内容表述清楚。例如，被审计单位必须将资产和负债分别列示，资产必须分为流动资产和非流动资产，负债必须分为流动负债和非流动负债，如果将 1 年内到期的长期借款仍作为非流动负债进行列报和披露，则属于分类和可理解性认定错报。

(4) 准确性和计价认定。准确性和计价认定是指财务信息和其他信息已公允披露，且金额恰当。

任务 3.2 审 计 目 标

一、审计目标的含义

审计目标是指人们在特定的社会历史环境中，期望通过审计实践活动达到的最终结果，或者说是指审计活动的目的与要求。审计目标包括审计总体目标和具体审计目标。

(一) 审计总体目标

在执行财务报表审计工作时，注册会计师总体目标包括：

(1) 对财务报表整体是否不存在由于舞弊或者错误导致的重大错报获取合理保证，使得注册会计师能够对财务报表是否在所有重大方面按适用的财务报表编制基础发表审计意见。

(2) 按照审计准则的规定，根据审计结果对财务报表出具审计报告，并与管理层和治理层沟通。概括地说，审计总体目标就是审查和评价审计对象的合法性、公允性、合理性和效益性，并发表恰当的审计意见。

(二) 具体审计目标

具体审计目标是审计总体目标的具体化，具体审计目标必须根据审计总体目标和被审计单位管理层的认定来确定。注册会计师在了解被审计单位管理层的认定后，就很容易确定每个项目的具体审计目标，并以此作为评估重大错报风险以及设计和实施进一步审计程序的基础。

二、具体审计目标的类别

(一) 与所审计期间各类交易或者事项相关的审计目标

(1) 发生认定。由发生认定推导出的审计目标是：已记录的交易或者事项是真实的。

(2) 完整性认定。由完整性认定推导出的审计目标是：已发生的交易或者事项确实已经记录。

(3) 准确性认定。由准确性认定推导出的审计目标是：已记录的交易或者事项是按正确金额反映的。

(4) 截止认定。由截止认定推导出的审计目标是：接近于资产负债表日的交易或者事项已记录于恰当的期间，无跨期事项。

(5) 分类认定。由分类认定推导出的审计目标是：被审计单位记录的交易或者事项经过适当分类，已记入恰当的账户。

【实训练习3-1】

某注册会计师在审计过程中发现了销售发票及出库单，但是追查却无相关凭证亦无明细账登记，追查至主营业务收入总账仍未发现该笔记录。

讨论与分析：

(1) 销售发票及出库单与哪个科目相关？

(2) 上述情形违背了哪项认定？

答案：(1)"主营业务收入"科目。

(2) 完整性认定。

(二) 与期末账户余额相关的审计目标

(1) 存在认定。由存在认定推导出的审计目标是：记录的金额确实存在。

(2) 权利和义务认定。由权利和义务认定推导出的审计目标是：资产归属于被审计单位的权利，负债属于被审计单位的义务。

(3) 完整性认定。由完整性认定推导出的审计目标是：已存在的金额均已记录。

(4) 计价和分摊认定。由计价和分摊认定推导出的审计目标是：资产、负债和所有者权益以恰当的金额包括在财务报表中，与之相关的计价或者分摊调整已恰当记录。

【实训练习3-2】

注册会计师许渊在审计中国达信有限责任公司时，发现在该公司存货中，有一笔存货有入库单和存货明细账登记，但无销售方的增值税专用发票抵扣联和发票联，只有寄售商品合同。

讨论与分析：

上述情形违背了关于存货期末余额的哪项认定？

答案：权利和义务认定。

(三) 与列报和披露相关的审计目标

(1) 发生及权利和义务认定。由发生及权利和义务认定推导出的审计目标是：披露的交易或事项和其他情况已发生，且与被审计单位有关。如果将没有发生的交易或者事项，或者与被审计单位无关的交易或者事项包括在财务报表中，则违反该项认定。

(2) 完整性认定。由完整性认定推导出的审计目标是：所有应当包括在财务报表中交易或者事项均已披露。如果应当披露的交易或者事项没有包括在财务报表中，则违反该项认定。

(3) 分类和可理解性认定。由分类和可理解性认定推导出的审计目标是：财务信息已被恰当地列报和描述，且披露内容表述清楚。

(4) 准确性和计价认定。由准确性和计价认定推导出的审计目标是：财务信息和其他信息已公允披露，且金额恰当。

【实训练习 3-3】

恒盛会计师事务所在审计各个公司时，出现下列事项：

(1) 华北股份有限公司：所提供的服务业普通发票、记账凭证、转账支票存根时间不一致且跨期。

(2) 大发股份有限公司：根据所提供的存货监盘表、存货明细账，对库存电视机、冰箱进行全面盘点。

(3) 大发股份有限公司：发现一份抵押合同，但是财务报表附注中没有对这一抵押合同有所提及。

讨论与分析：

(1) 事项(1)影响管理费用的哪项认定？

(2) 事项(2)影响期末存货余额的哪项认定？

(3) 事项(3)影响与列报相关的哪项认定？

答案：(1) 截止认定。

(2) 存在认定。

(3) 发生及权利和义务认定。

三、认定、审计目标和审计程序之间的关系

认定是确定具体审计目标的基础。注册会计师通常将认定转化为能够通过审计程序予以实现的审计目标。针对财务报表每一项目所表现出的各项认定，注册会计师应相应地先确定一项或者多项审计目标，然后通过执行一系列审计程序获取充分、适当的审计证据以实现审计目标。认定、审计目标和审计程序之间的关系举例如表 3-1 所示。

表 3-1　认定、审计目标和审计程序之间的关系举例

认定	审计目标	审计程序
存在认定	资产负债表列示的存货存在	实施存货监盘程序
完整性认定	销售收入包括了所有已发货的交易	检查发货单和销售发票的编号以及销售明细账
准确性认定	应收账款所反映的销售业务是否基于正确的价格和数量，计算是否准确	比较价格清单与发票上的价格、发货单与销售订购单上的数量是否一致，重新计算发票上的金额
截止认定	销售业务记录在恰当的期间	比较上一年度最后几天和下一年度最初几天的发货单日期与记账日期
权利和义务认定	资产负债表中的固定资产确实为公司所有	查阅所有权证书、购货合同、结算单和保险单
计价和分摊认定	以净值记录应收款项	检查应收账款账龄分析表、评估计提的坏账准备是否充足

【实训练习 3-4】

与营业收入的审计目标相关的认定如表 3-2 所示。

表 3-2　　与营业收入的审计目标相关的认定

营业收入的审计目标	与所审计期间各类交易或者事项相关的认定
(1) 确定利润表中记录的营业收入是否已发生且与被审计单位有关	
(2) 确定所有应当记录的营业收入是否均已记录	
(3) 确定与营业收入有关的金额及其他数据是否已恰当记录	
(4) 确定营业收入是否已记录于正确的会计期间	
(5) 确定营业收入是否已按照企业会计准则的规定记录于恰当的账户	

要求：写出表 3-2 中与“营业收入的审计目标”相对应的“与所审计期间各类交易或者事项相关的认定”。

答案：(1) 发生认定。

(2) 完整性认定。

(3) 准确性认定。

(4) 截止认定。

(5) 分类认定。

【实训练习 3-5】

与固定资产的审计目标相关的认定如表 3-3 所示。

表 3-3　　与固定资产审计目标相关的认定

固定资产的审计目标	与期末账户余额相关的认定
(1) 资产负债表中记录的固定资产是存在的	
(2) 所有应记录的固定资产均已记录	
(3) 记录的固定资产由被审计单位拥有或者控制	
(4) 固定资产已按照企业会计准则的规定计算折旧并做出账务处理	

要求：写出表 3-3 中与“固定资产的审计目标”相对应的“与期末账户余额相关的认定”。

答案：(1) 存在认定。

(2) 完整性认定。

(3) 权利和义务认定。

(4) 计价和分摊认定。

【实训练习 3-6】

与列报和披露相关的审计目标的认定如表 3-4 所示。

表 3-4　　与列报和披露相关的审计目标的认定

与列报和披露相关的审计目标	与列报和披露相关的认定
(1) 披露的交易或者事项等已经发生且与被审计单位有关	
(2) 应当披露的交易事项均已包括在财务报表中	
(3) 财务信息已被恰当地列报和描述且披露内容表述清楚	
(4) 财务信息和其他信息已公允披露且金额恰当	

要求：写出表 3-4 中与“列报和披露相关的审计目标”相对应的“与列报和披露相关的认定”。

答案：（1）发生及权利和义务认定。

（2）完整性认定。

（3）分类和可理解性认定。

（4）准确性和计价认定。

模块测试

参考答案

一、单项选择题

1. 所谓（　　），是指被审计单位管理层对财务报表各组成要素的确认、计量、列报和披露做出的明确或者隐含的表达。

A. 认定　　B. 管理层责任　　C. 治理层责任　　D. 审计目标

2. 最有可能出现（　　）认定错报的交易是那些临近资产负债表日前后的交易。

A. 发生　　B. 截止　　C. 准确性　　D. 分类

3. 如果将应资本化的借款利息计入财务费用，则属于（　　）认定错报。

A. 发生　　B. 分类　　C. 准确性　　D. 可理解性

4. 注册会计师在审查被审计单位销售部门的销售合同时，发现该单位与A公司有一笔100万元的销售未入账，通过函证A公司，证实A公司实际已向该单位购货且欠款100万元。那么，注册会计师首先会认为管理层对“主营业务收入”账户的（　　）认定存在问题。

A. 发生　　B. 完整性　　C. 准确性　　D. 计价与分摊

5. 由准确性认定推导出的审计目标：（　　）是指确认已记录的交易是否按正确金额反映。

A. 发生　　B. 分类　　C. 完整性　　D. 准确性

6. 如果不存在某顾客的应收账款，在应收账款明细表中却列入了对该顾客的应收账款，则属于（　　）认定错报。

A. 存在　　B. 完整性　　C. 分类　　D. 截止

7. 某公司的下列认定中，与财务报表列报和披露无关的是（　　）。

A. 发生及权利和义务认定　　B. 分类和可理解性认定

C. 完整性认定　　D. 截止认定

8. 如果被审计单位将其固定资产用作某笔长期借款项目的抵押物，但没有在财务报表附注中披露，则其违反了（　　）认定。

A. 计价和分摊　　B. 完整性

C. 发生及权利和义务　　D. 分类和可理解性

9. 审计意见旨在提高被审计单位（　　）的可信赖程度。

A. 财务报表　　B. 持续经营能力

C. 管理层经营效率　　D. 管理层经营效果

10. 某公司将2021年度的主营业务收入提前列入2020年度的财务报表，则其2020年度财务报表中存在错误的认定是（　　）。

A. 截止认定　　B. 计价和分摊认定　　C. 发生认定　　D. 完整性认定

二、多项选择题

1. 注册会计师财务报表审计总体目标是注册会计师对财务报表整体是否不存在由于舞弊或者错误导致的重大错报获取合理保证，使得注册会计师对财务报表的(　　)发表审计意见。

A. 合法性　　B. 公允性　　C. 重大错报风险　　D. 重要性水平

2. 某公司 2020 年 12 月 31 日资产负债表“流动资产”项目下列示存货 1 000 000 万元，则明确的认定包括(　　)。

A. 记录的存货是存在的

B. 记录的存货的正确余额是 1 000 000 元

C. 所有应列报的存货都包括在财务报表中了

D. 记录的存货全部由该公司所拥有

3. 某公司 2020 年 12 月 31 日资产负债表“流动资产”项目下列示货币资金 2 000 000 万元，则隐含的认定包括(　　)。

A. 记录的货币资金是存在的

B. 记录的货币资金全部由该公司拥有

C. 所有的货币资金都包括在财务报表中

D. 全部货币资金的使用不受任何限制

4. 审计目标分为(　　)两个层次。

A. 审计总体目标　　B. 报表层次审计目标

C. 具体审计目标　　D. 认定层次审计目标

5. 一般说来，具体审计目标必须根据(　　)来确定的。

A. 审计总体目标　　B. 被审计单位管理层认定

C. 审计准则　　D. 审计范围

6. 对存货项目而言，注册会计师能够根据被审计单位管理层的计价和分摊认定推论得出的具体审计目标是(　　)。

A. 存货入账的期间是恰当的　　B. 存货项目的合计数与总账一致

C. 存货的所有权是明确的　　D. 存货跌价准备已计提充分

7. 注册会计师所确定的下列具体审计目标中，(　　)是根据管理层关于完整性认定推论得出的。

A. 主营业务收入明细账余额合计是否与总账余额相符

B. 存货是否已充分计提跌价准备

C. 存放在其他企业的存货是否包括在“存货”项目内

D. 有关短期借款的入账是否完整

8. 与列报和披露相关的具体审计目标有(　　)。

A. 分类与可理解性认定　　B. 完整性认定

C. 截止认定　　D. 准确性和计价认定

9. 下列各项中，属于期末账户余额的认定有(　　)。

A. 存在认定　　B. 权利和义务认定　C. 完整性认定　　D. 计价和分摊认定

10. 注册会计师通过审计发现的下列情况中，被审计单位没有违反权利和义务认定的有

(　　)。

A. 将经营租入的设备作为自有固定资产

B. 将融资租入的设备作为自有固定资产

C. 将已出租的专利权作为自有无形资产

D. 将委托代销的商品作为企业的存货

三、判断题

1. 完整性认定主要与财务报表组成要素的低估有关，若被审计单位登记了未发生的经济业务，则其违反了完整性认定。　　(　　)

2. 发生认定可能存在的问题是漏记交易(低估)。　　(　　)

3. B公司于2020年12月30日向C公司发出商品80万元。2021年1月8日，C公司办妥托收手续，B公司在发出商品时确认收入，则其违反了完整性认定。　　(　　)

4. 检查存货的主要类别是否已披露，是否将1年内到期的长期负债列为流动负债，即是对财务报表列报的分类和可理解性认定的运用。　　(　　)

5. 如果本期交易延迟到下期记录，属于截止认定错报。　　(　　)

6. 披露存货的主要类别，是为了增强报表的准确性。　　(　　)

7. 如果交易或者事项、期末账户余额的认定正确，那么列报和披露的认定就是正确的。

(　　)

8. 将1年内到期的长期负债列入非流动负债，则负债的分类列报和披露是正确的。

(　　)

四、案例分析题

注册会计师甲在对ABC公司2020年度财务报表进行审计时发现表3-5中所列示的事项。

表3-5　　财务报表审计中发现的事项及认定

财务报表审计中发现的事项	违反的认定
发现一笔提前确认的销售收入20万元	截止认定
应收账款期末未计提坏账准备	
在销售明细账中记录了一笔并没有发生的销售业务13万元	
一台融资租入的固定资产没有在财务报表附注中披露	
发现了一笔销售收入34万元，但是并没有在销售明细账和总账中记录	
将取得的捐赠收入23万元记录为主营业务收入	
资产负债表中，误将货币资金420万元记为360万元	
将不属于本公司的债务56万元记入账内	

要求：请你代注册会计师甲分别针对表3-5中的每一事项，指明被审计单位违反了哪一项认定。

模块 4

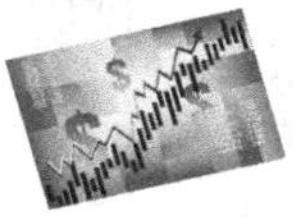

审计证据和审计工作底稿

[考核目标]

1. 了解审计证据的含义、分类和特征。
2. 理解并掌握获取审计证据的各审计程序的特征和应用。
3. 了解审计工作底稿的编制和复核程序。

[实践目标]

1. 根据审计目标获取充分适当的审计证据。
2. 对审计工作底稿有初步的了解。

[知识点思维导图]

- 审计证据和审计工作底稿
  - 审计证据
    - 审计证据的含义
    - 审计证据的分类
    - 审计证据的特征
    - 审计证据与审计目标之间的关系
  - 审计程序
    - 检查
    - 观察
    - 询问
    - 函证
    - 重新计算
    - 重新执行
    - 分析程序
  - 审计工作底稿
    - 审计工作底稿的含义
    - 审计工作底稿的要素和常用标识
    - 审计工作底稿的复核制度
    - 审计工作底稿的保管

[案例导读]

2021 年 1 月，注册会计师甲对 A 公司 2020 年度财务报表进行审计，分派审计助理小张负责货币资金审计的实质性程序，小张编制的审计工作底稿主要内容列示如表 4-1 所示。

表 4-1　　　　A公司审计工作底稿

银行名称	账号	企业账面数(2020/12/31)				备注	银行询证函/现金监盘表				差异	银行存款余额调节表
		原币	金额	汇率	本位币		索引号	发送日	收到日	原币金额		
			a	b	c=a×b					d	e=d−a	
1>**库存现金**		人民币	12 936.41	1.00	12 936.41		<5140B>/M	2021/1/10	2021/1/10	12 936.41	—	N/A
				小计	12 936.41							
2>**银行存款**												
农行某支行	(略)	人民币	310 461.02	1.00	310 461.02	C\	<5140X−1>/M	2021/1/10	2021/1/31	310 461.02	—	N/A
农行某支行	(略)	人民币	—	1.00	—	C\	<5140X−1>/M	2021/1/10	2021/1/31	—	—	N/A
建行某支行	(略)	人民币	—	1.00	—	C\	<5140X−2>/M	2021/1/10	2021/2/20	—	—	N/A
				小计	310 461.02							
				总计	323 397.43	T/B						
审计结论：已执行具体审计程序，未发现重大错报												

从该张工作底稿中可以看出小张实施了哪些审计程序，获取了哪些审计证据，得出了什么样的审计结论？表 4-1 中的 T/B、N/A、C\分别表示什么意思？

任务 4.1　审计证据

一、审计证据的含义

审计证据是指注册会计师为了得出审计结论、形成审计意见而使用的所有信息。它包括构成财务报表基础的会计记录中所含有的信息和其他信息，如图 4-1 所示。

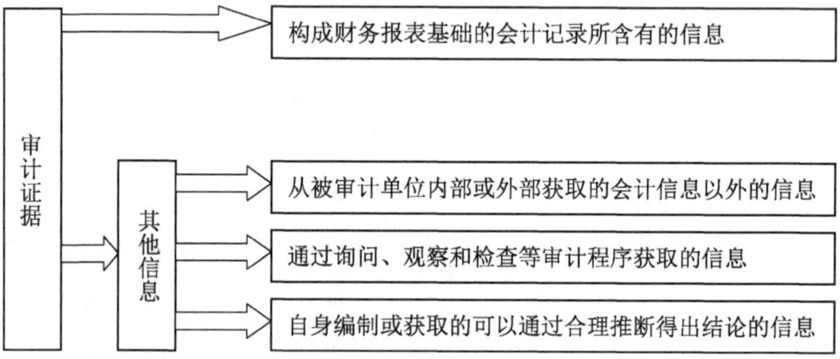

图 4-1　审计证据的构成

(一) 构成财务报表基础的会计记录中含有的信息

构成财务报表基础的会计记录中含有的信息主要包括：原始凭证，记账凭证，总分类账，明细分类账，日记账，未在记账凭证中反映的对财务报表的其他调整，支持成本分配、计算、调节和披露的手工计算表和电子数据表，考勤卡和其他工时记录，顾客对账单，合同，支票存根等。

（二）其他信息

构成财务报表基础的会计记录中所含有的信息的获取是收集审计证据的主要途径，但是仅仅通过其收集审计证据是片面的，注册会计师还要通过收集其他信息来辅助验证会计记录中所含有的信息的真实性和可靠性。其他信息主要包括以下 3 类：

（1）从被审计单位内部或者外部获取的会计信息以外的信息，如被审计单位的会议记录、内部控制手册、询证函回函、竞争对手的信息等。

（2）通过询问、观察和检查等审计程序获取的信息，如注册会计师通过检查存货获取存货存在性的证据等。

（3）自身编制或者获取的可以通过合理推断得出结论的信息，如注册会计师编制的各种计算表、分析表等。

【例 4-1】 2020 年 11 月 30 日，注册会计师 A 受托对广西城投有限公司进行近三年的财务报表审计。开展现场审计前，注册会计师 A 取得了该公司近三年未审财务报表，并召开了座谈会，认真听取了该公司财务人员对近三年公司财务状况和经营成果的汇报，获知该公司连续 3 年盈利且利润很高，其主要原因是销售量大和毛利率高。出于职业谨慎和多年在该行业的审计经验，注册会计师 A 先做出了一个合理的推断，由于政治和经济因素的影响，该行业业内 90%的企业都在亏损，为什么这家企业连续盈利且利润很高，是不是有核心技术或者政府特许，后经查验均无。于是，注册会计师 A 又到生产车间去察看了一下，发现生产车间的工人消极怠工，三五成群地在聊天，随后他又去检查了一下商品的出、入库记录，发现商品的出、入库无论是数量还是次数均不多，于是他基本上可以推断，该公司的生产和销售情况并不乐观，其财务报表可能存在重大错报风险。在本例中，注册会计师 A 获取了会计记录中含有的信息，如财务人员的汇报和未审财务报表；同时，获取了其他信息，如行业竞争对手的信息，以及通过观察和检查获取的信息。

二、审计证据的分类

（一）审计证据按其存在形式分类

审计证据按其存在形式不同可以分为实物证据、书面证据、口头证据和环境证据。

1. 实物证据

实物证据是指注册会计师通过实地观察和参加清查盘点所获得的，用来证明有关实物资产是否存在的证据。实物证据对某项实物资产是否存在的证明力最强，效果最为显著。它可以对该实物的状态、数量、特征给予有力的证明。因此，在对现金、存货、固定资产等项目进行审计时，注册会计师最先考虑通过清查、监督或者参与盘点来取得实物证据以证明它们是否存在。

2. 书面证据

书面证据是指注册会计师通过实施测试程序和运用不同的方法所获取的以书面资料为存在形式的审计证据。例如，有关的原始凭证、记账凭证、会计账簿、各种明细项目表、合同、会议记录和文件、函件、通知书、报告书、声明书、程序手册等，都属于书面证据。书面证据是注册会计师收集的数量最多、范围最广的一种证据。注册会计师发表审计意见基本上都以书面证据为基础。

3. 口头证据

口头证据是指经注册会计师询问而由被审计单位有关人员或者其他人员进行口头答复所形成的审计证据。口头证据本身不能完全证明事实的真相,因为被调查人或者询问人可能有意隐瞒实情,或者由于对过去事情记忆上的模糊或者遗漏而导致口头证据不准确、不完整。因此,注册会计师在获取口头证据的同时,还应实施其他的审计程序以获取其他形式的审计证据。

4. 环境证据

环境证据亦称状况证据,是指影响被审计事项的各种环境事实。环境证据包括:反映内部控制状况的环境证据、反映管理素质的环境证据、反映管理水平和管理条件的环境证据等。环境证据最突出的特点是它能帮助注册会计师正确评价有关资料所反映的信息总体上的可靠程度,即它对证实总体合理性这一审计目标有着积极的意义。

(二) 审计证据按其来源分类

审计证据按其来源不同可以分为亲历证据、外部证据和内部证据。

1. 亲历证据

亲历证据是指由注册会计师(包括助理人员、外聘专家)通过运用专业判断和相应的程序与方法,对被审计事项的有关资料进行计算和分析而得到的证据。它包括注册会计师编制的各种计算表、分析表等。亲历证据强调的是注册会计师必须对有关基础资料(证据)进行重新加工,按照既定的目标所确定的程序进行计算和分析,如各种计算表、分析表(执行分析程序的记录)等。

2. 外部证据

外部证据是指由被审计单位以外的,与被审计事项有一定联系的第三者提供的相关证据。外部证据除了有关单位提供的业务询证证据和书面证明,还包括不在书面证据范围内的有关实物证据和外部人员的陈述等。应收账款的回函、被审计单位的律师或者其他独立专家关于被审计单位资产所有权或者负债的证明函件、保险公司的证明函件、寄售企业或者代售企业的证明函件、证券经纪人的证明书等这些外部书面证据一般由被审计单位以外的第三者直接提供给注册会计师,而没有经过被审计单位有关业务人员之手,不存在被涂改或者被伪造的可能性。因此,外部证据是证明力较强的一种审计证据。而银行对账单、购货发票、应收票据、顾客订货单、有关的合同和契约等证据虽然是由被审计单位以外的单位出具的,但是由被审计单位有关业务人员进行保存和处理,难免存在被涂改甚至被伪造的可能性。

3. 内部证据

内部证据是指由被审计单位内部机构或者有关业务人员编制并提供的书面证据。例如,自制原始凭证、记账凭证、账簿、试算平衡表、管理层声明、重要的计划、合同、会议记录等都属于内部证据。通常,内部证据的可靠性不如外部证据强。

三、审计证据的特征

审计证据要具有较强的证明力,就必须具备充分性和适当性两大特征。也就是说,只有既充分又适当的审计证据,才能支持注册会计师形成恰当的审计意见。

(一) 充分性

审计证据的充分性是对审计证据数量的衡量,是指审计证据的数量能足以支撑注册会计师的审计结论，主要与审计证据确定的样本量有关。例如，对某个项目实施某一选定的审计程序，从200个样本中获取的证据要比从100个样本中获取的证据更充分。

想一想

是不是审计证据越多越好？

（二）适当性

审计证据的适当性是对审计证据质量的衡量，即审计证据在支持各类交易、账户余额和列报的认定中具有相关性和可靠性。

1. 相关性

审计证据的相关性是指审计证据应与审计目标相关。例如，注册会计师在审计过程中怀疑被审计单位销售货物没有开具发票，如果从发货单追查到与每张发货单相对应的销售发票，这样得到的审计证据是与审计目标相关的；如果从销售发票追查到发货单，这样得到的审计证据是与审计目标不相关的，属于低质量的审计证据。

【实训练习4-1】

天发股份有限公司2020年7月1日销售一批货物给新天地股份有限公司。2020年12月31日，天发股份有限公司未取得销售款，为此计提了10%的坏账准备。为获取与坏账准备计价有关的审计证据，注册会计师采用（　　）措施最有效。

A. 检查出库单

B. 检查销售发票

C. 检查日后收款情况

答案：C。

2. 可靠性

审计证据的可靠性是指审计证据的可信程度。如果审计证据是不可靠的，数量再多，与审计目标再相关，也不能起到证明作用。

审计证据的可靠性受其来源和性质的影响，并取决于获取审计证据的具体环境。注册会计师在判断审计证据可靠性时，通常会考虑下列原则：

（1）从外部独立来源获取的审计证据比从其他来源获取的审计证据更可靠。从外部独立来源获取的审计证据未经被审计单位有关人员之手，从而被修改、被加工、被伪造的可能性较小，证明力更强，如银行询证函回函比银行对账单要更可靠。

（2）内部控制有效时内部生成的审计证据比内部控制薄弱时内部生成的审计证据更可靠。例如，如果与销售业务相关的内部控制有效，注册会计师就能从销售发票和发货单中取得比内部控制不健全时更加可靠的审计证据。

（3）直接获取的审计证据比间接获取或者推论得出的审计证据更可靠。审计人员亲身检查、观察、调查等取得的一手资料要比被审计单位提供的证据更可靠。

（4）以文件、记录形式存在的审计证据比口头形式的审计证据更可靠。例如，会议的同步书面记录比讨论事项的口头表达更可靠。口头证据并不能独立证明被审计事项的真相，但往往能够提供重要的审计线索。

（5）从原件获取的审计证据比从传真件或者复印件获取的审计证据更可靠。

【实训练习 4-2】

注册会计师A在对广西城投有限公司2020年度财务报表进行审计时，收集到以下三组审计证据：

(1) 收料单与购货发票。

(2) 销货发票副本与产品销售客户签收单。

(3) 存货盘点表与存货监盘记录。

要求：请分别说出每组审计证据中哪项审计证据更为可靠。

答案：(1) 购货发票。

(2) 销货发票副本。

(3) 存货监盘记录。

(三) 充分性和适当性之间的关系

充分性和适当性是审计证据的两个重要特征，两者缺一不可，只有充分且适当的审计证据才是有证明力的。审计人员获取的审计证据的数量也受审计质量的影响。审计证据质量越高，需要的审计证据数量可能越少。也就是说，审计证据的适当性会影响审计证据的充分性。需要补充的是，尽管审计证据的充分性与适当性相关，但如果审计证据的质量存在缺陷，获取再多的审计证据也可能无法弥补其质量上的缺陷。

四、审计证据与审计目标之间的关系

审计证据的取得是紧密围绕审计目标进行的，审计人员所收集的审计证据，其证明力是否足够，能否据此对被审计项目做出正确的评价，完全取决于审计证据是否有效。而有效的表现形式则要求所取得的审计证据必须与既定的审计目标之间有一定的逻辑关系，并不是所有客观存在的材料都能作为审计证据。

【实训练习 4-3】

注册会计师王林在对广海公司2020年度的会计报表进行审计时，从有关记录审查至“已付款”支票。

讨论与分析：

(1) 该审计程序与哪些审计目标相关？

(2) 请指出获取的审计证据的类型。

答案：(1) 发生。

(2) 书面证据。

【实训练习 4-4】

注册会计师王林在对广海公司2020年度的会计报表进行审计时，向管理当局询问过存货情况。

讨论与分析：

(1) 请指出通过该审计程序获取的审计证据的类型。

(2) 该审计程序与哪些具体审计目标相关？

答案：(1) 口头证据。

(2) 计价与分摊。

任务 4.2 审 计 程 序

审计程序是指获取审计证据的具体方法。在审计过程中，注册会计师可以单独或者综合运用多种审计程序，以获取充分适当的审计证据。

一、检查

（一）检查的含义

检查是指注册会计师对被审计单位内部或者外部生成的以纸质、电子或者其他介质形式存在的记录或者文件进行审查，或者对资产实物进行审查。其中：记录或者文件包括原始凭证、记账凭证、会计账簿、财务报表和其他文件（如合同，会议文件，构成金融工具的股票、债券等）；资产实物包括存货、库存现金、有价证券、票据和固定资产等。

（二）检查的目的

检查的目的是对财务报表所包含或者应包含的信息进行确认。例如，注册会计师检查被审计单位销售交易的客户订单、发货单、销售发票、客户验收单，以确认被审计单位记录的销售交易及营业收入的发生、准确性和截止认定；检查借款合同，以确认抵押资产的权利认定等。

（三）检查程序的实施

检查程序的实施通常具有方向性。例如，注册会计师如果要确认账上记录的交易是否都是真实发生的（发生认定），需要先从账簿记录中抽取交易，然后对原始凭证进行追查；如果要确定真实发生的交易是否都完整入账（完整性认定），需要从检查会计原始凭证或者资产开始，按顺序核对记账凭证和会计账簿进行追查。

【例 4-2】 注册会计师 A 对广西城投有限公司的营业收入进行细节测试，首先从发运凭证追查到销售发票，又从销售发票追查到主营业务收入明细账，发现该公司销售给天翔商贸公司一批空调，价值为 34 万元，有发货单和销售发票，但是在其主营业务收入明细账中未发现该笔记录，因此，注册会计师 A 初步认定此交易被漏记；其次从主营业务收入明细账追查到销售发票，又从销售发票追查到发货单，发现主营业务收入明细账中有一笔销售给瑞兰有限公司价值 15 万元的洗衣机的记录，但是未发现有相关交易的发运凭证，因此，注册会计师初步认定此交易为虚假交易。

（四）检查记录和文件的具体操作举例

例如，注册会计师检查会计凭证时，要注意其有无涂改、挖补等变造、伪造现象，记载的交易或者事项是否合理合法，是否有责任人或者单位签章，一式几联的原始凭证是否重复，原始凭证是否连续编号、大小写金额是否相符，数字填写是否规范等；检查会计凭证时，要注意项目是否齐全、合规，会计分录编写是否恰当，记账凭证所附的原始凭证是否齐备，原始凭证上的记载与记账凭证是否相符等；检查会计账簿时，要注意账户的运用是否恰当，账户对应关系是否正常，账簿的内容是否合规，货币收支的金额是否有误，成本核算是否符合规定等。

二、观察

观察是指注册会计师观察有关人员正在从事的活动或执行的程序。观察提供的证据仅限于观察发生的时点，如果被审计单位在已经知道被观察时，相关人员从事活动或者执行程序可能与日常的做法不同，从而影响注册会计师对真实情况的了解。因此，观察时点的情况并不能证明一贯的情况，注册会计师在使用观察程序获取审计证据时，要注意其本身固有的局限性，有必要获取其他的佐证。

【例 4-3】 注册会计师 A 在对广西城投有限公司存货审计中，使用了“监盘”的审计程序。首先，注册会计师观察了存货存放是否整齐有序；其次检查了存货的数量、型号等，证实账实相符，但发现存货毁损，部分商品老化严重，可变现净值已低于产品成本；最后检查了与存货相关的会计资料和信息，发现该公司并没有计提存货跌价准备。因此，注册会计师初步判断该公司“存货”项目存在错报。

三、询问

询问是指注册会计师以书面或者口头形式向被审计单位内部或者外部的知情人员调查获取财务信息和非财务信息，并对其答复进行评价的过程。作为其他审计程序的补充，询问被广泛运用于整个审计过程中。

虽然注册会计师通过询问可以从被审计单位得到相当多的证据，但是这些证据并不能作为一种结论来使用，仅仅是提供一些线索，为进一步调查所使用。也就是说，询问通常不足以发现认定存在的重大错报，也不足以用来测试内部控制是否有效，注册会计师还应当实施其他的审计程序来获取充分、适当的审计证据。

四、函证

（一）函证的含义

函证是指注册会计师通过直接来自第三方对有关信息和现存状况的书面声明，获取和评价审计证据的过程，如对应收账款余额或银行存款的函证。函证是注册会计师获取审计证据的重要审计程序，多用来执行审计和验资业务。通过函证获取的证据可靠性较高，因此，函证是受到高度重视并经常被使用的一种重要程序。

（二）函证的内容

函证程序可用于下列账户余额或者信息的审计（包括但不限于）：①银行存款、借款以及与金融机构往来的其他重要信息。②交易性金融资产。③应收账款。④应收票据。⑤其他应收款。⑥预付账款。⑦由第三方保管、加工或者销售的存货。⑧长期股权投资。⑨委托贷款。⑩应付账款。⑪预收账款。⑫保证、抵押或者质押。⑬或有事项。⑭重大或者异常的交易等。

（三）函证的分类

函证分为积极式函证和消极式函证。积极式函证要求被询证者在所有情况下必须回函，确认询证函所列示信息是否正确，或者填列询证函要求的信息。消极式函证要求被询证者仅在不同意询证函列示信息的情况下才予以回函。

五、重新计算

重新计算是指注册会计师对记录或者文件的数据计算的准确性进行核对。重新计算可以通过手工方式或者电子方式进行，如检查固定资产累计折旧的计算、应纳税额的计算是否正确等。

六、重新执行

重新执行是指注册会计师以人工方式或者使用计算机辅助审计技术，重新独立执行作为被审计单位内部控制组成部分的程序或控制。例如，注册会计师利用被审计单位的银行存款日记账和银行对账单，重新编制银行存款余额调节表，并与被审计单位编制的银行存款余额调节表进行比较。

［**提示**］ 重新计算与重新执行的区别在于：重新计算是对记录或者文件中的数据计算的准确性进行核对；重新执行是指重新独立执行作为被审计单位内部控制组成部分的程序或者控制。两者审计程序的对象不一样，前者审计程序的对象是数据的准确性，而后者审计程序的对象是测试和评价内部控制的有效性。

七、分析程序

（一）分析程序的含义

分析程序是指注册会计师通过研究不同财务数据之间以及财务数据与非财务数据之间的内在关系，对财务信息做出评价。分析程序还包括调查识别出的、与其他相关信息不一致或者与预期数据严重偏离的波动和关系。

（二）分析程序的作用

分析程序的作用包括：①用作风险评估程序，以了解被审计单位及其环境。②当使用分析程序比细节测试能更有效地将认定层次的检查风险降至可接受的水平时，分析程序可以用作实质性程序。③在审计结束或者临近结束时对财务报表进行总体复核。

【例4-4】 广西城投有限公司主要从事家电的生产和销售，在2017—2019年销售情况一直比较平稳。在2019年年末该公司聘请了新的营销总监，使得2020年1月份销售量增加了30%，该公司2017—2019年度的销售收入分别为1 020万元、1 043万元、1 130万元，该公司2020年度的销售收入相比2019年增长了45%，为1 639万元。注册会计师A决定对其进行实质性分析，发现2020年11月该营销总监争取了两个大客户订单，结合函证程序证实了这两笔订单属实。通过分析和函证取证，注册会计师A发现该公司“主营业务收入”科目未发现重大错报。

（三）分析程序的方法

1. 趋势分析法

趋势分析法是指通过对比两期或者连续数期的财务或者非财务数据，确定其增减变动的方向、数额或者幅度，以掌握有关数据的变动趋势或者发现异常的变动。典型的趋势分析是将本期数据与上期数据进行比较，更为复杂的趋势分析则涉及多个会计期间的比较。用于趋势分析的数据既可以是绝对值，也可以是以比率表示的相对值。

2. 比率分析法

比率分析法是指结合其他有关信息，将同一报表内部或者不同报表间的相关项目联系起来，通过计算比率，反映数据之间的关系，用来评价被审计单位的财务信息。例如，应收账款周转率反映赊销收入与应收账款平均余额之间的比率，这一比率变小，可能说明应收账款回收速度放慢，需要计提更多的坏账准备，也可能说明本期赊销收入与期末应收账款余额存在错报。

3. 合理性测试法

合理性测试法是指通过彼此相关联的项目或者造成某种变化的各种变量，测试某项目金额是否合理。

4. 回归分析法

回归分析法是指在掌握大量观察数据的基础上，利用统计方法建立因变量与自变量之间回归关系的函数表达式(即回归方程式)，并利用回归方程式进行分析。例如，产品销售收入与广告费用之间通常存在正相关关系，注册会计师可以建立两者之间的回归模型，并根据模型估计某一年度产品销售收入的预期值。

【例 4-5】 注册会计师 A 对广西城投有限公司营业收入进行分析时，将销售量与该公司可供销售产品数量(仓储能力、生产能力)相对比，并且将营业收入与运费、电费、水费、办公经费、销售人员工资等联系起来进行配比分析，均未发现重大异常。

任务 4.3　审计工作底稿

一、审计工作底稿的含义

审计工作底稿是指审计人员在审计工作过程中形成的全部审计工作记录和获取的资料。它是审计证据的载体，可作为审计过程和结果的书面证明，也是形成审计结论的依据。随着信息技术的广泛使用，审计工作底稿的形式从传统的纸质形式扩展到电子或者其他介质形式。

审计工作底稿分为永久性档案和当期档案两大类。其中，永久性档案是指那些记录内容相对稳定、具有长期使用价值，并对以后的审计工作具有重要影响和直接作用的审计档案，如被审计单位营业执照、公司章程等；当期档案是指那些记录内容经常变化，只供当期审计使用的审计档案，如存货监盘记录、错报汇总表等。

二、审计工作底稿的要素和常用标识

(一) 审计工作底稿的要素

(1) 被审计单位名称。被审计单位名称是指财务报表的编制单位名称，也可以使用简称。

(2) 审计项目名称。审计项目名称是指某一财务报表项目名称(或者会计科目名称)，某一审计程序及实施对象的名称。

(3) 审计项目时点或者日期。审计项目时点或者日期是指某一资产负债表项目的报告时点或者某一利润表项目的报告期间。

(4) 审计过程记录。审计过程记录包括：实施审计程序的性质、时间和范围，记录特定项目或者事项的识别特征，记录重大事项。

(5) 审计结论。注册会计师根据实施审计程序的结果和获取的审计证据，对被审计事项做出职业判断。

(6) 审计标识及说明。在审计工作中，注册会计师可以使用各种审计标识，但应说明其含义，并保持前后一致。不同的会计师事务所可能使用不同的审计标识。

(7) 索引号。索引号是指按照一定的规律对工作底稿进行的编号。编号由会计师事务所依据一定的规定自行确定。

(8) 编制者的姓名及编制日期。编制者的姓名是指审计工作的执行人。编制日期是指完成审计工作的日期。

(9) 复核人姓名及复核日期、复核范围。

(10) 其他应说明事项表。

(二) 审计工作底稿的常用标识

审计工作底稿中常用的审计标识如表 4-2 所示。

表 4-2　审计工作底稿的常用标识

标识	含义	标识	含义
B	期初余额与上年审计后报表期末数核对相符	C\	已收回询证函
G	与总账核对相符	∧	直栏数字加计,复核无误
S	与明细账核对相符	<	横栏数字加计,复核无误
T/B	与试算平衡表核对相符		重点符号
F/S	与已审会计报表核对相符	*	备注 1
A	与原始凭证核对相符	* *	备注 2
γ	与文件依据核对相符	N/A	无此情况,不适用
C	已发询证函		

三、审计工作底稿的复核制度

审计工作底稿的审核采用三级复核制度,即会计师事务所建立的以主任会计师、部门经理和项目经理为复核人,对审计工作底稿进行逐级复核的制度。通过三级复核,审计工作底稿可以得到充分补充和完善,为审计报告提供了强有力的保证。

四、审计工作底稿的保管

审计工作底稿的所有权属于会计师事务所。

注册会计师应及时将审计工作底稿归整为最终的审计档案。审计工作底稿的归档期限为审计报告日后 60 天内。如果注册会计师未能完成审计业务,审计工作底稿的归档期限为审计业务中止后的 60 天内。

审计工作底稿按照一定的标准归入审计档案后,应交由会计师事务所档案管理部门进行管理。会计师事务所应建立审计档案保管制度,以确保审计档案的安全、完整。根据《会计师事务所质量控制准则第 5101 号——业务质量控制》规定:"会计师事务所应当自审计报告日起,对审计工作底稿至少保存 10 年。"

模块测试

参考答案

一、单项选择题

1. 审计人员获取的下列证据中,证明力最弱的是(　　)。

A. 被审计单位的客户直接寄发给会计师事务所的回函

B. 审计人员填制的审计工作底稿

C. 由被审计单位保管的银行对账单

D. 管理当局的声明书

2. 下列各项中,属于内部证据的是(　　)。

A. 汽车票　　B. 销售发票　　C. 银行付款通知单　　D. 工资条

3. 在确定审计证据的数量时,下列表述中,错误的是(　　)。

A. 通过调高重要性水平,可以降低所需获取的审计证据的数量

B. 审计证据质量越高,需要的审计证据可能越少

C. 审计证据的质量存在缺陷,可能无法通过获取更多的审计证据予以弥补

D. 错报风险越高,需要的审计证据可能越多

4. 在一般情况下,盘点不能确定(　　)。

A. 有价证券的数量　　B. 库存现金的数量

C. 存货的数量　　D. 实物资产的价值

5. (　　)是编制审计报告的基础。

A. 审计法　　B. 审计计划　　C. 审计工作底稿　　D. 管理建议书

6. 审计证据的相关性是指审计证据应与(　　)相关。

A. 审计工作底稿　　B. 审计目标　　C. 审计标准　　D. 审计准则

7. 收集(　　)是审计的核心工作。

A. 审计证据　　B. 审计工作底稿　　C. 审计计划　　D. 审计目标

8. 函证是指通过向有关单位发函来了解情况并取得审计证据的一种方法。它一般用于(　　)的审查。

A. 现金　　B. 期间费用

C. 长期资产　　D. 往来款项

9. 下列各项中,不适用分析程序的项目是(　　)。

A. 主营业务收入的完整性　　B. 管理费用的真实性

C. 存货内部控制的有效性　　D. 应收账款的合理性

10. 注册会计师利用被审计单位的银行存款日记账和银行对账单,重新编制银行存款余额调节表,并与被审计单位编制的银行存款余额调节表进行比较,运用的是(　　)方法。

A. 分析程序　　B. 重新计算　　C. 重新执行　　D. 观察

二、多项选择题

1. 下列各项中,作为审计证据的会计记录有(　　)。

A. 会计凭证　　B. 银行对账单　　C. 工资汇总表　　D. 公司会议记录

2. 函证的方式有(　　)。

A. 消极式函证　　B. 积极式函证　　C. 肯定式函证　　D. 否定式函证

3. 审计证据按其来源分为(　　)。

A. 外部证据　　B. 内部证据　　C. 亲历证据　　D. 其他证据

4. 注册会计师可以运用(　　)来获取亲历证据。

A. 检查有形资产　　B. 重新计算　　C. 函证　　D. 分析程序

5. 审计证据的特征有(　　)。

A. 充分性　　B. 风险性　　C. 可靠性　　D. 相关性

6. 审计证据的适当性是对审计证据质量的衡量,它包括(　　)两层含义。

A. 客观性　　B. 相关性　　C. 充分性　　D. 可靠性

7. 下列各项中,属于外部证据的有(　　)。

A. 注册会计师编制的固定资产折旧计算表

B. 应收账款函证回函

C. 银行对账单

D. 购货发票

8. 注册会计师A负责审计甲公司2020年度财务报表。在确定审计工作底稿的格式、内容和范围时,注册会计师A应当考虑的主要因素有(　　)。

A. 编制审计工作底稿使用的文字

B. 审计工作底稿的归档期限

C. 实施审计程序的性质

D. 已获取审计证据的重要程度

9. 注册会计师编制的审计工作底稿,应当使没有接触过该项审计工作的有经验的专业人士看了后,清楚地了解该项审计工作的(　　)等内容。

A. 实施的审计程序的性质、时间和范围　　B. 实施审计程序的结果

C. 就重大事项得出的结论　　D. 获取的审计证据

10. 注册会计师编制工作底稿的目的包括(　　)。

A. 规范注册会计师审计工作

B. 提供充分、适当的记录,作为审计报告的基础

C. 为证明注册会计师是否按照审计准则的规定执行了审计工作提供证据

D. 便于对审计工作进行复核,有助于审计工作质量的提高

三、判断题

1. 存货监盘是证实存货存在性认定的不可替代的审计程序,注册会计师在审计中不得以检查成本高和难以实施为由而不执行该程序。(　　)

2. 审计证据要满足充分性,因此,审计证据的数量越多越好。(　　)

3. 询问形成的口头证据并不能独立证明被审计事项的真相,但往往能够提供重要的审计线索。(　　)

4. 审计证据只包括财务报表依据的会计记录所包含的信息。(　　)

5. 审计工作底稿自审计报告日起,至少保存15年。(　　)

6. 虽然每个被审计单位的业务性质和规模不同,但对其业务审计的程序方法一定是一样的。(　　)

7. 通过询问,注册会计师可以从客户那里获取大量的证据,而且可以作为结论性证据。(　　)

8. 因为函证来自独立于被审计单位的第三方,所以它受到高度重视并被经常使用。(　　)

9. 注册会计师可以采用积极的或者消极的函证方式来实施函证,也可以将两种方式结合使用。(　　)

10. 检查有形资产大多数情况适用于库存现金和存货，不适用于证券投资资产。（ ）

四、案例分析题

1. 注册会计师甲通过对A公司实施风险评估程序后，发现存货项目存在下列情况：

(1) 存货管理较混乱，每次盘点的结果账实差异较大，且存货容易出现毁损、过期等现象。

(2) 入库单经常未能及时送交财务。

(3) 有部分原材料存放于B公司的仓库。

(4) 销售给C公司(根据合同约定，风险和收益已转移)的产品，C公司未提货，还存放于A公司仓库。

要求：请根据上列情况分别指出各情况下的审计目标，并设计审计程序，填入表4-3中。

表4-3 审计目标与审计程序

事项	审计目标	审计程序
(1)		
(2)		
(3)		
(4)		

2. 注册会计师X在对甲公司进行审计时发现如下几项问题：

(1) 注册会计师X在具体审计计划中记录拟对固定资产采购与付款循环采用综合性方案，因在测试控制时发现相关控制运行无效，将其改为实质性方案，重新编制具体审计计划工作底稿，并代替原具体审计计划工作底稿。

(2) 在规整审计档案时，注册会计师X删除了固定资产减值测试审计工作底稿初稿。

(3) 由于在审计过程中识别出重大错报并提出审计整改意见，注册会计师X重新评估、修改了重要性，并将记录计划阶段评估重要性的底稿删除，代之以记录重新评估重要性的工作底稿。

(4) 审计报告日期为2021年4月12日，注册会计师X于2021年4月20日将提交给甲公司管理层，并于2021年4月19日完成工作底稿的归档工作。

要求：针对上述各项，请逐项指出注册会计师X的做法是否恰当；如不恰当，请简单说明理由。

3. 注册会计师甲在对ABC公司2020年度财务报表进行审计时，收集到以下几组审计证据：

(1) 材料验收单与购货发票。

(2) 销售发票副本与产品出库单。

(3) 领料单与材料成本计算表。

(4) 薪酬费用分配表与薪酬发放表。

(5) 存货盘点表与存货监盘记录。

(6) 银行询证函回函与银行对账单。

要求：请分别指出每组审计证据中哪项证据较为可靠，并简要说明理由。

模块 5

审计抽样方法

[考核目标]

1. 了解审计抽样的含义和种类。
2. 理解抽样风险和非抽样风险。
3. 掌握审计抽样的基本步骤。
4. 掌握控制测试和细节测试控制中的样本评价结果。

[实践目标]

1. 掌握审计抽样在控制测试中的应用。
2. 掌握审计抽样在细节测试中的应用。

[知识点思维导图]

- 审计抽样方法
  - 审计抽样的相关概念
    - 审计抽样的含义
    - 审计抽样的特征
    - 审计抽样的适用性
    - 抽样风险和非抽样风险
    - 统计抽样和非统计抽样
    - 审计抽样的基本原理和步骤
  - 审计抽样在控制测试中的应用
    - 样本设计阶段
    - 选取样本阶段
    - 评价样本结果阶段
  - 审计抽样在细节测试中的应用
    - 样本设计阶段
    - 选取样本阶段
    - 评价样本结果阶段

[案例导读]

中国第一蓝筹股——银广夏公司审计失败案例

银广夏公司全称为广夏(银川)实业股份有限公司,1994 年 6 月上市时,曾因其骄人的业绩和诱人的前景而被称为“中国第一蓝筹股”。2001 年 8 月,《财经》杂志发表《银广夏陷阱》一文,银广夏公司虚构财务报表事件被曝光。

2002 年 5 月,中国证监会对银广夏公司的行政处罚决定书认定,该公司自 1998—2001 年累计虚增利润 77 156.70 万元,其中:1998 年虚增 1 776.10 万元,由于主要控股子公司天津广夏公司 1998 年及之前年度的财务资料丢失,利润真实性无法确定;1999 年虚增17 781.86 万元，实际亏损5 003.20万元；2000年虚增56 704.74万元，实际亏损14 940.10万元；2001年1～6月虚增894万元，实际亏损2 557.10万元。2000年，天津广夏公司共虚造萃取产品出口收入72 400万元，虚假年度财务报表由深圳中天勤会计师事务所审计，注册会计师刘加荣、徐林文签署无保留意见。注册会计师审计失败的主要原因是：①注册会计师未能有效执行应收账款函证程序，在对天津广夏公司应收账款的审计过程中存在审计样本规模不足的情况，并且所有的函证由公司发出，而并未要求公司债务人将回函直接寄到注册会计师处。②注册会计师未有效执行分析性测试程序，如对于银广夏公司在2000年度主营业务收入大幅增长的同时生产用电的电费却反而降低的情况竟没有发现和报告。③天津广夏公司审计项目负责人由非注册会计师担任，审计人员普遍缺乏外贸业务知识，不具备专业胜任能力，严重违反《独立审计基本准则》和《独立审计具体准则第3号——审计计划》的相关要求。

想一想

导致注册会计师对银广夏公司审计失败的原因有哪些？请问审计抽样是否恰当？如果不恰当，那么正确审计抽样是什么？

任务5.1 审计抽样的相关概念

一、审计抽样的含义

审计抽样是指注册会计师对具有审计相关性的总体中低于100%的项目实施审计程序，使所有抽样单元都有被选取的机会，为注册会计师针对整个总体得出结论提供合理基础。

二、审计抽样的特征

审计抽样应当同时具备三个基本特征：

(1) 对具有审计相关性的总体中低于100%的项目实施审计程序。在审计抽样时，注册会计师应确定适合于特定审计目标的总体，从中选取低于100%的项目来实施审计程序。

(2) 所有抽样单元都有被选取的机会。在审计抽样时，所有抽样单元都应有被选取成为样本的机会，注册会计师不能有所偏向，不能只挑选具备某一特征的项目(如金额大或者账龄长的应收账款)进行测试。

(3) 可以根据样本项目的测试结果推断出有关抽样总体的结论。在审计抽样时，注册会计师的目的并不是评价样本，而是对整个总体得出结论。

三、审计抽样的适用性

(1) 在风险评估程序、控制测试和实质性程序中，有些审计程序可以使用审计抽样，有些审计程序则不宜使用审计抽样。

(2) 如果注册会计师在了解控制的设计和确定控制是否得到执行的同时计划和实施控制测试，则可能涉及审计抽样，但此时审计抽样仅适用于控制测试。

四、抽样风险和非抽样风险

(一) 抽样风险

1. 抽样风险的定义

抽样风险是指注册会计师根据样本得出的结论,可能不同于对整个总体实施与样本相同的审计程序得出的结论的风险。抽样风险是由抽样引起的,与样本规模和抽样方法相关。

2. 控制测试中的抽样风险

控制测试中的抽样风险包括信赖过度风险和信赖不足风险。

(1) 信赖过度风险是指推断的控制有效性高于其实际有效性的风险。尽管样本结果支持注册会计师计划信赖内部控制的程度,但实际偏差率不支持该信赖程度的风险。信赖过度风险与审计的效果有关。

(2) 信赖不足风险是指推断的控制有效性低于其实际有效性的风险。尽管样本结果不支持注册会计师计划信赖内部控制的程度,但实际偏差率支持该信赖程度的风险。信赖不足风险与审计的效率有关。

3. 细节测试中的抽样风险

细节测试中的抽样风险包括误受风险和误拒风险。

(1) 误受风险是指注册会计师推断某一重大错报不存在而实际上存在的风险。如果账面金额实际上存在重大错报而注册会计师认为其不存在重大错报,注册会计师通常会停止对该账面金额继续进行测试,并根据样本结果得出账面金额无重大错报的结论。与信赖过度风险类似,误受风险影响审计效果,容易导致注册会计师发表不恰当的审计意见,因此注册会计师更应予以关注。

(2) 误拒风险是指注册会计师推断某一重大错报存在而实际上不存在的风险。与信赖不足风险类似,误拒风险影响审计效率。如果账面金额不存在重大错报而注册会计师认为其存在重大错报,注册会计师会扩大细节测试的范围并考虑获取其他审计证据,最终注册会计师会得出恰当的结论。但在这种情况下,审计效率可能降低。

(二) 非抽样风险

非抽样风险是指注册会计师由于任何与抽样风险无关的原因而得出错误结论的风险。注册会计师即使对某类交易或者账户余额的所有项目实施审计程序,也可能仍未能发现重大错报或者控制失效。

五、统计抽样和非统计抽样

(一) 统计抽样

统计抽样是指同时具备下列特征的抽样方法:①随机选取样本项目。②运用概率论评价样本结果,包括计量抽样风险。统计抽样的优点在于:①统计抽样有助于注册会计师高效地设计样本,计量所获取证据的充分性,以及定量评价样本结果。②统计抽样能够客观地计量抽样风险,并通过调整样本规模精确地控制风险。统计抽样的缺点在于:①统计抽样需要特殊的专业技能,应增加额外的支出费用对注册会计师进行培训。②单个样本项目符合统计要求,增加了额外费用。

（二）非统计抽样

非统计抽样是指不同时具备统计抽样两个基本特征的抽样方法。统计抽样能够客观地计量抽样风险，并通过调整样本规模精确地控制风险，这是它与非统计抽样最重要的区别。非统计抽样的优点在于：①非统计抽样操作简单，使用成本低。②非统计抽样适合定性分析。非统计抽样的缺点在于无法量化抽样风险。

六、审计抽样的基本原理和步骤

注册会计师实施审计抽样的目标，是得出有关抽样总体的结论，并为结论提供合理的基础。审计抽样的步骤可分为以下三个阶段：

第一阶段：样本设计阶段，旨在根据测试的目标和样本总体，制订选取样本的计划。

第二阶段：选取样本阶段，旨在按照适当的方法从抽样总体中选取所需样本，并对其实施检查，以确定是否存在误差。

第三阶段：评价样本结果阶段，旨在根据对误差的性质和原因分析，将样本结果推断至总体，形成对总体的结论。

审计抽样的流程如图 5-1 所示。

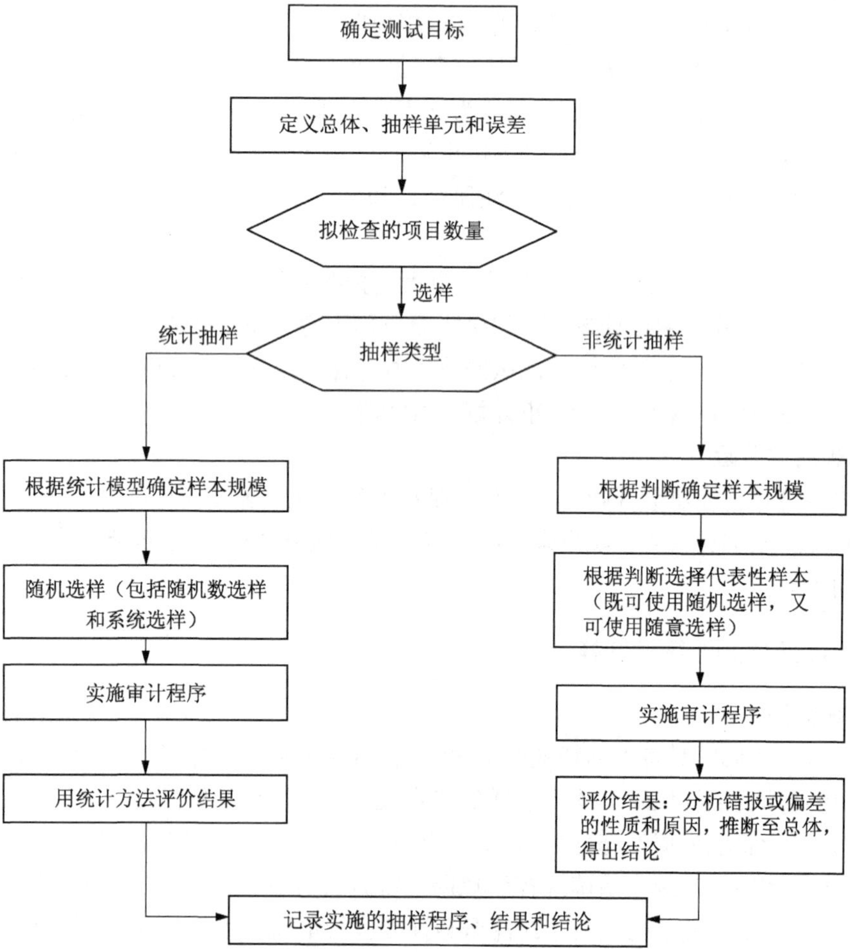

图 5-1 审计抽样的流程

任务 5.2 审计抽样在控制测试中的应用

一、样本设计阶段

(一) 确定测试目标

注册会计师实施控制测试的目标是提供关于控制运行有效性的审计证据，以支持计划的重大错报风险评估水平。

如果对控制运行有效性的定性评价可以分为最高、高、中和低四个层次，注册会计师只有在初步评估控制运行有效性在中等或者中等以上水平时，才会实施控制测试。

(二) 定义总体和抽样单元

1. 定义总体

(1) 在控制测试中，注册会计师必须考虑总体的同质性(即总体中的所有项目应该具有同样的特征)。

(2) 注册会计师在界定总体时，应当确保总体的适当性(即适合于特定的审计目标)和完整性。

【实训练习 5-1】

某企业为测试是否所有已发运的商品都已开出销售发票，则定义的总体应为(　　)。

A. 记账凭证

B. 出库单

C. 销售发票

D. 应收账款明细账

答案： B。

2. 定义抽样单元

注册会计师定义的抽样单元应与审计目标相适应。在控制测试中，注册会计师应根据被测试的控制定义抽样单元。抽样单元通常是能够提供控制运行证据的一份资料、一个记录或者其中一行文字。

(三) 定义偏差构成条件

注册会计师应根据对内部控制的了解，确定哪些特征能够显示被测试控制的运行情况，然后据此定义偏差构成条件。

(四) 定义测试期间

注册会计师通常在期中实施控制测试。由于期中测试获取的证据只与控制截至期中测试时点的运行有关，注册会计师需要确定如何获取关于剩余期间的证据。注册会计师可以有两种做法：①将测试扩展至在剩余期间发生的交易，以获取额外的证据。在这种情况下，总体由整个被审计期间的所有交易组成。②不将测试扩展至在剩余期间发生的交易。在这种情况下，总体只包括从年初到期中测试日为止的交易，测试结果也只能针对这个期间进行推断，注册会计师可以使用替代方法测试剩余期间的控制有效性。

二、选取样本阶段

（一）确定样本规模

样本规模是指从总体中选取样本项目的数量。在控制测试中，影响样本规模的因素如下：

（1）可接受的信赖过度风险。可接受的信赖过度风险与样本规模呈反向变动。注册会计师愿意接受的信赖过度风险越低，样本规模通常越大；反之，注册会计师愿意接受的信赖过度风险越高，样本规模越小。注册会计师一般将信赖过度风险确定为10%，特别重要的测试则可以将信赖过度风险确定为5%。

（2）可容忍偏差率。可容忍偏差率与样本规模呈反向变动。在确定可容忍偏差率时，注册会计师应考虑计划评估的控制有效性。计划评估的控制有效性越低，注册会计师确定的可容忍偏差率通常越高，所需的样本规模就越小。

（3）预计总体偏差率。预计总体偏差率与样本规模呈同向变动。在既定的可容忍偏差率下，预计总体偏差率越大，所需的样本规模越大。预计总体偏差率不应超过可容忍偏差率，如果预期总体偏差率高得无法接受，意味着控制有效性很低，注册会计师通常决定不实施控制测试，而实施更多的实质性程序。

（4）总体规模（可以忽略其影响）。

（5）其他因素。例如，控制运行的相关期间越长（年或者季度），需要测试的样本越多；控制程序的复杂程度越高，需要测试的样本越多等。

（二）选取样本

使用统计抽样或者非统计抽样时，注册会计师可以根据具体情况，从简单随机选样、系统选样或者随意选样中挑选适当的选样方法选取样本。注册会计师应当针对选取的样本项目，实施适当的审计程序，以发现并记录样本中存在的控制偏差。

【实训练习5-2】

被审计单位会计年度的出库单的总体范围为95～3714号，现注册会计师采用系统抽样的方法，信赖过度风险为5%，可容忍偏差率为5%，预计总体偏差率为2%。信赖过度风险为5%的情况下控制测试中统计抽样样本规模如表5-1所示。

讨论与分析：

（1）选取的样本数量为多少？

（2）样本间距为多少？

（3）若选取的第一个样本号码为97号，请写出第三个样本号码。

表5-1　控制测试中统计抽样样本规模——信赖过度风险5%（括号内是可接受的偏差数）

预计总体偏差率	可容忍偏差率										
	2%	3%	4%	5%	6%	7%	8%	9%	10%	15%	20%
0	149(0)	99(0)	74(0)	59(0)	49(0)	42(0)	36(0)	32(0)	29(0)	19(0)	14(0)
0.25%	236(1)	157(1)	117(1)	93(1)	78(1)	66(1)	58(1)	51(1)	46(1)	30(1)	22(1)
0.50%	*	157(1)	117(1)	93(1)	78(1)	66(1)	58(1)	51(1)	46(1)	30(1)	22(1)

（续表）

预计总体偏差率	可容忍偏差率										
	2%	3%	4%	5%	6%	7%	8%	9%	10%	15%	20%
0.75%	*	208(1)	117(1)	93(1)	78(1)	66(1)	58(1)	51(1)	46(1)	30(1)	22(1)
1.00%	*	*	156(2)	93(1)	78(1)	66(1)	58(1)	51(1)	46(1)	30(1)	22(1)
1.25%	*	*	156(2)	124(2)	78(1)	66(1)	58(1)	51(1)	46(1)	30(1)	22(1)
1.50%	*	*	192(3)	124(2)	103(2)	66(1)	58(1)	51(1)	46(1)	30(1)	22(1)
1.75%	*	*	227(4)	153(3)	103(2)	88(2)	77(2)	51(1)	46(1)	30(1)	22(1)
2.00%	*	*	*	181(4)	127(3)	88(2)	77(2)	68(2)	46(1)	30(1)	22(1)
2.25%	*	*	*	208(5)	127(3)	88(2)	77(2)	68(2)	61(2)	30(1)	22(1)
2.50%	*	*	*	*	150(4)	109(3)	77(2)	68(2)	61(2)	30(1)	22(1)
2.75%	*	*	*	*	173(5)	109(3)	95(3)	68(2)	61(2)	30(1)	22(1)
3.00%	*	*	*	*	195(6)	129(4)	95(3)	84(3)	61(2)	30(1)	22(1)
3.25%	*	*	*	*	*	148(5)	112(4)	61(2)	30(1)	22(1)	22(1)

注：①括号内的数字表示可接受的偏差数。②“*”号表示样本规模太大，因而在大多数情况下不符合成本—效益原则。③本表假设总体足够大。

答案：（1）181。

（2）20。

（3）137。

【实训练习 5-3】

运用随机数表选样，随机数表如表 5-2 所示，由 40 页、每页 50 行组成的应收账款明细表，采用四位数字编号，前两位数字由 01～40 的整数组成，表示该记录在明细表中的页数，后两位数字由 01～50 的整数组成，表示该记录的行次。

讨论与分析：

从第一行第一列开始，使用前四位随机数，逐行向右寻找，请写出选中的样本编号。

表 5-2　　随机数表

行	列									
	1	2	3	4	5	6	7	8	9	10
1	32044	69037	29655	92114	81034	40582	01584	77184	85762	46505
2	23821	96070	82592	81642	08971	07411	09037	81530	56195	98425
3	82383	94987	66441	28677	95961	78346	37916	09416	42438	48432
4	68310	21792	71635	86089	38157	95620	96718	79554	50209	17705
5	94856	76940	22165	01414	01413	37231	05509	37489	56459	52983
6	95000	61958	83430	98250	70030	05436	74814	45978	09277	13827
7	20764	64638	11359	32556	89822	02713	81293	52970	25080	33555
8	71401	17964	50940	95753	34905	93566	36318	79530	51105	26952
9	38464	75707	16750	61371	01523	69205	32122	03436	14489	02086
10	59442	59247	74955	82835	98378	83513	47870	20795	01352	89906

答案：3204　0741　0903　0941　3815　2216　0141　3723　0550　3748

（三）对样本实施审计程序

注册会计师在对选取的样本项目实施审计程序时可能会发现以下几种情况。

1. 无效单据

注册会计师选取的样本中可能包含无效的项目。例如，在测试与被审计单位的收据（发票）有关的控制时，注册会计师可能将随机数与总体中收据的编号对应。但是，某一随机数对应的收据可能是无效的（如空白收据）。如果注册会计师能够合理确信该收据的无效是正常的且不构成对设定控制的偏差，此时要用另外的收据替代。而且，如果使用了随机选样，注册会计师要用一个替代的随机数与新的收据样本对应。

2. 未使用或者不适用的单据

注册会计师对未使用或者不适用单据的考虑与无效单据类似。

3. 对总体的估计出现错误

如果注册会计师高估了总体规模和编号范围，选取的样本中超出实际编号的所有数字都被视为未使用单据，在这种情况下，注册会计师要用额外的随机数来代替这些数字，以确定对应的适当单据。

4. 在结束之前停止测试

有时注册会计师可能在对样本的第一部分进行测试时发现大量偏差。在这种情况下，注册会计师要重估重大错报风险并考虑是否有必要继续进行测试。

5. 无法对选取的项目实施检查

如果注册会计师无法对选取的项目实施计划的审计程序或者适当的替代程序，就要考虑在评价样本时将该样本项目视为控制偏差。另外，注册会计师要考虑造成该限制的原因，以及该限制可能对其了解内部控制和评估重大错报风险产生的影响。

三、评价样本结果阶段

（一）计算偏差率

注册会计师将样本中发现的偏差数量除以样本规模，就可以计算出样本偏差率。

（二）考虑抽样风险

在控制测试中评价样本结果时，注册会计师应当考虑抽样风险。也就是说，如果总体偏差率（即样本偏差率）低于可容忍偏差率，注册会计师还要考虑实际的总体偏差率仍有可能大于可容忍偏差率的风险。

（三）得出总体结论

在计算偏差率，考虑抽样风险，分析偏差的性质和原因之后，注册会计师需要运用职业判断得出总体结论。

【案例分析 5-1】

非统计抽样在控制测试中的应用

注册会计师C对甲公司2020年度财务报表进行审计，在风险评估阶段，对全年发生600次的赊销审批进行控制，初步评估控制运行有效，拟进行控制测试，并准备抽样测试。因此，总体为全年发生的600次赊销审批，抽样单元为每一次的赊销审批。注册会计师C准备使用非统计抽样，根据会计师事务所制定的人工控制最低样本规模表确定所需的样本规模(表 5-3 是在预计没有控制偏差的情况下对人工控制进行测试的最低样本数量)。

表 5-3　　人工控制最低样本规模

控制执行频率	控制发生总次数/年	最低样本数量
1 次/年度	1 次	1
1 次/季度	4 次	2
1 次/月度	12 次	2
1 次/周	52 次	5
1 次/日	250 次	20
每日数次	大于 250 次	25

分析: 注册会计师 C 至少要测试 25 个样本。

(1) 如果注册会计师 C 在 25 个样本中没有发现偏差,样本结果支持初步风险评估结果,赊销审批控制有效。

(2) 如果注册会计师 C 在 25 个样本中发现了 1 个偏差,其有两种处理办法:其一,认为控制没有有效运行,控制测试样本结果不支持计划的控制运行有效性和重大错报风险的评估水平,因而要提高重大错报风险评估水平,增加对相关账户的实质性测试程序;其二,测试 25 个样本时,如果没有发现偏差,也可以得出样本结果支持控制运行有效性和重大错报风险的初步评估结果,反之则证明控制无效。

(3) 如果注册会计师 C 在 25 个样本中发现了超过 1 个的偏差,则可以认为控制没有有效运行。

任务 5.3　审计抽样在细节测试中的应用

与控制测试相同,在细节测试中,实施审计抽样也分为样本设计、选取样本和评价样本结果三个主要阶段。

一、样本设计阶段

(一) 确定测试目标

细节测试的目的是识别财务报表中各类交易、账户余额和披露中存在的重大错报。审计抽样通常用来测试有关财务报表金额的一项或者多项认定(如应收账款的存在)的合理性。

(二) 定义总体

在实施审计抽样之前,注册会计师必须仔细定义总体,确定抽样总体的范围,确保总体的适当性和完整性。

在细节测试中,注册会计师还应当运用职业判断,判断某账户余额或者交易类型中是否存在及存在哪些应该单独测试而不能放在抽样总体中的项目。某项目可能由于金额较大或者存在较高的重大错报风险而被视为单个重大项目,注册会计师应当对单个重大项目实施 100% 的检查,所有单个重大项目都不构成抽样总体。

【例 5-1】 假设应收账款中有 5 个重大项目,占到账面价值的 75%。注册会计师将这 5 个项目视为单个重大项目,逐一进行检查,这是选取特定项目而不是抽样,注册会计师只能根据检查结果对这5个项目单独得出结论。

(三)定义抽样单元

在细节测试中,注册会计师应根据审计目标和所实施审计程序的性质定义抽样单元。抽样单元可能是一个账户余额、一笔交易或者交易中的一个记录(如销售发票中的单个项目),甚至是每个货币单元。注册会计师定义抽样单元时也应考虑实施计划的审计程序或者替代程序的难易程度,使审计抽样实现最佳的效率和效果。

(四)界定错报

在细节测试中,注册会计师应根据审计目标界定错报。

二、选取样本阶段

(一)确定抽样方法

注册会计师在细节测试中进行审计抽样,可能使用统计抽样,也可能使用非统计抽样。注册会计师在细节测试中常用的统计抽样方法包括货币单元抽样和传统变量抽样。

1. 货币单元抽样

货币单元抽样是一种运用属性抽样原理对货币金额而不是对发生率得出结论的统计抽样方法。它是概率比例规模抽样方法的分支,有时也被称为金额单元抽样、累计货币金额抽样、综合属性变量抽样等。货币单元抽样以货币单元作为抽样单元。

【例5-2】 总体包含100个应收账款明细账户,共有余额200 000元。若注册会计师采用货币单元抽样,则认为总体含有200 000个抽样单元,而不是100个。

2. 传统变量抽样

传统变量抽样运用正态分布理论,根据样本结果推断总体的特征。传统变量抽样涉及难度较大、较为复杂的数学计算,注册会计师通常使用计算机程序来确定样本规模。

(二)确定样本规模

提供充分审计证据所必需的样本规模,取决于审计目标和抽样方法的效率。

1. 影响样本规模的因素

在细节测试中,影响样本规模的因素如下:

(1) 总体的变异性(与样本规模呈同向变动)。

(2) 可接受的抽样风险(与样本规模呈反向变动)。细节测试中的抽样风险包括误受风险和误拒风险两类,注册会计师主要应关注误受风险。在确定可接受的误受风险水平时,注册会计师需要考虑下列因素:①注册会计师愿意接受的审计风险水平(通常为5%~10%)。②评估的重大错报风险水平。③针对同一审计目标或者财务报表认定的其他实质性程序(包括分析程序和不涉及审计抽样的细节测试)的检查风险。误拒风险与审计的效率有关,如果注册会计师决定接受一个较高的误拒风险,所需样本规模降低。

(3) 可容忍错报(与样本规模反向变动)。当误受风险一定时,如果注册会计师确定的可容忍错报降低,为实现审计目标所需的样本规模就增加。

(4) 预计总体错报(与样本规模同向变动)。

(5) 总体规模(对样本规模的影响很小)。

2. 确定样本规模的模型

注册会计师可利用模型来确定样本规模,其模型如下:

$$样本规模=\frac{总体账面金额}{可容忍错报}\times 保证系数$$

其中：总体账面金额是指提出单个重大项目和极不重要项目之后的抽样总体的金额；可容忍错报范围大于总体账面金额。

三、评价样本结果阶段

（一）推断总体的错报

注册会计师应当根据样本结果推断总体的错报。根据样本中发现的错报金额估计总体的错报金额时，注册会计师可以使用比率法、差额法等。

（1）比率法。其计算公式如下：

$$总体错报=样本中的错报金额\div\frac{样本账面金额}{总体账面金额}$$

适用范围：错报金额与抽样单元金额相关。

（2）差异法。其计算公式如下：

$$总体错报=平均差异$$

其中：
$$平均差异=\frac{样本实际金额与账面金额的差额}{样本规模}\times 总体规模$$

适用范围：错报金额与抽样单元相关。

【实训练习 5-4】

某公司本期发生 60 笔应收账款，总金额为 360 万元。注册会计师现从中抽取 3 笔，抽取部分的金额为 39.6 万元，错报金额为 6.6 万元。

讨论与分析：请运用比率法推断总体错报。

答案： 总体错报$=6.6\div\frac{39.6}{360}=60$（万元）

（二）考虑抽样风险并得出总体结论

（1）注册会计师应当将推断的总体错报金额与 100%检查的项目中发现的错报加总，并要求被审计单位调整已经发现的错报。

（2）依据被审计单位已更正的错报对推断的总体错报金额进行调整后，注册会计师要将其与该类交易或者账户余额的可容忍错报相对比，并适当考虑抽样风险，以评价样本结果。

【案例分析 5-2】

统计抽样在细节测试中的应用

注册会计师 C 对甲公司 2020 年度财务报表进行审计。根据审计准则的规定，注册会计师 C 应当对甲公司 2020 年 12 月 31 日应收账款实施函证程序，并准备抽样发函询证。截至 2020 年 12 月 31 日，“甲公司应收账款”账户共有 142 个借方余额账户，共计 8 270 000 元。这些账户余额在 500～350 000 元不等；另有 4 个贷方余额账户，共计 70 000 元。

注册会计师 C 做出以下决定：①根据控制测试的结果，将与应收账款存在认定有关的重大错报风险评估为“高”水平。②确定的可容忍错报为 750 000 元（注：“可容忍错报”低于或者等于注册会计师确定的实际执行的重要性水平)。③"应收账款"账户贷方余额单独测试。

甲公司还有一些其他信息如下:

(1) 总体中有10个余额超过100 000元的账户,共计1 890 000元。注册会计师决定将这10个账户列为重大项目进行100%检查。另外,甲公司还有10个余额在1 000元以下的账户,共计10 000元,注册会计师认为极不重要。于是,注册会计师将这10个账户排除在准备抽样的总体之外。总体还包含122个借方余额账户,共计6 370 000元。

(2) 通过分析程序,注册会计师合理确信,应收账款不存在重大的低估。

(3) 注册会计师没有对应收账款的存在认定实施与函证目标相同的其他实质性程序,因此其他实质性程序未能发现重大错报的风险(即检查风险)为"最高"。

注册会计师根据下列公式计算样本规模:

$$样本规模=\frac{总体账面金额}{可容忍错报}\times 保证系数$$

其中,保证系数如表5-4所示。

表5-4　　保证系数表

评估的重大错报风险	其他实质性程序未能发现重大错报的风险			
	最高	高	中	低
最高	3.0	2.7	2.3	2.0
高	2.7	2.4	2.0	1.6
中	2.3	2.1	1.6	1.2
低	2.0	1.6	1.2	1.0

注册会计师C使用保证系数表得到的保证系数为2.7。则:

$$样本规模=\frac{6\ 370\ 000}{750\ 000}\times 2.7\approx 23$$

注册会计师C根据总体项目的账面金额,将总体分为两组:第一组由50个余额大于或者等于50 000元的账户组成(账面余额总计3 500 000元);第二组由余额小于50 000元的其余账户组成(账面余额总计2 870 000元)。注册会计师C将样本在两组之间根据账面余额比例进行分配,从第一组中选取13个,从第二组中选取10个账户,样本分布如表5-5所示。

表5-5　　样本分布表

分组	分组账面余额(元)	分组账户个数(个)	分组样本规模(个)
50 000元及以上	3 500 000	50	13
50 000元以下	2 870 000	72	10
合计	6 370 000	122	23

注册会计师对这23个客户和100%检查的10个客户寄发了共33份询证函,收到了28份有效回函。通过执行检查发运凭证及资产负债表日后收款等替代审计程序,注册会计师能够

合理确信未回函的5个账户余额没有重大错报。在28份回函中，4个客户表示其余额被高估。注册会计师进一步调查了这些余额，结论是它们的确存在错报，但这些错报并非舞弊导致。错报情况如表5-6所示。

表5-6　　　　错报汇总表

分组	总体账面余额（元）	分组样本账面余额（元）	分组样本错报金额（元）	分组样本错报数（个）	分组错报金额（元）
100 000元及以上	1 890 000	1 890 000	11 000	1	11 000
50 000元（包含）至100 000元	3 500 000	1 040 000	6 300	2	21 201.92
50 000元以下	2 870 000	400 000	750	1	5 381.25
合计	8 260 000	3 330 000	18 050	4	37 583.17

注：(1) 分组错报金额＝分组样本错报金额÷分组样本账面余额×总体账面余额。

(2) 推断错报为19 533.17元（37 583.17－18 050）。

将错报37 583.17元与可容忍错报750 000元进行比较，注册会计师C认为“应收账款”账户借方账面余额存在的错报超过可容忍错报的风险很小，因此总体可以接受。

注册会计师C得出结论，样本结果支持应收账款账面余额，即应收账款余额的存在认定未发现重大错报。

参考答案

模块测试

一、单项选择题

1. 下列各项中，不直接影响控制测试样本规模的因素是（　　）。

A. 可容忍偏差率

B. 注册会计师在评估风险时对相关控制的依赖程度

C. 控制所影响账户的可容忍错报

D. 拟测试总体的预期偏差率

2. 在控制测试中，注册会计师确定样本规模时一般不需要考虑（　　）。

A. 预计总体误差　　B. 可容忍误差

C. 可接受的抽样风险　　D. 总体变异性

3. 注册会计师X在对乙公司主营业务收入进行测试的同时，一并对应收账款进行了测试。假定乙公司2020年12月31日应收账款明细账显示其有2 000户顾客，账面余额为10 000万元。注册会计师X拟通过抽样函证应收账款账面余额，抽取130个样本。样本账户账面余额为500万元，审定后认定的余额为450万元。注册会计师根据样本结果采用差额估计抽样法，可推断出应收账款的总体余额为（　　）万元。

A. －769.23　　B. 9 230.76　　C. －1 000　　D. 9 000

4. 下列各项中，表述正确的是（　　）。

A. 可容忍误差越小，需选取的样本量越小

B. 预期误差越小，需选取的样本量越大

C. 可信赖程度要求越高，需选取的样本量越大

D. 在控制测试中，样本规模与总体变异性呈正向变动

5. 如果其他条件不变，审计人员可容忍误差越小，则所需的样本规模（　　）。

A. 增加　　B. 减少　　C. 不变　　D. 无法确定

二、多项选择题

1. 在细节测试中，与样本量呈反向变动关系的有（　　）。

A. 可接受的误受风险　　B. 可容忍错报

C. 预计总体偏差率　　D. 总体变异性

2. 下列有关注册会计师在实施审计抽样时评价样本结果的说法中，正确的有（　　）。

A. 在分析样本误差时，注册会计师应当对所有误差进行定性评估

B. 注册会计师应当实施追加的审计程序，以高度确信异常误差不影响总体的其余部分

C. 控制测试的抽样风险无法计量，但注册会计师在评价样本结果时仍应考虑抽样风险

D. 在细节测试中，如果根据样本结果推断的总体错报小于可容忍错报，则总体可以接受

3. 审计抽样的种类包括（　　）。

A. 统计抽样　　B. 非统计抽样　　C. 选取全部项目　　D. 选取特定项目

4. 实质性测试中的风险包括（　　）。

A. 过度依赖风险　　B. 依赖不足风险　　C. 误受风险　　D. 误拒风险

三、判断题

1. 如果以统计抽样法取代非统计抽样法，就不存在抽样风险了。　（　　）

2. 信赖过度风险和误受风险主要影响审计效果。　（　　）

3. 信赖不足风险和误拒风险主要影响审计效率。　（　　）

4. 通过增加样本规模和改进选择方法，注册会计师可以降低抽样风险。　（　　）

5. 抽样风险主要存在于统计抽样中，非抽样风险则存在于非统计抽样中。　（　　）

四、案例分析题

ABC公司是一家大型纺织品生产企业，2020年主营业务收入为14 410 000元，无销售退回与折让，一共有贷方记录1 251笔，每笔金额在1 000～300 000元。注册会计师采用审计抽样的方法对ABC公司进行测试，部分做法摘录如下：

（1）根据控制测试的结果，注册会计师将与主营业务收入发生认定有关的重大错报风险评估为“中”水平。

（2）确定的可容忍错报为200 000元。

（3）总体中有4笔金额超过200 000元的交易，共计1 100 000元，注册会计师决定将这4笔交易列为重大交易进行100%检查。另外，总体有47笔金额在3 000元以下的交易，共计310 000元，注册会计师认为极不重要，不实施审计程序。

（4）注册会计师对其余交易决定实施审计抽样。注册会计师将总体项目按金额从大到小排序，然后将总体分成金额大致相等的两组。第一组由300笔交易组成（金额总计6 600 000元），第二组由900笔交易组成（金额总计6 400 000元）。

（5）注册会计师决定将样本在两组之间平均分配。从第一组抽出的样本金额合计为2 000 000元，从第二组中抽出1 000 000元。

(6) 注册会计师对选中的样本和4笔重大销售交易进行追查至原始凭证,必要时函证。注册会计师对所选取的项目检查(包括函证)的结果表明,存在高估错报:4笔重大交易中,1笔高估10 000元;第一组样本中,1笔高估60 000元;第二组样本中,1笔高估10 000元。注册会计师进一步调查后确定,这些错报并非由舞弊所致。

(7) 注册会计师没有对主营业务收入发生认定实施其他实质性程序,因此其他实质性程序未能发现重大错报的风险为"最高"。

要求:

(1) 计算样本规模(结果取整)。

(2) 完成表5-7和表5-8。

表5-7 样本分布表

组	账面总额(元)	交易数(个)	样本规模(个)
第一组			
第二组			
合　计			

表5-8 错报汇总表

组	样本账面金额(元)	样本错报额(元)	样本错报数(个)	错报金额(元)
重大项目	—	—	—	
第一组				
第二组				
合　计				

(3) 帮助注册会计师对主营业务收入得出结论。

模块 6

审计过程

[考核目标]

1. 了解审计过程。
2. 理解总体审计策略和具体审计计划的内容。
3. 理解重要性的含义,理解审计风险的含义。
4. 了解风险评估程序,了解风险应对。
5. 掌握审计报告类型。

[实践目标]

1. 掌握重要性水平的计算和应用。
2. 熟练运用风险评估程序和风险应对。
3. 出具恰当的审计报告。

[知识点思维导图]

- 审计过程
  - 审计过程概述
    - 审计模式的发展阶段
    - 审计过程
  - 初步业务活动
    - 初步业务活动的目的和内容
    - 审计业务约定书
  - 总体审计策略和具体审计计划
    - 总体审计策略
    - 具体审计计划
    - 错报
    - 重要性
  - 风险评估
    - 审计风险
    - 风险识别和评估概述
    - 风险评估程序
    - 其他审计程序和信息来源
    - 了解被审计单位及其环境
    - 了解被审计单位的内部控制
    - 评估重大错报风险
  - 风险应对
    - 针对财务报表层次重大错报风险的总体应对措施
    - 针对认定层次重大错报风险的进一步审计程序
    - 控制测试
    - 实质性程序
  - 完成审计工作和出具审计报告
    - 完成审计工作
    - 出具审计报告

[案例导读]

皖江物流假账曝光：2年虚增收入91亿元，虚增利润近5亿元

2015年7月30日，皖江物流(2014年9月1日前公司名称为“芜湖港”)收到中国证监会下发的《行政处罚决定书》(编号：〔2015〕21号)。该处罚决定书的主要内容如下：

依据《中华人民共和国证券法》(以下简称《证券法》)有关规定，中国证监会对皖江物流违法违规行为进行了立案调查、审理，并依法向当事人告知了做出行政处罚的事实理由、依据及当事人依法享有的权利。皖江物流提出了陈述申辩意见，未要求听证，董事杨林以及独立董事陈颖洲、卢太平、陈大铮、张永泰提出了陈述申辩意见，其他当事人未提出陈述、申辩意见，也未要求听证。本案现已调查、审理终结。

一、中国证监会查明皖江物流存在的违法事实

(1) 皖江物流2012年虚增收入4 550 546 404.97元，占2012年年报收入的14.05%，虚增利润255 853 505.71元，占2012年年报利润总额的51.36%；2013年虚增收入4 603 540 216.10元，占2013年年报收入的13.48%，虚增利润233 966 308.60元，占2013年年报利润总额的64.64%。

(2) 皖江物流未在2011年年报披露淮矿物流为华中有色、上海中望、中西部钢铁、溧阳建新制铁有限公司、溧阳昌兴炉料有限公司等公司提供16亿元的动产差额回购担保。

(3) 2014年，淮矿物流向中西部钢铁等公司提供共计2.2亿元的最高额担保；2013—2014年，淮矿物流为江苏匡克等8家公司承担最高额为13.05亿余元的动产差额回购担保。皖江物流未按规定披露上述事项。

(4) 2013年，皖江物流未按规定披露淮矿物流与福鹏系公司30亿元债务转移情况。

以上事实有皖江物流相关合同、财务账册、会计凭证、资金存取和划款凭证、工商登记资料、询问笔录、情况说明等证据证明，足以认定。

二、中国证监会对公司及相关人员的行政处罚决定

根据当事人违法行为的事实、性质、情节与社会危害程度，依据《证券法》第一百九十三条第一款的规定，中国证监会决定：

(1) 对皖江物流给予警告，并处以50万元罚款。

(2) 对汪晓秀给予警告，并处以30万元罚款。

(3) 对孔祥喜给予警告，并处以10万元罚款。

(4) 对杨林、牛占奎、张孟邻、李非文、赖勇波、陈颖洲、卢太平、陈大铮、张永泰、江文革、张伟、艾强、杨学伟、李健、陈家喜、彭广月、程峥、于晓辰、郑凯、吕觉人给予警告，并分别处以3万元罚款。

华普天健会计师事务所(特殊普通合伙)因为皖江物流2011、2012、2013年度财务报表出具了标准无保留意见的审计报告，也受到惩罚。

资料来源：查道坤. 皖江物流假账曝光：2年虚增收入91亿虚增过半利润[EB/OL]. (2015-06-18)[2021-06-06]. https://www.sohu.com/a/19296388_115362.

想一想

皖江物流存在上述诸多违法事实，可为何华普天健会计师事务所(特殊普通合伙)为皖江

物流 2011、2012、2013 年度财务报表出具标准无保留意见的审计报告？你觉得注册会计师在整个审计过程中都有严格遵守执业准则吗？结合上述本案信息，上网查找更多资料，了解华普天健会计师事务所（特殊普通合伙）在整个审计过程中都存在哪些不当行为。

任务 6.1　审计过程概述

一、审计模式的发展阶段

审计模式是审计导向的目标、范围和方法等要素的组合，它规定了审计应从何处下手、如何着手、何时着手等问题。在审计发展的历史长河中，审计模式的发展起着相当重要的作用。按照先后顺序，审计模式的发展大致可以分为四个阶段：账项基础审计阶段、制度基础审计阶段、风险基础审计阶段、风险导向审计阶段。其中，风险导向审计的灵魂就是深入了解客户并发现潜在的重大错报风险，核心准则就是《中国注册会计师审计准则第 1211 号——了解被审计单位及其环境并评估重大错报风险》。

二、审计过程

风险导向审计模式要求注册会计师在审计过程中，以重大错报风险的识别、评估和应对作为工作主线。相应地，审计过程大致可以分为初步业务活动、承接业务、制定总体审计策略和制订具体审计计划、风险评估、风险应对和完成审计工作六个阶段，具体如图 6-1 所示。

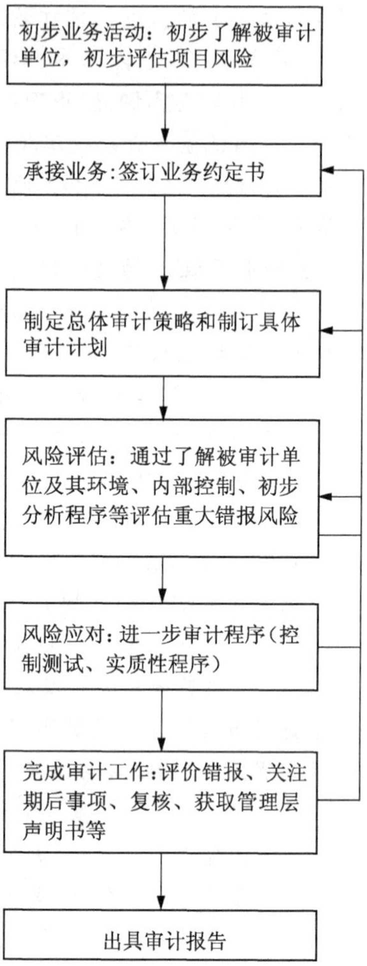

图 6-1　审计过程

注册会计师在承接项目前，需要对被审计单位进行初步了解，确定是否存在独立性威胁，评估项目总体风险并确定是否承接项目。注册会计师在风险评估、风险应对和完成审计工作阶段，需要根据风险评估结果和审计程序的执行情况进一步评价风险评估、总体审计策略和具体审计计划的适当性，必要时进行完善和修正，在极端情况下，如发现重大舞弊事项可能需要考虑解除业务约定。

任务 6.2　初步业务活动

一、初步业务活动的目的和内容

（一）初步业务活动的目的

在审计业务开始时，注册会计师需要开展初步业务活动，以实现以下三个主要目的：

(1) 具备执行业务所需的独立性和能力。

(2) 不存在因管理层诚信问题而可能影响注册会计师保持该项业务的意愿的事项。

(3) 与被审计单位之间不存在对业务约定条款的误解。

(二) 初步业务活动的内容

注册会计师应当开展下列初步业务活动：

(1) 针对保持客户关系和具体审计业务实施相应的质量控制程序。

(2) 评价遵守相关职业道德要求的情况。

(3) 就审计业务约定条款达成一致意见，签署审计业务约定书。

二、审计业务约定书

(一) 审计业务约定书的含义

审计业务约定书是指会计师事务所与被审计单位签订的，用来记录和确认审计业务的委托与受托关系、审计目标和范围、双方的责任以及出具报告的格式等事项的书面协议。会计师事务所承接任何审计业务，都应与被审计单位签订审计业务约定书。

(二) 审计业务约定书的基本内容

审计业务约定书的具体内容和格式可能因被审计单位的不同而不同，但应当包括以下主要内容：

(1) 财务报表审计的目标与范围。

(2) 注册会计师的责任。

(3) 管理层的责任。

(4) 指出用于编制财务报表所适用的财务报告编制基础。

(5) 提及注册会计师拟出具的审计报告的预期形式和内容，以及对在特定情况下出具的审计报告可能不同于预期形式和内容的说明。

(三) 审计业务约定书的特殊考虑

注册会计师还应当考虑在审计业务约定书中列明下列内容：

(1) 详细说明审计工作的范围，包括提及适用的法律法规、审计准则，以及注册会计师协会发布的职业道德守则和其他公告。

(2) 对审计业务结果的其他沟通形式。

(3) 说明由于审计和内部控制的固有限制，即使审计工作按照审计准则的规定得到恰当的计划和执行，仍不可避免地存在某些重大错报未被发现的风险。

(4) 计划和执行审计工作的安排，包括审计项目组的构成。

(5) 管理层确认将提供书面声明。

(6) 管理层同意向注册会计师及时提供财务报表草稿和其他所有附带信息，以使注册会计师能够按照预定的时间表完成审计工作。

(7) 管理层同意告知注册会计师在审计报告日至财务报表报出日之间注意到的可能影响财务报表的事实。

(8) 收费的计算基础和收费安排。

(9) 管理层确认收到审计业务约定书并同意其中的条款。

(10) 在某些方面对利用其他注册会计师和专家工作的安排。

(11) 对审计涉及的内部审计人员和被审计单位其他员工工作的安排。

(12) 在首次审计的情况下,与前任注册会计师(如存在)沟通的安排。

(13) 说明对注册会计师责任可能存在的限制。

(14) 注册会计师与被审计单位之间需要达成进一步协议的事项。

(15) 向其他机构或人员提供审计工作底稿的义务。

审计业务约定书如图 6-2 所示。

审计业务约定书

甲方:仁义股份有限公司

乙方:北京网中会计师事务所

兹由甲方委托乙方对 2020 年度财务报表进行审计,经双方协商,达成以下约定。

一、审计的目标和范围

1. 乙方接受甲方委托,对甲方按照《企业会计准则》编制的 2020 年 12 月 31 日的资产负债表,2020 年度的利润表、所有者权益(或股东权益)变动表、现金流量表和财务报表附注(以下统称"财务报表")进行审计。

2. 乙方通过执行审计工作,对财务报表的下列方面发表审计意见:

(1) 财务报表是否在所有重大方面按照《企业会计准则》的规定编制。

(2) 财务报表是否在所有重大方面公允反映了甲方 2020 年 12 月 31 日的财务状况和 2020 年度的经营成果、现金流量。

二、甲方的责任

1. 根据《中华人民共和国会计法》和《企业财务会计报告条例》,甲方及甲方负责人有责任保证会计资料的真实性和完整性。因此,甲方管理层有责任妥善保存和提供会计记录(包括但不限于会计凭证、会计账簿及其他会计资料),这些记录必须真实、完整地反映甲方的财务状况、经营成果和现金流量。

2. 按照《企业会计准则》的规定编制和公允列报财务报表是甲方管理层的责任,这种责任包括:

(1) 按照《企业会计准则》的规定编制财务报表,并使其实现公允反映。

(2) 设计、执行和维护必要的内部控制,以使财务报表不存在由于舞弊或者错误导致的重大错报。

3. 及时为乙方的审计工作提供与审计有关的所有记录、文件和所需的其他信息(在 2021 年 2 月 1 日之前提供审计所需的全部资料,如果在审计过程中需要补充资料亦应及时提供),并保证所提供资料的真实性和完整性。

4. 确保乙方不受限制地接触其认为必要的甲方内部人员和其他相关人员。

5. 甲方管理层对其做出的与审计有关的声明予以书面确认。

6. 为乙方派出的有关工作人员提供必要的工作条件和协助,乙方将于外勤工作开始前提供主要事项清单。

7. 按照本约定书的约定及时足额支付审计费用以及乙方人员在审计期间的交通、食宿和其他相关费用。

8. 乙方的审计不能减轻甲方及甲方管理层的责任。

三、乙方的责任

1. 乙方的责任是在执行审计工作的基础上对甲方财务报表发表审计意见。乙方根据《中国注册会计师审计准则》(以下简称《审计准则》)的规定执行审计工作。《审计准则》要求注册会计师遵守《中国注册会计师职业道德守则》,计划和执行审计工作以对财务报表是否不存在重大错报获取合理保证。

（续）

2. 审计工作涉及实施审计程序，以获取有关财务报表金额和披露的审计证据。选择的审计程序取决于乙方的判断，包括对由于舞弊或者错误导致的财务报表重大错报风险的评估。在进行风险评估时，乙方考虑与财务报表编制和公允列报相关的内部控制，以设计恰当的审计程序，但目的并非对内部控制的有效性发表意见。审计工作还包括评价管理层选用会计政策的恰当性和做出会计估计的合理性，以及评价财务报表的总体列报。

3. 由于审计和内部控制的固有限制，即使按照《审计准则》的规定适当地计划和执行审计工作，仍不可避免地存在财务报表的某些重大错报可能未被乙方发现的风险。

4. 在审计过程中，乙方若发现甲方存在乙方认为值得关注的内部控制缺陷，应以书面形式向甲方治理层或者管理层通报。但乙方通报的各种事项，并不代表已全面说明所有可能存在的缺陷或者已提出所有可行的改进建议。甲方在实施乙方提出的改进建议前应全面评估其影响。未经乙方书面许可，甲方不得向任何第三方提供乙方出具的沟通文件。

5. 按照约定时间完成审计工作，出具审计报告。乙方应于2021年3月12日前出具审计报告。

6. 除下列情况外，乙方应当对执行业务过程中知悉的甲方信息予以保密：

(1) 法律法规允许披露，并取得甲方的授权。

(2) 根据法律法规的要求，为法律诉讼、仲裁准备文件或提供证据，以及向监管机构报告发现的违法行为。

(3) 在法律法规允许的情况下，在法律诉讼、仲裁中维护自己的合法权益。

(4) 接受注册会计师协会或监管机构的执业质量检查，答复其询问和调查。

(5) 法律法规、执业准则和职业道德规范规定的其他情形。

四、审计收费

1. 本次审计服务的收费是以乙方工作中所耗费的时间为基础计算的。乙方预计本次审计服务的费用总额为人民币2.5万元。

2. 甲方应于本约定书签署之日起当日内支付10%的审计费用，其余款项于审计报告出具当日结清。

3. 如果由于无法预见的原因，致使乙方从事本约定书所涉及的审计服务实际时间较本约定书签订时预计的时间有明显增加或减少时，甲乙双方应通过协商，相应调整本部分第1段所述的审计费用。

4. 如果由于无法预见的原因，致使乙方人员抵达甲方的工作现场后，本约定书所涉及的审计服务中止，甲方不得要求退还预付的审计费用；如上述情况发生于乙方人员完成现场审计工作，并离开甲方的工作现场之后，甲方应另行向乙方支付人民币2 000元的补偿费，该补偿费应于甲方收到乙方的收款通知之日起3日内支付。

5. 与本次审计有关的其他费用(包括交通费、食宿费等)由甲方承担。

五、审计报告和审计报告的使用

1. 乙方按照《审计准则》规定的格式和类型出具审计报告。

2. 乙方向甲方致送审计报告一式六份。

3. 甲方在提交或者对外公布乙方出具的审计报告及其后附的已审计财务报表时，不得对其进行修改。当甲方认为有必要修改会计数据、报表附注和所做的说明时，应当事先通知乙方，乙方将考虑有关的修改对审计报告的影响，必要时，将重新出具审计报告。

六、本约定书的有效期间

本约定书自签署之日起生效，并在双方履行完毕本约定书约定的所有义务后终止。但其中第三项第6段、第四、第五、第七、第八、第九、第十项并不因本约定书终止而失效。

（续）

七、约定事项的变更

如果出现不可预见的情况，影响审计工作如期完成，或者需要提前出具审计报告，甲、乙双方均可要求变更约定事项，但应及时通知对方，并由双方协商解决。

八、终止条款

1. 如果根据乙方的职业道德及其他有关专业职责、适用的法律法规或其他任何法定的要求，乙方认为已不适宜继续为甲方提供本约定书约定的审计服务，乙方可以采取向甲方提出合理通知的方式终止履行本约定书。

2. 在本约定书终止的情况下，乙方有权就其于终止之日前对约定的审计服务项目所做的工作收取合理的费用。

九、违约责任

甲、乙双方按照《中华人民共和国合同法》的规定承担违约责任。

十、适用法律和争议解决

本约定书的所有方面均应适用中华人民共和国法律进行解释并受其约束。本约定书履行地为乙方出具审计报告所在地，因本约定书引起的或与本约定书有关的任何纠纷或者争议（包括关于本约定书条款的存在、效力或者终止，或者无效之后果），双方协商确定采取以下第(2)种方式予以解决：

(1) 向有管辖权的人民法院提起诉讼。

(2) 提交当地仲裁委员会仲裁。

十一、双方对其他有关事项的约定

本约定书一式两份，甲、乙双方各执一份，具有同等法律效力。

甲方：仁义股份有限公司	乙方：北京网中会计师事务所
授权代表：	授权代表：
日期：2021 年 1 月 30 日	日期：2021 年 1 月 30 日

图 6-2　审计业务约定书

任务 6.3　总体审计策略和具体审计计划

审计计划分为总体审计策略和具体审计计划两个层次。注册会计师应当针对总体审计策略中所识别的不同事项，制订具体审计计划，并考虑通过有效利用审计资源以实现审计目标。

一、总体审计策略

注册会计师应当为审计工作制定总体审计策略。总体审计策略用来确定审计范围、时间安排和方向，并指导具体审计计划的制定。在制定总体审计策略时，注册会计师应当考虑以下主要事项。

（一）审计范围

注册会计师应充分了解被审计单位财务报表编制所使用的编制基础，被审计单位所处行业是否有特定的报告要求，是单个公司审计还是集团审计，以及是否已对被审计单位财务报表进行中期审阅或者审计等。

（二）报告目标、时间安排及所需沟通的事项

注册会计师应明确审计业务的报告目标，审计业务开展时间安排以及在整个审计过程中

需要与被审计单位管理层或治理层沟通的事项。

（三）审计方向

注册会计师应确定审计重要性水平，初步识别重要的账户余额和发生额，确定存在重大错报风险的领域；如果审计业务是集团审计，注册会计师还应确定重要与非重要的组成部分。

（四）审计资源

注册会计师在考虑审计范围、报告目标、时间安排和审计方向等基础上，合理安排会计师事务所的审计资源，以及考虑是否需要利用专家的工作。

二、具体审计计划

注册会计师应当为审计工作制订具体审计计划。具体审计计划比总体审计策略更加详细，其内容包括为获取充分、适当的审计证据以将审计风险降至可接受的低水平，项目组成员拟实施的审计程序的性质、时间安排和范围。可以说，为获取充分、适当的审计证据，而确定审计程序的性质、时间安排和范围是具体审计计划的核心。具体审计计划应当包括风险评估程序、计划实施的进一步审计程序和其他审计程序。进一步审计程序包括控制测试和实质性程序。

需要强调的是，计划审计工作并非审计过程一个孤立阶段，而是一个持续的、不断修正的过程，贯穿于整个审计业务的始终，注册会计师需要通过审计过程中的发现不断更新和修正审计计划。

三、错报

（一）错报的含义

错报是指某一财务报表项目的金额、分类、列报或者披露，与按照适用的财务报表编制基础应当列示的金额、分类、列报或者披露之间存在的差异；或者根据注册会计师的判断，为使财务报表在所有重大方面得到公允反映，需要对金额、分类、列报或披露做出的必要调整。错报可能由下列事项导致：①收集或处理用以编制财务报表的数据时出现错误。②遗漏某项金额或者披露。③由于疏忽或者明显误解有关事实导致做出不正确的会计估计。④注册会计师认为管理层对会计估计做出不合理的判断或者对会计政策做出不恰当的选择和运用。

（二）错报的类型

为了帮助注册会计师评价审计过程中累积的错报的影响以及与管理层和治理层沟通错报事项，错报可分为事实错报、判断错报和推断错报。

（1）事实错报。事实错报是毋庸置疑的错报。这类错报产生于被审计单位收集和处理数据的错误，对事实的忽略或者误解，或者故意舞弊行为。

【例 6-1】 注册会计师在审计测试中发现，一批赊购的原材料实际金额为 10 000 元，但账面记录金额却为 100 000 元，存货和应付款项均被虚计，这里被高估的 90 000 元就是已识别的对事实的具体错报。

（2）判断错报。判断错报是指由于注册会计师认为管理层对会计估计做出不合理的判断或者不恰当地选择和运用会计政策而导致的差异。这类错报产生于两种情况：一是管理层和注册会计师对会计估计值的判断差异，二是管理层和注册会计师对选择和运用会计政策的判断差异。例如，注册会计师根据被审计单位已发生的坏账数据，认为被审计单位期末坏账准备计提比例过低，坏账准备计提不充分。

(3) 推断错报。注册会计师对总体存在的错报做出的最佳估计数,涉及根据在审计样本中识别出的错报来推断总体的错报。推断错报通常指通过测试样本估计出的总体的错报减去在测试中发现的已经识别的具体错报。

【例 6-2】 某公司的应收账款年末余额为 1 000 万元,注册会计师抽查其中的 70%(700 万元),发现有 105 万元的高估(高估的比例为 15%),据此推断总体的错报金额为 150 万元,其中 105 万元为已识别的具体错报,45 万元为推断错报。

四、重要性

(一) 重要性的含义

重要性是指在具体环境下,被审计单位财务报表错报的严重程度。重要性概念可从以下三个方面进行理解:

(1) 如果合理预期错报(包括漏报)单独或者汇总起来可能影响财务报表使用者依据财务报表做出的经济决策,则通常认为错报是重大的。

(2) 对重要性的判断是根据具体环境做出的,并受错报的金额或者性质的影响,或者受两者共同作用的影响。

(3) 判断某事项对财务报表使用者是否重大,是在考虑财务报表使用者共同的财务信息需求的基础上做出的。由于不同财务报表使用者对信息的需求可能差异大,因此不考虑错报对个别财务报表使用者可能产生的影响。

在审计开始时,注册会计师就必须对重大错报的规模和性质做出判断,包括确定财务报表整体的重要性和特定交易类别、账户余额和披露的重要性水平。当错报金额高于整体重要性水平时,错报就很可能被合理预期将对财务报表使用者根据财务报表做出的经济决策产生影响。

(二) 重要性水平的确定

在计划审计工作时,注册会计师应当确定一个合理的重要性水平,以发现在金额上重大的错报。注册会计师在确定计划的重要性水平时,需要考虑对被审计单位及其环境的了解、审计的目标、财务报表各项目的性质及其相互关系、财务报表项目的金额及其波动幅度。

1. 财务报表整体重要性水平

(1) 确定原则。注册会计师应当运用职业判断确定重要性,经常根据会计师事务所的惯例和自身经验予以考虑,但不需考虑与具体项目相关的固有不确定性。

(2) 具体方法。财务报表整体重要性水平的确定通常采用某一基准项目的金额乘以一定的比例得出。其基本模型为:

$$报表层次重要性水平=基准\times固定百分比$$

其中,常用的基准如表 6-1 所示。

表 6-1 常用的基准

被审计单位的情况	可能选择的基准
(1) 企业的盈利水平保持稳定	经常性业务的税前利润
(2) 企业近年来经营状况大幅度波动,盈利和亏损交替发生,或者由正常盈利变为微利或者微亏,或者本年度税前利润因情况变化而出现意外增加或减少	过去 3~5 年经常性业务的平均税前利润或者亏损(取绝对值),或者其他基准,如营业收入

（续表）

被审计单位的情况	可能选择的基准
(3) 企业为新设企业，处于开办期，尚未开始经营，正在建造厂房及购买机器设备	总资产
(4) 企业处于新兴行业，侧重于抢占市场份额、扩大企业知名度和影响力	营业收入
(5) 开放式基金，致力于优化投资组合、提高基金净值、为基金持有人创造投资价值	净资产
(6) 国际企业集团设立的研发中心，主要为集团下属各企业提供研发服务，并以成本加成的方式向相关企业收取费用	成本与销售费用总额
(7) 公益性质的基金会	捐赠收入或者捐赠支出总额

注册会计师为选定的基准确定百分比需要运用职业判断。实务中常见的基准百分比，如表 6-2 所示。

表 6-2　常用的基准百分比

基准	百分比
净利润	5%～10%
资产总额	0.5%～1%
净资产	1%
营业收入	0.5%～1%

选定的基准金额越大，通常用于计算重要性水平的比例越小。例如，选用收入作为基准时的计算比例通常应小于选用税前利润或者净利润时采用的基准比例，而对于同一家公司，在连续审计中，若其他因素未发生重大变化，采用收入作为计算基准时，收入的金额越大，采用的计算比例应越小。此外，如果被审计单位为上市公司或者公众利益主体，财务报表影响范围可能更大，审计风险更高，则应采用更低的计算比例。

2. 特定交易类别、账户余额和披露的重要性水平

如存在以下情况，注册会计师需要考虑对特定交易类别、账户余额和披露分配特定的重要性水平：

(1) 被审计单位所处行业有特定的关键性披露（如高新技术企业的研发成本）。

(2) 法律法规或者适用的财务报告编制基础影响财务报表对特定项目计量或披露的预期。

(3) 财务报表使用者特别关注财务报表披露的业务的特定方面（如重大收购业务）。

（三）实际执行的重要性水平

实际执行的重要性水平是指注册会计师确定的低于财务报表整体重要性水平的一个或者多个金额。其目的在于将未更正和未发现错报的汇总数超过财务报表整体的重要性的可能性降至适当的低水平。其可用计算公式表示为：

实际执行的重要性水平＝报表整体重要性水平－预期未更正错报

预期未更正错报越大，实际执行的重要性水平越低。注册会计师在确定预期未更正错报时需要应用职业判断，结合以前年度对被审计单位的审计以及风险评估程序的实施情况，确定较为合理的预期未更正错报，进而确定实际执行的重要性水平。通常而言，实际执行的重要性水平为财务报表整体重要性水平的 50%～75%。

（四）对重要性水平的修正

由于存在下列原因，注册会计师可能需要对财务报表整体的重要性水平和特定类别的交易、账户余额和披露的重要性水平（如适用）进行修正：

（1）审计过程中情况发生重大变化（如发生重大购并业务）。

（2）获取新信息。

（3）通过实施进一步审计程序，注册会计师对被审计单位及其经营的了解发生变化。例如，注册会计师在审计过程中发现被审计单位实际经营成果与最初确定重要性水平时依据的经营成果存在很大差异，则需要修正重要性水平。

（五）重要性水平与审计风险的关系

在审计工作中，重要性水平与审计风险之间存在反向关系。重要性水平越高，审计风险越低；重要性水平越低，审计风险越高。

【实训练习 6-1】

A 公司是 B 会计师事务所的续聘审计业务客户，B 会计师事务所将对其 2020 年的财务报表进行审计，A 公司已持续经营近 10 年，系非上市公司，2019 年新生产线投产，产销量大幅增加，近三年的主要财务指标如表 6-3 所示。

表 6-3　　A 公司近三年主要财务指标　　单位：元

项　目	2020 年	2019 年	2018 年
总资产	7 413 621 116.03	7 735 937 696.63	7 956 338 912.92
净资产	2 238 699 632.34	2 190 473 179.34	2 485 729 868.00
营业收入	3 636 508 532.87	3 598 118 553.88	2 369 802 701.29
税前利润	48 226 453.00	5 256 688.66	6 381 493.65

讨论与分析：B 会计师事务所财务报表层次的重要性水平是什么？

［**提示**］ 根据 B 会计师事务所多年来审计经验形成的相关规定和注册会计师的职业判断，采用税前利润或者净利润为计算基准时，通常采用 5%～10%作为计算比例；采用净资产作为计算基准时，通常采用 3%的计算比例；采用总资产作为计算基准时，通常采用低于 3%的计算比例；采用收入作为计算基准时，通常采用 0.8%～5%的计算比例。

答案：B 会计师事务所对 A 公司财务报表层次的重要性水平的计算结果如表 6-4 所示。

表 6-4　　B 会计师事务所对 A 公司财务报表层次的重要性水平的计算结果　　金额单位：元

所选定的基准	营业收入	备注
基准余额	3 636 508 532.87	注 1
输入所选定的计算比例	1.10%	注 2
所计算的重要性水平	40 001 593.86	
所确定的重要性水平	40 000 000.00	取整
预期未更正错报的总额	4 000 000.00	注 3
所确定的实际执行的重要性水平	36 000 000.00	注 4

（续表）

所选定的基准	营业收入	备注
用于计算明显不重要的错报门槛的比例	5.00%	注5
所计算的明显不重要的错报门槛	2 000 000.00	注5

注：(1) 被审计单位为非上市公司，且利润波动较大，也非筹建期企业，收入是最能体现其经营状况的指标，因此注册会计师采用收入作为计算基准。

(2) 被审计单位的收入约为36亿元，注册会计师依据职业判断采用1.10%作为计算比例。

(3) 根据以前年度审计经验，并未发现被审计单位存在重大未更正错报，且在本期风险评估阶段也未发现重大业务变化或者重大会计处理事项，注册会计师采用比例较低的10%作为预期未更正错报的计算比例。

(4) 实际执行的重要性水平＝重要性水平－预期未更正错报。

(5) 明显不重要的错报门槛＝所确定的重要性水平×错报门槛比例。注册会计师采用5.00%作为明显不重要的错报门槛计算比例，主要是基于会计师事务所的相关审计政策和注册会计师的职业判断。明显不重要的错报门槛的应用：对于发现的错报金额小于错报门槛且性质不重要，可以考虑不进行审计调整；对于性质不重要且金额小于明显不重要的错报门槛的财务报表项目，注册会计师除实施分析性程序外，可以不执行其他进一步审计程序。

【实训练习6-2】

正达会计师事务所在审计华源股份有限公司会计报表时，发现该公司2020年11月25日对天兴有限责任公司发出一笔货物中，有增值税专用发票、出库单、转账凭证，但是应收账款明细账中无该记录。涉及金额为117万元，重要性水平为300万元，假设注册会计师只发现该项错误，则应出具(　　)报告。

A. 无保留意见的审计报告

B. 否定意见的审计报告

C. 保留意见的审计报告

D. 无法表示意见的审计报告

答案：A。

任务6.4 风险评估

一、审计风险

(一) 审计风险的含义及分类

审计风险是指财务报表存在重大错报而注册会计师发表不恰当审计意见的可能性。

审计风险包括重大错报风险和检查风险。

1. 重大错报风险

重大错报风险是指财务报表在审计前存在重大错报的可能性。它包括财务报表层次的重大错报风险以及各类交易、账户余额和披露认定层次的重大错报风险。财务报表层次的重大错报风险与财务报表整体存在广泛联系，可能影响多个交易、账户余额和披露认定，而认定层次的重大错报风险通常是指某个或者某几个特定交易、账户余额和披露的某个或某几个认定发生错报的风险。认定层次的重大错报风险包括固有风险和控制风险。

(1) 固有风险。固有风险是指在考虑相关的内部控制之前，某类交易、账户余额或者披露的某一认定易于发生错报(该错报单独或者连同其他错报可能是重大的)的可能性。被审计单位的业务越复杂，固有风险就越高。

(2) 控制风险。控制风险是指某项交易、账户余额和披露的某一认定存在重大错报,而该重大错报未能被审计单位的内部控制防范和发现的风险。控制风险取决于被审计单位内部控制设计和运行的有效性,内部控制设计和运行越是有效和完善,控制风险越低。

2. **检查风险**

检查风险是指如果存在某一错报,该错报单独或者连同其他错报是重大的,注册会计师实施审计程序后却没有发现该错报的风险。

审计风险的分类如图 6-3 所示。

- 审计风险
  - 重大错报风险
    - 财务报表层次
    - 认定层次
      - 固有风险
      - 控制风险
  - 检查风险

图 6-3 审计风险的分类

(二) 检查风险与重大错报风险的关系

在既定的审计风险水平下,检查风险与重大错报风险呈反向关系。其基本模型为:

审计风险=重大错报风险×检查风险

评估的重大错报风险越高,可接受的检查风险越低;反之,可接受的检查风险越高。在一般情况下,审计风险水平是既定的,注册会计师可接受的审计风险是有限的,风险过高,则不能承接该审计业务。因此,在既定的审计风险水平下,如果评估认定的重大错报风险越高,则需要执行更多相关、有效的审计程序来降低检查风险。

二、风险识别和评估概述

(一) 风险识别和评估的概念

在风险导向审计模式下,注册会计师以重大错报风险的识别、评估和应对为审计工作的主线,最终将审计风险控制在可接受的低水平。风险的识别和评估是审计风险控制流程的起点,是指注册会计师通过实施风险评估程序,识别和评估财务报表层次和认定层次的重大错报风险。

(二) 风险识别和评估的作用

(1) 确定重要性水平,并随着审计工作的进程评估对重要性水平的判断是否仍然适当。

(2) 考虑会计政策的选择和运用是否恰当,以及财务报表的列报是否适当。

(3) 识别需要特别考虑的领域,包括关联方交易、管理层运用持续经营假设的合理性,或者交易是否具有合理的商业目的等。

(4) 确定在实施分析程序时所使用的预期值。

(5) 设计和实施进一步审计程序,以将审计风险降至可接受的低水平。

(6) 评价所获取审计证据的充分性和适当性。

三、风险评估程序

注册会计师了解被审计单位及其环境,目的是识别和评估财务报表重大错报风险。为了解被审计单位及其环境而实施的程序,称为风险评估程序。注册会计师应当实施下列风险评估程序来了解被审计单位及其环境。

(一) 询问管理层和被审计单位内部其他人员

1. 询问管理层和财务负责人

注册会计师可以考虑向管理层和财务负责人询问下列事项：

(1) 管理层所关注的主要问题，如新的竞争对手、主要客户和供应商的流失、新的税收法规的实施、经营目标或者战略的变化等。

(2) 被审计单位最近的财务状况、经营成果和现金流量。

(3) 可能影响财务报告的交易或者事项，或者目前发生的重大会计处理问题，如重大的购并事宜等。

(4) 被审计单位发生的其他重要变化，如所有权结构、组织结构的变化、内部控制的变化等。

2. 询问被审计单位内部其他人员

注册会计师也可以通过询问被审计单位内部的其他不同层级的人员获取信息，或者为识别重大错报风险提供不同的视角。例如，注册会计师可以直接询问治理层，可能有助于其了解编制财务报表的环境；直接询问内部审计人员，可能有助于其了解本年度针对被审计单位内部控制设计和运行有效性而实施的内部审计程序，以及管理层是否根据实施这些程序的结果采取了适当的应对措施；直接询问内部法律顾问，可能有助于其了解有关信息，如诉讼、遵守法律法规的情况、影响被审计单位的舞弊或舞弊嫌疑、产品保证、售后责任、与业务合作伙伴的安排(如合营企业)和合同条款的含义等；直接询问营销或销售人员，可能有助于其了解被审计单位营销策略的变化、销售趋势或与客户的合同安排。

(二) 实施分析程序

分析程序是指注册会计师通过研究不同财务数据之间以及财务数据与非财务数据之间的内在关系，对财务信息做出评价。分析程序还包括调查识别出的与其他相关信息不一致或者与预期数据严重偏离的波动和关系。分析程序既可用来风险评估程序和实质性程序，也可用来对财务报表的总体复核。在实施分析程序时，注册会计师应当预期可能存在的合理关系，并与被审计单位记录的金额、依据记录金额计算的比率或趋势相比较，如果发现异常或未预期到的关系，注册会计师应当在识别重大错报风险时考虑这些比较结果。

(三) 观察和检查

观察和检查程序可以支持对管理层和其他相关人员的询问结果，并可以提供有关被审计单位及其环境的信息，注册会计师应当实施下列观察和检查程序：

(1) 观察被审计单位的经营活动。例如，注册会计师通过观察被审计单位人员正在从事的生产活动和内部控制活动，增加注册会计师对被审计单位人员如何进行生产经营活动及实施内部控制的了解。

(2) 检查文件、记录和内部控制手册。例如，注册会计师通过检查被审计单位的经营计划、策略、章程，与其他单位签订的合同、协议，各业务流程操作指引和内部控制手册等，了解被审计单位组织结构和内部控制制度的建立健全情况。

(3) 阅读由管理层和治理层编制的报告。例如，注册会计师通过阅读被审计单位年度和中期财务报告，股东大会、董事会会议、高级管理层会议的会议记录或者纪要，管理层的讨论和分析资料，对重要经营环节和外部因素的评价，被审计单位内部管理报告以及其他特殊目的的报告(如新投资项目的可行性分析报告)等,了解上一期审计结束至本期审计期间被审计单位发生的重大事项。

(4) 实地察看被审计单位的生产经营场所和厂房设备。例如,注册会计师通过现场访问和实地察看被审计单位的生产经营场所和厂房设备,了解被审计单位的性质及其经营活动。在实地察看被审计单位的厂房和办公场所的过程中,注册会计师有机会与被审计单位管理层和担任不同职责的员工进行交流,增强对被审计单位的经营活动及其重大影响因素的了解。

(5) 追踪交易在财务报表信息系统中的处理过程(穿行测试)。

穿行测试是注册会计师了解被审计单位业务流程及其相关控制时经常使用的审计程序。例如,注册会计师通过追踪某笔或者某几笔交易在业务流程中如何生成、记录、处理和报告,以及相关控制如何执行,可以确定被审计单位的交易流程和相关控制是否与之前通过其他程序所获得的了解一致,并确定相关控制是否得到执行。

四、其他审计程序和信息来源

(一) 其他审计程序

除了采用上述程序从被审计单位内部获取信息,如果注册会计师根据职业判断认为从被审计单位外部获取的信息有助于识别重大错报风险,其应当实施其他审计程序以获取这些信息,如询问被审计单位聘请的外部法律顾问、专业评估师、投资顾问和财务顾问等。另外,阅读外部信息也可能有助于注册会计师了解被审计单位及其环境,如贸易与经济方面的报纸期刊、法规或者金融出版物等。

(二) 其他信息来源

注册会计师应当考虑在客户接受或者保持过程中获取的信息是否与识别重大错报风险相关。例如,对新的审计业务,注册会计师应在业务承接阶段对被审计单位及其环境有一个初步的了解,以确定是否承接该业务等。

五、了解被审计单位及其环境

注册会计师虚当从以下方面了解被审计单位及其环境。

(一) 相关行业状况、法律环境和监管环境及其他外部因素

1. 行业状况

了解行业状况有助于注册会计师识别与被审计单位所处行业有关的重大错报风险。注册会计师应当了解被审计单位以下的行业状况:一是所处行业的市场与竞争,包括市场需求、生产能力和价格竞争;二是生产经营的季节性和周期性;三是与被审计单位产品相关的生产技术;四是能源供应与成本;五是行业的关键指标和统计数据。例如,注册会计师可以了解被审计单位的下列问题:①被审计单位所处行业的总体发展趋势是什么?②被审计单位处于哪一发展阶段,如起步、快速成长、成熟或衰退阶段?③被审计单位所赴市场的需求、市场容量和价格竞争如何?④该行业是否受经济周期波动的影响,以及采取了什么行动使波动产生的影响最小化?⑤该行业受技术发展影响的程度如何?⑥是否开发了新的技术?⑦能源消耗在成本中所占比重,能源价格的变化对成本的影响。⑧被审计单位最重要的竞争者有谁?它们各自所占的市场份额是多少?⑨被审计单位与其竞争者相比主要的竞争优势是什么?⑩被审计单位业务的增长率和财务业绩与行业的平均水平及主要竞争者相比如何?存在重大差异的原因是什么?

⑪竞争者是否采取了某些行动，如购并活动、降低销售价格、开发新技术等，从而对被审计单位的经营活动产生影响？

2. 法律环境与监管环境

注册会计师应当了解被审计单位所处以下的法律环境与监管环境：一是会计原则和行业特定惯例；二是受管制行业的法规框架；三是对被审计单位经营活动产生重大影响的法律法规，包括直接的监管活动；四是税收政策（关于企业所得税和其他税种的政策）；五是目前对被审计单位开展经营活动产生影响的政府政策，如货币政策（包括外汇管制）、财政政策、财政刺激措施（如政府援助项目）、关税或贸易限制政策等；六是影响行业和被审计单位经营活动的环保要求。例如，注册会计师可以了解被审计单位的下列问题：①国家对某一行业的企业是否有特殊的监管要求（如对银行、保险等行业的特殊监管要求）？②是否存在新出台的法律法规（如新出台的有关产品责任、劳动安全或者环境保护的法律法规等）？其对被审计单位有何影响？③国家货币、财政、税收和贸易等方面政策的变化是否会对被审计单位的经营活动产生影响？④与被审计单位相关的税务法规是否发生变化？

3. 其他外部因素

注册会计师应当了解影响被审计单位经营的其他外部因素，主要包括总体经济情况、利率、融资的可获得性、通货膨胀水平或币值变动等。例如，注册会计师可以了解被审计单位的以下问题：①当前的宏观经济状况以及未来的发展趋势如何？②目前国内或者本地区的经济状况（如增长率、通货膨胀率、失业率、利率等）怎样影响被审计单位的经营活动？③被审计单位的经营活动是否受到汇率波动或者全球市场力量的影响？

（二）被审计单位的性质

1. 所有权结构

了解被审计单位所有权结构，有助于注册会计师识别关联方关系并了解被审计单位的决策过程。注册会计师应当了解所有权结构以及所有者与其他人员或者实体之间的关系，考虑关联方关系是否已经得到识别，以及了解关联方交易是否得到恰当核算。例如，注册会计师应当了解被审计单位是属于国有企业、外商投资企业、民营企业，还是属于其他类型的企业；了解被审计单位直接控股母公司、间接控股母公司、最终控股母公司和其他股东的构成，以及所有者与其他人员或者实体（如控股母公司控制的其他企业）之间的关系。

2. 治理结构

良好的治理结构可以对被审计单位的经营和财务运作实施有效的监督，从而降低财务报表发生重大错报的风险。注册会计师应当了解被审计单位的治理结构，例如了解董事会的构成情况、董事会内部是否有独立董事，了解其治理结构中是否设有审计委员会或者监事会及其运作情况。

3. 组织结构

复杂的组织结构可能导致某些特定的重大错报风险。注册会计师应当了解被审计单位的组织结构，考虑复杂组织结构可能导致的重大错报风险，包括财务报表合并、商誉减值以及长期股权投资核算等问题。例如，对于在多个地区拥有子公司、合营企业、联营企业或者其他成员机构，或者存在多个业务分部和地区分部的被审计单位，不仅编制合并财务报表的难度增加，还存在其他可能导致重大错报风险的复杂事项，如对于子公司、合营企业、联营企业和其他股权投资类别的判断及其会计处理等。

4. 经营活动

了解被审计单位经营活动,有助于注册会计师识别预期在财务报表中反映的主要交易类别、重要账户余额和列报。注册会计师应当了解被审计单位的经营活动,如其主营业务的性质,与生产产品或者提供劳务相关的市场信息,业务的开展情况,联盟、合营与外包情况等。

5. 投资活动

了解被审计单位投资活动,有助于注册会计师关注被审计单位在经营策略和方向上的重大变化。注册会计师应当了解被审计单位的投资活动,如其近期拟实施或已实施的并购活动与资产处置情况(包括业务重组或某些业务的终止;证券投资、委托贷款的发生与处置)、资本性投资活动(包括固定资产和无形资产投资,近期或计划发生的变动)和重大的资本承诺等。

6. 筹资活动

了解被审计单位筹资活动,有助于注册会计师评估被审计单位在融资方面的压力,并进一步考虑被审计单位在可预见未来的持续经营能力。注册会计师应当了解被审计单位的筹资活动,如了解被审计单位的债务结构和相关条款,包括资产负债表表外融资和租赁安排、主要子公司和联营企业(无论是否处于合并范围内)的重要融资安排、实际受益方及关联方、衍生金融工具的使用等。

7. 财务报告

注册会计师应当了解影响财务报告的重要政策、交易或事项,如了解会计政策和行业特定惯例(包括特定行业的重要活动,如银行业的贷款和投资、医药行业的研究与开发活动),收入确认惯例,公允价值会计核算,外币资产、负债与交易,异常或者复杂交易(包括在有争议的或新兴领域的交易)的会计处理(如对股份支付的会计处理)等。

(三)被审计单位对会计政策的选择和运用

1. 重大和异常交易的会计处理方法

注册会计师应当考虑对重大的和不经常发生的交易的会计处理方法是否适当,如了解本期发生的企业合并的会计处理方法,银行向客户发放贷款、证券公司对外投资、医药企业的研究与开发活动等。

2. 在缺乏权威性标准或者共识、有争议的或者新兴的领域采用重要会计政策产生的影响

在缺乏权威性标准或者共识、有争议的或者新兴的领域,注册会计师应当关注被审计单位选用了哪些会计政策、为什么选用这些会计政策以及选用这些会计政策产生的影响。

3. 会计政策的变更

如果被审计单位变更了重要的会计政策,注册会计师应当考虑变更的原因及其适当性,如会计政策变更是否是法律、行政法规或者适用的会计准则和相关会计制度要求的变更,会计政策变更是否能够提供更可靠、更相关的会计信息。此外,注册会计师还应当关注会计政策的变更是否得到恰当处理和充分披露。

4. 新颁布的财务报告准则、法律法规

当新的《企业会计准则》颁布施行时,注册会计师应考虑被审计的单位是否应采用新颁布的《企业会计准则》,如果采用,是否已按照新颁布的《企业会计准则》的要求做好衔接调整工作,并且收集了执行新的《企业会计准则》所需要的信息资料。

(四) 被审计单位的目标、战略以及可能导致重大错报风险的相关经营风险

1. 目标、战略与经营风险

注册会计师应当了解被审计单位是否存在与下列方面有关的目标和战略,并考虑相应的经营风险:①行业发展。②开发新产品或提供新服务。③业务扩张。④新的会计要求。⑤监管要求。⑥本期及未来的融资条件。⑦信息技术的运用等。

2. 经营风险对重大错报风险的影响

注册会计师了解被审计单位的经营风险,有助于其识别财务报表重大错报风险。例如,贷款客户的企业合并导致银行客户群减少,使银行信贷风险集中,由此产生的经营风险可能增加与贷款计价认定有关的重大错报风险。

3. 被审计单位的风险评估过程

管理层通常制定识别和应对经营风险的策略,注册会计师应当了解被审计单位的风险评估过程。此类风险评估过程是被审计单位内部控制的组成部分。

4. 对小型被审计单位的考虑

小型被审计单位通常没有正式的计划和程序来确定其目标、战略并管理经营风险。注册会计师应当询问管理层或者观察小型被审计单位如何应对这些事项,以获取了解,并评估重大错报风险。

(五) 对被审计单位财务业绩的衡量和评价

在了解被审计单位财务业绩衡量和评价情况时,注册会计师应当关注下列信息:①关键业绩指标(财务的或非财务的)、关键比率、趋势和经营统计数据。②同期财务业绩比较分析。③预算、预测、差异分析,分部信息与分部、部门或者其他不同层次的业绩报告。④员工业绩考核与激励性报酬政策。⑤被审计单位与竞争对手的业绩比较等。

六、了解被审计单位的内部控制

内部控制是被审计单位为了合理保证财务报表的可靠性、经营的效率和效果以及对法律法规的遵守,由治理层、管理层和其他人员设计与执行的政策及程序。

(一) 对内部控制的理解

1. 目标

内部控制的目标是合理保证。

2. 责任主体

设计和实施内部控制的责任主体是治理层、管理层和其他人员,组织中的每一个人都对内部控制负有责任。

3. 手段

实现内部控制目标的手段是设计和执行控制政策及程序。

4. 要素

内部控制包括下列要素:①控制环境。②风险评估过程。③与财务报表相关的信息系统和沟通。④控制活动。⑤对控制的监督。

5. 局限性

内部控制无论如何有效,都只能为被审计单位实现财务报表目标提供合理保证。内部控制实现目标的可能性受其固有限制的影响。

（二）与审计相关的控制

注册会计师需要了解和评价的内部控制只是与财务报表审计相关的内部控制，并非被审计单位所有的内部控制。被审计单位的目标与为实现目标提供合理保证的控制之间存在直接关系。被审计单位的目标和控制，与财务报表、经营及合规有关。

（三）对内部控制了解的深度

注册会计师在了解内部控制时，应当评价控制的设计，并确定其是否得到执行。注册会计师通常实施风险评估程序（如询问、观察、检查文件和报告，穿行测试等），以获取有关控制设计和执行的审计证据。

（四）在整体层面和业务流程层面了解内部控制

1. 了解整体层面的内部控制

（1）对于连续审计，注册会计师可以重点关注整体层面内部控制的变化情况，包括由于被审计单位及其环境变化而导致内部控制发生的变化以及采取的对策。

（2）注册会计师还需要特别考虑因舞弊而导致重大错报的可能性及其影响。

（3）报表层次的重大错报风险很可能源于薄弱的控制环境，因此，注册会计师在评估财务报表层次的重大错报风险时，应当将被审计单位整体层面的内部控制状况和了解到的被审计单位及其环境其他方面的情况结合起来考虑。

2. 了解业务流程层面的内部控制

（1）确定重要业务流程和重要交易类别。例如，对于一般制造业企业，销售收入和应收账款通常是重大账户，销售和收款都是重要交易类别。

（2）了解重要交易流程，并进行记录。在确定重要的业务流程和交易类别后，注册会计师便可着手了解每一类重要交易在信息技术或者人工系统中生成、记录、处理及在财务报表中报告的程序，即重要交易流程。

（3）确定可能发生错报的环节。注册会计师需要确认和了解被审计单位应在哪些环节设置控制，以防止或者发现并纠正各个重要业务流程可能发生的错报。

（4）识别和了解相关控制。通过对被审计单位的了解，包括在被审计单位整体层面对内部控制各要素的了解，以及在上述程序中对重要业务流程的了解，注册会计师可以确定是否有必要进一步了解在业务流程层面的控制。

（5）执行穿行测试，证实对交易流程和相关控制的了解。为了解各类重要交易在业务流程中发生、处理和录的过程，注册会计师通常会执行穿行测试。

（6）初步评价和风险评估。注册会计师对控制的评价结论可能是：①所设计的内部控制单独或者连同其他控制能够防止或发现并纠正重大错报，并得到执行。②控制本身的设计是合理的，但没有得到执行。③控制本身的设计就是无效的或者缺乏必要的控制。

七、评估重大错报风险

评估重大错报风险是风险评估阶段的最后一个步骤。获取的关于风险因素和控制对相关风险的抵消信息（通过实施风险评估程序），通常将全部用于对财务报表层次以及各类交易、账户余额和披露认定层次评估重大错报风险。

（一）评估财务报表层次和认定层次的重大错报风险

1. 评估重大错报风险时考虑的因素

注册会计师在评估重大错报时应考虑的因素如表 6-5 所示。

表 6-5 评估重大错报时考虑的因素

1. 已识别的风险是什么?	
财务报表层次	(1) 源于薄弱的被审计单位整体层面内部控制或者信息技术一般控制 (2) 与财务报表整体广泛相关的特别风险 (3) 与管理层凌驾和舞弊相关的风险因素 (4) 管理层愿意接受的风险(如小企业因缺乏职责分离导致的风险)
认定层次	(1) 与完整性、准确性、存在或者计价相关的特定风险 a. 收入、费用和其他交易 b. 账户余额 c. 财务报表披露 (2) 可能产生多重错报的风险
相关内部控制程序	(1) 特别风险 (2) 用于预防、发现或者减轻已识别风险的恰当设计并执行的内部控制程序 (3) 仅通过执行控制测试应对的风险
2. 错报(金额影响)可能发生的规模有多大?	
财务报表层次	什么事项可能导致财务报表重大错报? 考虑管理层凌驾、舞弊、未预期事件和以往经验。
认定层次	(1) 交易、账户余额或者披露的固有性质 (2) 日常和例外事件 (3) 以往经验
3. 事件(风险)发生的可能性有多大?	
财务报表层次	(1) 来自高层的基调 (2) 管理层风险管理的方法 (3) 采用的政策和程序 (4) 以往经验
认定层次	(1) 相关的内部控制活动 (2) 以往经验
相关内部控制程序	识别对于降低事件发生可能性非常关键的管理层风险应对要素

2. 评估重大错报风险的审计程序

(1) 在了解被审计单位及其环境(包括与风险相关的控制)的整个过程中,结合对财务报表中各类交易、账户余额和披露的考虑,识别风险。例如,被审计单位因相关环境法规的实施需要更新设备,可能面临原有设备闲置或贬值的风险。

(2) 结合对拟测试的相关控制的考虑,将识别出的风险与认定层次可能发生错报的领域相联系。例如,销售困难使产品的市场价格下降,可能导致年末存货成本高于其可变现净值而需要计提存货跌价准备,这显示存货的计价认定可能发生错报。

(3) 评估识别出的风险,并评价其是否更广泛地与财务报表整体相关,进而潜在地影响多项认定。

(4) 考虑发生错报的可能性(包括发生多项错报的可能性),以及潜在错报的重大程度是否足以导致重大错报。

3. 识别两个层次的重大错报风险

(1) 某些重大错报风险可能与特定的某类交易、账户余额和披露的认定相关。例如,被审计单位存在复杂的联营或者合资,这一事项表明“长期股权投资”账户的认定可能存在重大错报风险。

(2) 某些重大错报风险可能与财务报表整体广泛相关,进而影响多项认定。例如,在经济不稳定的国家和地区开展业务、资产的流动性出现问题、重要客户流失、融资能力受到限制等,可能导致注册会计师对被审计单位的持续经营能力产生重大疑虑。

4. 控制环境对评估财务报表层次重大错报风险的影响

财务报表层次的重大错报风险很可能源于薄弱的控制环境。薄弱的控制环境带来的风险可能对财务报表产生广泛影响,难以限于某类交易、账户余额和披露,注册会计师应当采取总体应对措施。例如,被审计单位治理层、管理层对内部控制的重要性缺乏认识,没有建立必要的制度和程序,或者管理层经营理念偏于激进,又缺乏实现激进目标的人力资源等,这些缺陷源于薄弱的控制环境,可能对财务报表产生广泛影响,需要注册会计师采取总体应对措施。

5. 控制对评估认定层次重大错报风险的影响

(1) 控制可能与某一认定直接相关,也可能与某一认定间接相关。关系越间接,控制在防止或者发现并纠正认定中错报的作用越小。例如,销售经理对分地区的销售网点的销售情况进行复核,与销售收入完整性的认定只是间接相关。相应地,该项控制在降低销售收入完整性认定中的错报风险方面的效果,要比认定直接相关的控制(如将发货单与开具的销售发票相核对)的效果差。

(2) 注册会计师可能识别出有助于防止或者发现并纠正特定认定发生重大错报的控制。在确定这些控制是否能够实现上述目标时,注册会计师应当将控制活动和其他要素综合考虑。例如,注册会计师将销售和收款的控制置于其所在的流程和系统中考虑,以确定其能否实现控制目标。

6. 考虑财务报表的可审计性

注册会计师在了解被审计单位内部控制后,可能对被审计单位财务报表的可审计性产生怀疑。如果通过对内部控制的了解发现下列情况,并对财务报表局部或者整体的可审计性产生疑问,注册会计师应当考虑出具保留意见或者无法表示意见的审计报告:

(1) 被审计单位会计记录的状况和可靠性存在重大问题,不能获取充分、适当的审计证据以发表无保留意见。

(2) 对管理层的诚信存在严重疑虑,必要时,注册会计师应当考虑解除业务约定。

(二) 需要特别考虑的重大错报风险

1. 特别风险的含义

特别风险是指注册会计师识别和评估的、根据判断认为需要特别考虑的重大错报风险。

2. 确定特别风险时考虑的事项

在判断哪些风险是特别风险时,注册会计师应当至少考虑下列事项:①风险是否属于舞弊风险。②风险是否与近期经济环境、会计处理方法或者其他方面的重大变化相关,因而需要特别关注。③交易的复杂程度。④风险是否涉及重大的关联方交易。⑤财务信息计量的主观程度,特别是计量结果是否具有高度不确定性。⑥风险是否涉及异常或者超出正常经营过程的重大交易。

3. 非常规交易导致的特别风险

非常规交易是指由于金额或者性质异常而不经常发生的交易,如企业购并、债务重组、重大或有事项等。由于非常规交易具有下列特征,与重大非常规交易相关的特别风险可能导致更高的重大错报风险：①管理层更多地干预会计处理。②数据收集和处理进行更多的人工干预。③复杂的计算或者会计处理方法。④非常规交易的性质可能使被审计单位难以对由此产生的特别风险实施有效控制。

4. 判断事项导致特别风险的原因

判断事项通常包括做出的会计估计(具有计量的重大不确定性)。判断事项导致特别风险的原因有：①对涉及会计估计、收入确认等方面的会计原则存在不同的理解。②所要求的判断可能是主观和复杂的，或者需要对未来事项做出假设。

5. 考虑与特别风险相关的控制

了解与特别风险相关的控制，有助于注册会计师制定有效的审计方案予以应对。对特别风险，注册会计师应当评价相关控制的设计情况，并确定其是否已经得到执行。由于与重大非常规交易或者判断事项相关的风险很少受到日常控制的约束，注册会计师应当了解被审计单位是否针对该特别风险设计和实施了控制。例如，做出会计估计所依据的假设是否由管理层或者专家进行复核，是否建立做出会计估计的正规程序，重大会计估计结果是否由治理层批准等。

(三) 仅通过实质性程序无法应对的重大错报风险和对风险评估的修正

1. 仅通过实质性程序无法应对的重大错报风险

(1) 作为风险评估的一部分，如果认为仅通过实质性程序获取的审计证据无法应对认定层次的重大错报风险，注册会计师应当评价被审计单位针对这些风险设计的控制，并确定其执行情况。

(2) 在被审计单位对日常交易采用高度自动化处理的情况下，审计证据可能仅以电子形式存在，其充分性和适当性通常取决于自动化信息系统相关控制的有效性，注册会计师应当考虑仅通过实施实质性程序不能获取充分、适当审计证据的可能性。

2. 对风险评估的不断修正

注册会计师对认定层次重大错报风险的评估，可能随着审计过程中不断获取审计证据而做出相应的变化。

任务6.5 风险应对

一、针对财务报表层次重大错报风险的总体应对措施

(一) 概述

在财务报表重大错报风险的评估过程中，注册会计师应当确定，识别的重大错报风险是与特定的某类交易、账户余额和披露的认定相关，还是与财务报表整体广泛相关，进而影响多项认定。如果是后者，则该重大错报风险属于财务报表层次的重大错报风险。

(二) 针对评估的财务报表层次重大错报风险的总体应对措施

注册会计师应当针对评估的财务报表层次重大错报风险确定下列总体应对措施：

(1) 向项目组强调保持职业怀疑的必要性。

(2) 指派更有经验或者具有特殊技能的审计人员，或者利用专家的工作。

(3) 提供更多的督导。

(4) 在选择拟实施的进一步审计程序时融入更多的不可预见的因素。

(5) 对拟实施审计程序的性质、时间安排或者范围做出总体修改。

(三) 当控制环境存在缺陷时的考虑

如果控制环境存在缺陷,注册会计师在对拟实施审计程序的性质、时间安排和范围做出总体修改时应当考虑下列情况:

(1) 在期末而非期中实施更多的审计程序。控制环境的缺陷通常会削弱期中获得的审计证据的可信赖程度。

(2) 通过实施实质性程序获取更广泛的审计证据。

(3) 增加拟纳入审计范围的经营地点的数量。

二、针对认定层次重大错报风险的进一步审计程序

(一) 进一步审计程序的含义

进一步审计程序相对于风险评估程序而言,是指注册会计师针对评估的各类交易、账户余额和披露认定层次重大错报风险实施的审计程序。它包括控制测试和实质性程序。

(二) 设计进一步审计程序时的考虑因素

在设计进一步审计程序时,注册会计师应当考虑下列因素:

(1) 风险的重要性。风险的后果越严重,就越需要注册会计师的关注和重视,越需要精心设计有针对性的进一步审计程序。

(2) 重大错报发生的可能性。重大错报发生的可能性越大,同样越需要注册会计师精心设计进一步审计程序。

(3) 涉及的各类交易、账户余额和披露的特征。

(4) 被审计单位采用的特定控制的性质。

(5) 注册会计师是否拟获取审计证据,以确定内部控制在防止或者发现并纠正重大错报方面的有效性。如果注册会计师在风险评估时预期内部控制运行有效,随后拟实施的进一步审计程序就必须包括控制测试,且实质性程序自然会受到之前控制测试结果的影响。

(三) 进一步审计程序的时间

进一步审计程序的时间是指注册会计师何时实施进一步审计程序,或者审计证据适用的期间或者时点。有关进一步审计程序的时间的选择问题:第一个层面是注册会计师选择在何时实施进一步审计程序的问题;第二个层面是选择获取什么期间或者时点的审计证据的问题。

注册会计师在确定何时实施审计程序时应当考虑以下几项重要因素:

(1) 控制环境。良好的控制环境可以抵消在期中实施进一步审计程序的一些局限性,使注册会计师在确定实施进一步审计程序的时间时有更大的灵活度。

(2) 何时能得到相关信息。例如,某些电子化的交易和账户文档如未能及时取得,可能被覆盖。在这些情况下,注册会计师如果希望获取相关信息,则需要考虑能够获取相关信息的时间。

(3) 错报风险的性质。例如,被审计单位可能为了保证盈利目标的实现,而在会计期末以后伪造销售合同以虚增收入,此时注册会计师需要考虑在期末(即资产负债表日)这个特定时点获取被审计单位截至期末所能提供的所有销售合同及相关资料,以防范被审计单位在资产

负债表日后伪造销售合同虚增收入的做法。

(4) 审计证据适用的期间或者时点。注册会计师应当根据需要获取的特定审计证据确定何时实施进一步审计程序。

(四) 进一步审计程序的范围

进一步审计程序的范围是指实施进一步审计程序的数量。它包括抽取的样本量、对某项控制活动的观察次数等。

在确定进一步审计程序的范围时,注册会计师应当考虑下列因素:

(1) 确定的重要性水平。确定的重要性水平越低,注册会计师实施进一步审计程序的范围越广。

(2) 评估的重大错报风险。评估的重大错报风险越高,对拟获取审计证据的相关性、可靠性的要求越高,因此,注册会计师实施的进一步审计程序的范围也越广。

(3) 计划获取的保证程度。计划获取的保证程度是指注册会计师计划通过所实施的审计程序对测试结果可靠性所获取的信心。计划获取的保证程度越高,对测试结果可靠性要求越高,注册会计师实施的进一步审计程序的范围越广。例如,注册会计师对财务报表是否不存在重大错报的信心可能来自控制测试和实质性程序。如果注册会计师计划从控制测试中获取更高的保证程度,则控制测试的范围就更广。

【实训练习 6-3】

注册会计师在对应收账款进行函证时需确定函证的数量,下列情况下,需函证的数量较多的是(　　)。

A. 销售部经理新上任,应收账款的可容忍错报变小

B. 控制环境较为薄弱,评估的重大错报风险较高

C. 计划获取的保证程度较高

D. 今年发生的应收账款金额和数量变少

答案: ABC

三、控制测试

(一) 控制测试的含义和要求

1. 控制测试的含义

控制测试是指用于评价内部控制在防止或者发现并纠正认定层次重大错报方面的运行有效性的审计程序。在测试控制运行的有效性时,注册会计师应当从下列方面获取关于控制是否有效运行的审计证据:①控制在所审计期间的相关时点是如何运行的。②控制是否得到一贯执行。③控制由谁或者以何种方式执行。

2. 控制测试的要求

作为进一步审计程序的类型之一,控制测试并非在任何情况下都需要实施。当存在下列情形之一时,注册会计师应当实施控制测试:

(1) 在评估认定层次重大错报风险时,预期控制的运行是有效的。

(2) 仅实施实质性程序并不能够提供认定层次充分、适当的审计证据。

（二）控制测试的性质

1. 控制测试的性质的含义

控制测试的性质是指控制测试所使用的审计程序的类型及其组合。控制测试与了解内部控制采用的审计程序类型通常相同，包括询问、观察、检查和重新执行。下面举例说明“了解内部控制”和“控制测试”之间的区别。

【例6-3】 被审计单位A公司针对销售收入和销售费用的业绩评价控制如下：财务经理每月审核实际销售收入（按产品细分）和销售费用（按费用项目细分），并与预算数和上年同期数进行比较，对于差异金额超过5%的项目进行分析并编制分析报告；销售经理审阅该报告并采取跟进措施。注册会计师抽查了最近3个月的分析报告，并看到上述管理人员在报告上签字确认，证明该控制已经得到执行。然而，注册会计师在与销售经理的讨论中发现他对分析报告中明显异常的数据并不了解其原因，也无法做出合理解释，从而显示该控制并未得到有效的运行。

2. 确定控制测试的性质时的要求

（1）考虑特定控制的性质。注册会计师应当根据特定控制的性质选择所需实施审计程序的类型。例如，某些控制可能存在反映控制运行有效性的文件记录，在这种情况下，注册会计师可以检查这些文件记录以获取控制运行有效的审计证据；某些控制可能不存在文件记录（如一项自动化的控制活动），或者文件记录与能否证实控制运行有效性不相关，注册会计师应当考虑实施检查以外的其他审计程序（如询问和观察）或者借助计算机辅助审计技术，以获取有关控制运行有效性的审计证据。

（2）考虑测试与认定直接相关和间接相关的控制。在设计控制测试时，注册会计师不仅应当考虑与认定直接相关的控制，还应当考虑这些控制所依赖的与认定间接相关的控制，以获取支持控制运行有效性的审计证据。例如，被审计单位可能针对超出信用额度的例外赊销交易设置报告和审核制度（与认定直接相关的控制）；在测试该项制度的运行有效性时，注册会计师不仅应当考虑审核的有效性，还应当考虑与例外赊销报告中信息准确性有关的控制（与认定间接相关的控制）是否有效运行。

（3）如何对一项自动化的应用控制实施控制测试。对于一项自动化的应用控制，由于信息技术处理过程的内在一贯性，注册会计师可以利用该项控制得以执行的审计证据和信息技术一般控制（特别是对系统变动的控制）运行有效性的审计证据，作为支持该项控制在相关期间运行有效性的重要审计证据。

3. 实施控制测试时对双重目的的实现

控制测试的目的是评价控制是否有效运行；细节测试的目的是发现认定层次的重大错报。尽管两者目的不同，但注册会计师可以考虑针对同一交易同时实施控制测试和细节测试，以实现双重目的。

【实训练习6-4】

下列审计程序中，本身不足以测试控制运行的有效性的是（　　）。

A. 询问

B. 检查

C. 重新执行

D. 穿行测试

答案：A

（三）控制测试的时间

1. 控制测试的时间的含义

控制测试的时间包含两层含义：一是何时实施控制测试；二是测试所针对的控制适用的时点或者期间。

2. 如何考虑期中审计证据

注册会计师可能在期中实施进一步审计程序。对于控制测试，注册会计师在期中实施此类程序具有更积极的作用。如果已获取有关控制在中期运行有效性的审计证据，并拟利用该证据，注册会计师应当实施下列审计证据：①获取这些控制在剩余期间发生重大变化的审计证据。②确定针对剩余期间还需获取的补充审计证据。

3. 如何考虑以前审计获取的审计证据

（1）关于如何考虑以前审计获取的有关控制运行有效性的审计证据，基本思路是考虑拟信赖的以前审计中测试的控制在本期是否发生变化，因为考虑与控制变化有关的审计证据有助于注册会计师决定合理调整拟在本期获取的有关控制运行有效性的审计证据。

（2）如果控制在本期发生变化，注册会计师应当考虑以前审计获取的有关控制运行有效性的审计证据是否与本期审计相关。例如，如果系统的变化仅仅使被审计单位从中获取新的报告，这种变化通常不影响以前审计所获取证据的相关性；如果系统的变化引起数据累积或者计算发生改变，这种变化可能影响以前审计所获取证据的相关性。

（3）如果拟信赖的控制自上次测试后未发生变化，且不属于旨在减轻特别风险的控制，注册会计师应当运用职业判断确定是否在本期审计中测试其运行有效性，以及本次测试与上次测试的时间间隔，但每 3 年至少对控制测试一次。

4. 不得依赖以前审计所获取审计证据的情形

鉴于特别风险的特殊性，对于旨在减轻特别风险的控制，不论该控制在本期是否发生变化，注册会计师都不应依赖以前审计获取的证据。

【实训练习 6-5】

注册会计师陈红对 A 公司 2020 年的财务报表进行年度审计。会计师事务所承接的是连续审计业务，并对 A 公司 2019 年债务重组实施了控制测试，其测试汇总表如图 6-4 所示。则该注册会计师进行 2020 年年度审计时应（　　）。

A. 针对 2020 年债务重组控制变化进行测试

B. 不进行控制测试，拟信赖 2019 年报告

C. 重新编制 2020 年债务重组控制测试表

答案：C

（四）控制测试的范围

对于控制测试的范围，其含义主要是指某项控制活动的测试次数。注册会计师应当设计

控制测试，以获取控制在整个拟信赖的期间有效运行的充分、适当的审计证据。

债务重组控制测试汇总表

被审计单位：宁康股份有限公司	索引号：XSC-1
项目：财务报表审计	财务报表截止日/期间：
编制：王如诗	复核：陈逸飞
日期：	日期：

1. 了解内部控制的初步结论

债务重组需依次经①债权人与相关利益关系人决议、②总经理办公室提议、③法律咨询、④董事会决议四大程序，内部控制设计合理，并得到有效执行。

[注：根据了解本循环控制的设计并评估其执行情况所获取的审计证据，注册会计师对控制的评价结论可能是：①控制设计合理，并得到执行。②控制设计合理，未得到执行。③控制设计无效或缺乏必要的控制。]

2. 控制测试结论

项目组在本期实施了询问、检查、观察、重新执行、穿行测试等审计程序，实施了债务重组内部控制测试，企业债务重组内部控制在会计年度内有完善的规章流程并得到有效且一贯地执行，初步认定其控制运行有效。

编制说明：

(1) 本审计工作底稿记录注册会计师测试的控制活动及结论。其中，“控制活动是否有效运行”一栏，应根据 XSC-3 表中的测试结论填写；“从了解和测试内部控制中获取的保证程度”一栏，应根据了解和测试内部控制中获取的审计证据分析填写；“控制活动是否得到执行”一栏，应根据 XSL-4 表中的结论填写；其余栏目的信息取自销售与收款循环审计工作底稿 XSL-3 中所记录的内容。

(2) 如果注册会计师不拟对与某些控制目标相关的控制活动实施控制测试，则应行执行实质性程序，对相关交易和账户余额的认定进行测试，以获取足够的保证程度。

图 6-4 债务重组

【实训练习 6-6】

A 会计师事务所承接乙公司 2020 年财务报表连续审计业务，对于销售与应收账款循环实施控制测试。下列各项中，控制测试的范围变大的有（　　）。

A. 营业收入变小

B. 风险评估时对内部控制运行有效性的拟信赖程度变高

C. 控制的预期偏差变大

D. 控制测试中可获取的审计证据的相关性和可靠性变强

答案：BC

四、实质性程序

(一) 实质性程序的含义和要求

1. 实质性程序的含义

实质性程序是指用于发现认定层次重大错报的审计程序。它包括对各类交易、账户余额和披露的细节测试以及实质性分析程序。

2. 针对特别风险实施的实质性程序

(1) 如果认为评估的认定层次重大错报风险是特别风险,注册会计师应当专门针对该风险实施实质性程序。例如,如果认为管理层面临实现盈利指标的压力而可能提前确认收入,注册会计师在设计询证函时不仅应当考虑函证应收账款的账户余额,还应当考虑询证销售协议的细节条款(如交货、结算及退货条款)。

(2) 如果针对特别风险实施的程序仅为实质性程序,这些程序应当包括细节测试,或者将细节测试和实质性分析程序结合使用,以获取充分、适当的审计证据。

(二) 实质性程序的性质

1. 实质性程序的性质的含义

实质性程序的性质是指实质性程序的类型及其组合。实质性程序的两种基本类型包括细节测试和实质性分析程序。

(1) 细节测试是指对各类交易、账户余额和披露的具体细节进行的测试。其目的在于直接识别财务报表认定是否存在错报。细节测试被用于获取与某些认定相关的审计证据,如存在、准确性、计价等。

(2) 实质性分析程序从技术特征上讲仍然是分析程序,主要通过研究数据间关系来评价信息,只是将该技术方法用做实质性程序,即用来识别各类交易、账户余额和披露及相关认定是否存在错报。

2. 细节测试和实质性分析程序的适用性

细节测试适用于对各类交易、账户余额和披露认定的测试,尤其是对存在或发生、计价认定的测试;对在一段时期内存在可预期关系的大量交易,注册会计师可以考虑实施实质性分析程序。

3. 细节测试的方向

注册会计师需要根据不同的认定层次的重大错报风险设计有针对性的细节测试。例如,在针对存在或发生认定设计细节测试时,注册会计师应当选择包含在财务报表金额中的项目,并获取相关审计证据。

4. 设计实质性分析程序时考虑的因素

注册会计师在设计实质性分析程序时应当考虑的因素包括:

(1) 对特定认定使用实质性分析程序的适当性。

(2) 对已记录的金额或者比率做出预期时,所依据的内部或者外部数据的可靠性。

(3) 做出预期的准确程度是否足以在计划的保证水平上识别重大错报。

(4) 已记录金额与预期值之间可接受的差异额。

考虑到数据及分析的可靠性,当实施实质性分析程序时,如果使用被审计单位编制的信息,注册会计师应当考虑测试与信息编制相关的控制,以及这些信息是否在本期或者前期经过审计。

【实训练习 6-7】

下列各项中，为获取适当审计证据所实施的实质性程序与审计目标最相关的是（　　）。

A. 复核银行存款余额调节表以确定银行存款余额的正确性

B. 从凭证中选取样本，追查至对应的发货单，以确定销售的完整

C. 盘点存货以确认存货计价的准确性

答案：A

（三）实质性程序的时间

1. 实质性测试的时间选择与控制测试的时间比较

实质性测试的时间选择与控制测试的时间比较如表 6-6 所示。

表 6-6　实质性测试的时间选择与控制测试的时间比较

项目	共同点	差异
实质性测试	都面临着对期中审计证据和对以前审计获取的审计证据的考虑	（1）在控制测试中，期中实施控制测试并获取期中关于控制运行有效性审计证据的做法更具有一种"常态"；而由于实质性程序的目的在于更直接地发现重大错报，在期中实施实质性程序时更需要考虑其成本效益的权衡 （2）在本期控制测试中拟信赖以前审计获取的有关控制运行有效性的审计证据，已经受到了很大的限制；而对于以前审计中通过实质性程序获取的审计证据，则采取了更加慎重的态度和更严格的限制
控制测试		

2. 如何考虑是否在期中实施实质性程序

注册会计师在确定是否在期中实施实质性程序时，应当考虑以下因素：

（1）控制环境和其他相关的控制。控制环境和其他相关的控制越薄弱，注册会计师越不宜在期中实施实质性程序。

（2）实施审计程序所需信息在期中之后的可获得性。

（3）实质性程序的目的。

（4）评估的重大错报风险。注册会计师评估的某项认定的重大错报风险越高，针对该认定所需获取的审计证据的相关性和可靠性要求也就越高，注册会计师越应当考虑将实质性程序集中于期末（或者接近期末）实施。

（5）特定类别交易或者账户余额以及相关认定的性质。

（6）针对剩余期间，能否通过实施实质性程序或者将实质性程序与控制测试相结合，降低期末存在错报而未被发现的风险。

3. 如何考虑期中审计证据

（1）如果在期中实施了实质性程序，注册会计师应当针对剩余期间实施进一步的实质性程序，或者将实质性程序和控制测试结合使用，以将期中测试得出的结论合理延伸至期末。

（2）如果拟将期中测试得出的结论延伸至期末，注册会计师应当考虑针对剩余期间仅实施实质性程序是否足够。如果认为实施实质性程序本身不充分，注册会计师还应测试剩余期间相关控制运行的有效性或者针对期末实施实质性程序。

（3）对于舞弊导致的重大错报风险（作为一类重要的特别风险），被审计单位存在故意错报或操纵的可能性，那么注册会计师更应慎重考虑能否将期中测试得出的结论延伸至期末。

4. **如何考虑以前审计获取的审计证据**

（1）在以前审计中实施实质性程序获取的审计证据，通常对本期只有很弱的证据效力或者没有证据效力，不足以应对本期的重大错报风险。

（2）只有当以前获取的审计证据及其相关事项未发生重大变动时，以前获取的审计证据才可能用做本期的有效审计证据。

（3）如果拟利用以前审计中实施实质性程序获取的审计证据，注册会计师应当在本期实施审计程序，以确定这些审计证据是否具有持续相关性。

（四）实质性程序的范围

在确定实质性程序的范围时，注册会计师应当考虑评估的认定层次重大错报风险和实施控制测试的结果。注册会计师评估的认定层次的重大错报风险越高，需要实施实质性程序的范围越广。如果对控制测试结果不满意，注册会计师可能需要考虑扩大实质性程序的范围。

【实训练习 6-8】

盛大有限责任公司提供的财务报表显示：截至 2020 年 12 月 31 日，公司应收账款明细如表 6-7 所示。下列公司中，较有可能发出询证函的有（　　）。

表 6-7　**盛大有限责任公司应收账款明细**　单位：元

客户名称	年初应收账款余额	本期增加额	本期减少额	年末应收账款余额	备　注
新龙股份有限公司	50 000	0	0	50 000	已欠款 5 年
任东股份有限公司	2 000	1 000	0	3 000	交易量较少
旭日股份有限公司	2 000	400 000	392 000	10 000	主要客户
临海股份有限公司	3 000	7 000	0	10 000	有债务纠纷
光耀股份有限公司	20 000	5 000	2 000	23 000	子公司

A. 新龙股份有限公司　　B. 任东股份有限公司

C. 旭日股份有限公司　　D. 临海股份有限公司

E. 光耀股份有限公司

答案：ACDE

任务 6.6　完成审计工作和出具审计报告

一、完成审计工作

审计完成阶段是审计的最后一个阶段。注册会计师按业务循环完成各财务报表项目的审计测试和一些特殊项目的审计工作后，在审计完成阶段汇总审计测试结果，进行更具综合性的审计工作，如评价审计中的重大发现、评价审计过程中发现的错报、关注期后事项对财务报表的影响、复核审计工作底稿和财务报表等。在此基础上，注册会计师评价审计结果，在与客户沟通以后，获取管理层声明，确定应出具的审计报告的意见类型和措辞，进而编制并致送审计报告，终结审计工作。其中，管理层声明是指被审计单位管理层向注册会计师提供的书面陈述，用来确认某些事项或支持其他审计证据。管理层声明应以声明书的形式致送注册会计师。

二、出具审计报告

(一) 审计报告的含义

审计报告是指注册会计师根据审计准则的规定,在执行审计工作的基础上,对财务报表发表审计意见的书面文件。

(二) 审计报告的特征

审计报告是注册会计师完成审计工作后向委托人提交的最终产品,它具有以下特征:

(1) 注册会计师应当按照审计准则的规定执行审计工作。

(2) 注册会计师在实施审计工作的基础上才能出具审计报告。

(3) 注册会计师通过对财务报表发表意见来履行业务约定书约定的责任。

(4) 注册会计师应当以书面形式出具审计报告。

(三) 审计报告的分类

审计报告分为标准审计报告和非标准审计报告两种。

1. 标准审计报告

标准审计报告是指不含有说明段、强调事项段、其他事项段或者其他任何修饰性用语的无保留意见的审计报告。其中,无保留意见是指当注册会计师认为财务报表在所有重大方面按照适用的财务报表编制基础编制并实现公允反映时发表的审计意见。

2. 非标准审计报告

非标准审计报告是指带强调事项段或者其他事项段的无保留意见的审计报告和非无保留意见的审计报告。非无保留意见的审计报告包括保留意见的审计报告、否定意见的审计报告和无法表示意见的审计报告。

模块测试

参考答案

一、单项选择题

1. (　　)是指会计师事务所与被审计单位签订的,用来记录和确认审计业务的委托与受托关系、审计目标和业务范围、双方责任和报告的格式等事项的书面协议。

A. 审计计划　　B. 审计业务约定书

C. 总体审计策略　　D. 具体审计计划

2. “凡事预则立,不预则废。”这句话在审计工作中体现在(　　)上。

A. 审计计划　　B. 审计业务约定书

C. 审计准则　　D. 审计工作底稿

3. (　　)是指注册会计师为了高效地完成某项审计业务、达到预期审计目标而对审计工作做出的安排。

A. 审计计划　　B. 审计业务约定书

C. 审计准则　　D. 审计工作底稿

4. 具体审计计划的内容不包括(　　)。

A. 具体实施的风险评估程序　　B. 计划实施的进一步审计程序

C. 计划实施的其他审计程序　　　　D. 向具体审计领域调配的资源

5. 下列各项中，不包括在总体审计策略中的是(　　)。

A. 计划实施的风险评估程序　　　　B. 向具体审计领域分配资源的数量

C. 何时向具体审计领域调配资源　　D. 向具体审计领域调配的资源

6. 在风险导向审计模式下，审计的起点是(　　)。

A. 初步审计业务　　　　B. 重大错报风险评估

C. 账表　　　　D. 内部控制评价

7. 在重要业务流程层面了解和评价内部控制的时候，(　　)不是必须执行的。

A. 了解重要交易流程　　　　B. 确定可能发生错报的环节

C. 识别和了解相关控制并记录　　D. 执行穿行测试

8. 为了了解被审计单位及其环境，注册会计师应实施风险评估程序。下列各项中，一定不属于风险评估程序的是(　　)。

A. 监盘存货　　B. 询问管理层　　C. 观察控制活动　　D. 检查销售合同

9. 下列被审计单位的控制中，与审计无关的控制是(　　)。

A. 公司信用经理审核提出赊销的客户信用

B. 公司同意因某些特别原因，对某个不符合一般信用条件的客户赊销商品

C. 航空公司用于维护航班时间表的自动控制系统

D. 定期盘点存货

10. 注册会计师为了了解被审计单位的财务状况、重大的会计处理问题，应向(　　)进行询问。

A. 内部审计人员　　B. 仓库人员　　C. 销售人员　　D. 财务负责人

11. 注册会计师针对财务报表层次的重大错报风险，运用职业判断来确定(　　)。

A. 进一步审计程序　　　　B. 控制测试

C. 实质性程序　　　　D. 总体应对措施

12. 注册会计师针对评估的各类交易、账户余额、列报和披露认定层次重大错报风险实施(　　)。

A. 进一步审计程序　　　　B. 控制测试

C. 实质性程序　　　　D. 总体应对措施

13. 实质性方案是注册会计师实施的进一步审计程序以(　　)为主。

A. 风险评估程序　　B. 控制测试　　C. 实质性程序　　D. 分析程序

14. 注册会计师实施的直接用来发现认定层次的重大错报风险而实施的审计程序是(　　)。

A. 重新执行　　B. 了解内部控制　　C. 控制测试　　D. 实质性程序

15. 实质性分析程序通常是针对在一段时间内(　　)实施的。

A. 各类交易　　　　B. 存在稳定的预期关系的大量交易

C. 各类账户余额　　　　D. 各类列报

二、多项选择题

1. 审计业务约定书的具体内容包括(　　)。

A. 财务报表审计的目标　　　　B. 管理层对财务报表的责任

C. 执行审计工作的安排　　D. 确定审计收费

2. 初步业务活动包括(　　)。

A. 初步了解被审计单位及其环境

B. 评价被审计单位的治理层、管理层是否诚信

C. 评价会计师事务所与注册会计师遵守职业道德的情况

D. 签订或者修改审计业务约定书

3. 在确定审计工作方向时,需注册会计师要考虑(　　)。

A. 确定适当的重要性水平

B. 重大错报风险较高的审计领域

C. 识别重要账户余额

D. 影响被审计单位经营的重大发展变化

4. 审计计划可分为(　　)。

A. 总体审计策略　　B. 具体审计计划

C. 审计工作底稿　　D. 审计业务约定书

5. 在制定总体审计策略时,注册会计师应考虑的事项有(　　)。

A. 审计工作范围　　B. 审计业务时间安排

C. 审计工作方向　　D. 风险评估程序

6. 注册会计师识别与评估重大错报风险时,还可以利用的其他信息来源包括(　　)。

A. 初步业务活动时获取的信息

B. 风险评估

C. 向被审计单位提供其他服务时获取的信息

D. 实质性程序

7. 下列各项中,属于了解被审计单位及其环境时需要了解的内容有(　　)。

A. 被审计单位的内部控制

B. 宏观环境景气度

C. 被审计单位的组织结构

D. 被审计单位对会计制度的选择和应用

8. 注册会计师对控制的初步评价结论可能有(　　)。

A. 控制设计合理,并得到执行

B. 控制设计合理,但没有得到执行

C. 控制设计无效或缺乏必要的控制

D. 控制有效运行

9. 了解内部控制的程度应达到(　　)。

A. 评价控制的设计是否合理　　B. 评价控制的设计是否得到执行

C. 评价控制执行的效果　　D. 评价控制是否健全

10. 在审计实务中,注册会计师往往从被审计单位的(　　)分别了解和评价内部控制。

A. 整体层面　　B. 业务流程层面　　C. 报表层次　　D. 认定层次

11. 实质性程序的时间安排的情况有(　　)。

A. 期中　　B. 期末或接近期末

C. 期初　　D. 利用以前审计获取的审计证据

12. 下列各项中，可以用作控制测试的程序类型包括(　　)。

A. 检查记录和文件　　B. 重新执行

C. 询问与观察　　D. 分析程序

13. 下列各项中，可以用作直接识别各类交易、账户余额与列报的认定层次重大错报而进行的测试有(　　)。

A. 实质性程序　　B. 控制测试　　C. 细节测试　　D. 风险评估程序

14. 实质性程序的两种基本类型包括(　　)。

A. 风险评估程序　　B. 控制测试

C. 细节测试　　D. 实质性分析程序

15. 注册会计师实施控制测试后，最终评价相关控制，得出的结论可能有(　　)。

A. 控制有效运行，可信赖　　B. 控制运行无效，不可信赖

C. 控制设计不合理　　D. 控制设计合理但没有得到执行

三、判断题

1. 初步业务活动主要是对被审计单位的财务报表及账户余额进行检查。　(　　)

2. 总体审计策略的详细程度随被审计单位的规模及该项审计业务的复杂程度的不同而变化。　(　　)

3. 具体审计计划比总体审计策略更加详细。　(　　)

4. 审计计划一旦制订，在执行中就不得进行任何修改。　(　　)

5. 具体审计计划用来确定审计范围、时间和方向，并指导制定总体审计策略。　(　　)

6. 风险评估就是实施风险评估程序，了解被审计单位及其环境，包括内部控制，以充分识别和评估财务报表层次和认定层次的重大错报风险。　(　　)

7. 注册会计师在了解被审计单位及其环境并评估重大错报风险时不能使用分析程序。　(　　)

8. 注册会计师在了解被审计单位及其环境时，观察和检查程序可以印证对管理层和其他相关人员询问的结果。　(　　)

9. 报表层次的重大错报风险很可能源于薄弱的控制环境。　(　　)

10. 如果注册会计师不打算在业务流程层面对相关控制进行了解，就不需要执行穿行测试了。　(　　)

11. 总体应对措施是针对认定层次重大错报风险来实施的。　(　　)

12. 通常随着重大错报风险的增加，注册会计师应当考虑扩大审计程序的范围。　(　　)

13. 在设计细节测试时，注册会计师一方面要考虑选取测试项目的数量(样本量)；另一方面要考虑所选取的测试项目的特征，如选取大额的、异常的项目。　(　　)

14. 控制测试是每次审计中必定执行的测试。　(　　)

15. 实质性程序只能在期末执行。　(　　)

四、案例分析题

1. ABC公司出纳员采用下列手段进行贪污：

(1) 出纳员从公司收发室截取了顾客甲公司寄给公司的5 890元支票，先存入由他负责的公司零用金存款户中，然后再以支付劳务费为由，开具了一张以自己为收款人的5 890元的现

金支票，签章后从银行兑现。

(2) 在与顾客对账时，出纳员将应收账款(甲公司)账户余额扣减了5 890元后作为对账金额向对方发出对账单，表示5 890元款已经收到。

(3) 8天后，出纳员编制了一张记账凭证，借记银行存款贷记应收账款，将应收账款甲公司户调整到正确余额，但银行存款账户余额比实际多出5 890元。

(4) 月末，出纳员在编制银行存款余额调节表时，虚列了两笔未达账项，将银行存款余额调节表调平。

要求：分析ABC公司内部控制中存在哪些缺陷。

2. ABC公司是一家生产和销售高端清洁用品的有限责任公司，其产品主要用于星级酒店宾馆和大型饭店，已经占领了东北和华北市场，建立了省级或市级经销商网络。2020年，该公司面向全国开拓市场。公司所有货物由物流公司运送，计算机发票由销售部开具。

公司提供的财务报表如表6-8所示。

表6-8　　财务报表相关数据　　单位：元

项　目	2020年年末	2019年年末	2018年年末
应收账款	39 560 810	27 765 338	19 820 905
坏账准备	1 879 830	1 707 400	
营业收入	112 655 260	93 103 520	

公司董事会制定的2020年度销售收入预算目标是增长20%；公司在2020年以放宽授信额度来增加销售收入。

ABC公司关键控制之一：对每一笔销售收入，销售部专职秘书将客户订单，客户已签收的送货单以及发票上的客户名称、货物品种、数量、价格进行核对，并在发票记账联上加盖“核对确认无误”章，交给财务部作为确认销售收入的凭证。对于数据不符的交易则进行调查并调整。

该公司2020年度的税前利润为8 475 623元，注册会计师决定以税前利润的5%来确定财务报表层次重要性水平。注册会计师对该公司内部控制的了解结果表明，销售与收款循环相关控制设计合理且得到执行。

要求：

(1) 根据上述资料，请你代替注册会计师确定财务报表层次重要性水平，并进行风险评估。

(2) 针对应收账款设计进一步审计程序的总体方案。

(3) 如果打算实施控制测试，请针对ABC公司关键控制之一设计控制测试程序。

(4) 如果控制测试结果表明，没有发现例外情况，相关控制有效运行，请针对应收账款设计实质性程序。

模块 7

销售与收款循环审计

[考核目标]

1. 识别销售与收款循环中的主要业务活动和相关凭证、记录。
2. 了解销售与收款循环的内部控制。
3. 掌握销售与收款循环控制测试的方法。
4. 明确销售与收款循环交易和账户余额的审计目标。
5. 掌握营业收入和应收账款的实质性程序。

[实践目标]

1. 了解被审计单位销售与收款循环内部控制及实施控制测试。
2. 掌握实施营业收入和应收账款的实质性程序并编制相关工作底稿。

[知识点思维导图]

- 销售与收款循环审计
  - 业务循环概述
  - 销售与收款循环的特点
    - 不同行业类型的收入来源
    - 涉及的主要业务活动
    - 涉及的主要单据与会计记录
  - 销售与收款循环的内部控制
    - 销售循环的内部控制
    - 收款循环的内部控制
  - 销售与收款循环的实质性程序
    - 营业收入的实质性程序
    - 应收账款的实质性程序

[案例导读]

2021 年 3 月 10 日，某市审计局组成审计组对 W 股份有限公司 2020 年度财务收支进行审计，该公司 2020 年度未发生购并、分立和债务重组行为，供产销形势与 2019 年相当。在对该公司进行审计中，审计人员注意到以下事项：

(1) 该公司产品的赊销由销售经理审批，并由销售部门负责催收；会计部门由专人登记应收账款，分析账龄；出纳负责登记应收账款备查账，该公司一般在年末时与债务单位对账结算。

(2) 该公司的会计记录显示，2020 年 12 月甲产品销售激增，导致该类产品年底库存下降为零。

想一想

该公司在销售与收款环节的内部控制存在哪些问题？审计人员如何检查该公司 2020 年 12 月甲产品是否存在虚假销售的情况？

任务 7.1　业务循环概述

在财务报表审计中按业务循环组织实施审计，即把紧密联系的交易种类和账户余额归入同一循环中，此法称为循环法。一般而言，被审计单位的所有交易和账户余额可划分为销售与收款循环、采购与付款循环、生产与存货循环、人力资源与工薪循环、投资与筹资循环，且每个循环与货币资金之间都存在密切关系。各业务循环之间的关系如图 7-1 所示。

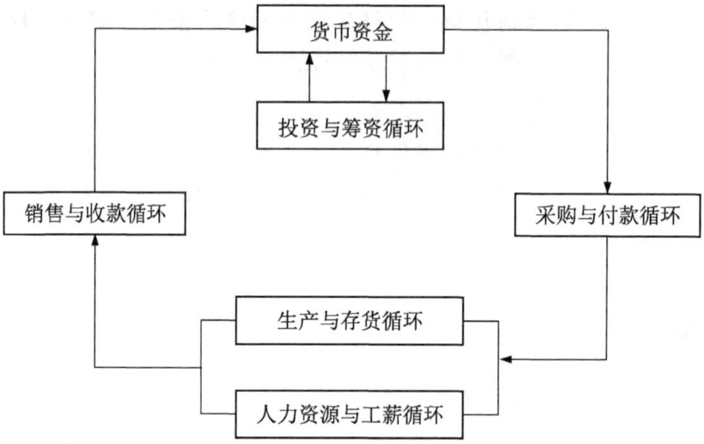

图 7-1　企业业务循环简图

按照各财务报表项目与业务循环的相关程度，企业基本可以建立起各业务循环与其所涉及的主要财务报表项目之间的对应关系，如表 7-1 所示。

表 7-1　各业务循环与其涉及的主要财务报表项目之间的对应关系

业务循环	资产负债表项目	利润表项目
销售与收款循环	应收账款、应收票据、长期应收款、预收账款、应交税费	营业收入、税金及附加、销售费用
采购与付款循环	预付账款、固定资产、在建工程、工程物资、固定资产清理、无形资产、研发支出、长期应付款、应付票据、应付账款、长期待摊费用、商誉	管理费用
生产与存货循环	存货（材料采购或在途物资、原材料、材料成本差异、库存商品、发出商品、商品进销差价、委托加工物资、委托代销商品、受托代销商品、周转材料、生产成本、制造费用、存货跌价准备等）	营业成本
人力资源与工薪循环	应付职工薪酬	营业成本、销售费用、管理费用

（续表）

业务循环	资产负债表项目	利润表项目
筹资与投资循环	交易性金融资产、应收利息、应收股利、其他应收款、其他流动资产、其他权益工具投资、债权投资、长期股权投资、短期借款、应付利息、应付股利、其他应付款、长期借款、应付债券、实收资本（或股本）、资本公积、盈余公积、未分配利润等	财务费用、信用减值损失、资产减值损失、公允价值变动损益、投资收益、营业外收入、营业外支出、所得税费用

任务7.2 销售与收款循环的特点

一、不同行业类型的收入来源

企业的收入主要来自出售商品、提供服务等，由于所处行业不同，企业具体的收入来源有所不同。表7-2中列示了一些常见行业的主要收入来源。

表7-2 常见行业的主要收入来源

行业类型	收入来源
贸易业	作为零售商向普通大众（最终消费者）零售商品；作为批发商向零售商供应商品
一般制造业	通过采购原材料并将其用于生产流程，制造产成品，卖给客户并取得收入
专业服务业	律师、会计师、商业咨询师等主要通过提供专业服务取得服务费收入；医疗服务机构通过提供医疗服务取得收入，包括给住院病人提供病房和医护设备，为病人提供精细护理、手术和药品等取得收入
金融服务业	向客户提供金融服务取得手续费；向客户发放贷款取得利息收入；通过协助客户对其资金进行投资取得相关理财费用
建筑业	通过提供建筑服务完成建筑合同取得收入

二、涉及的主要业务活动

销售与收款循环涉及的主要业务活动如图7-2所示。

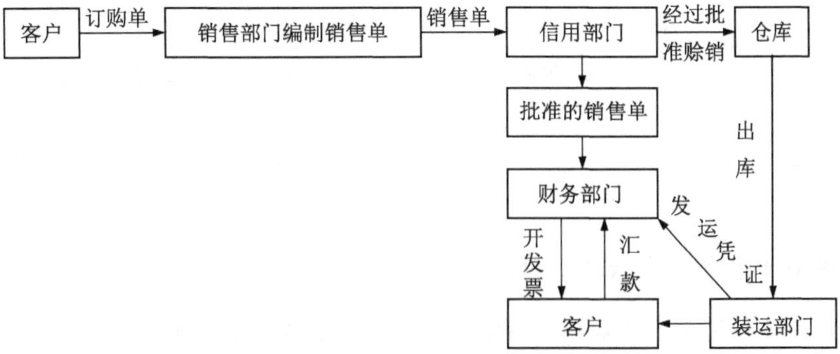

图7-2 销售与收款循环涉及的主要业务活动

在销售与收款循环中，企业涉及的主要业务活动的内容如表7-3所示。

表 7-3 涉及的主要业务活动

项目	内　容
(1) 接受客户订购单	客户提出订货要求是整个销售与收款循环的起点。销售单是证明销售交易的"发生"认定的凭据之一,也是此笔销售交易轨迹的起点之一
(2) 批准赊销信用	对于赊销业务的批准是由信用管理部门根据管理层的赊销政策在每个客户已授权的信用额度内进行的。它与应收账款账面余额的"计价和分摊"认定有关
(3) 按销售单供货	企业管理层通常要求商品仓库只有在收到经过批准的销售单时才能供货。设立这项控制程序的目的是防止仓库在未经授权的情况下擅自发货
(4) 按销售单装运货物	将按经批准的销售单供货与按销售单装运货物职责相分离,有助于避免负责装运货物的职员在未经授权的情况下装运产品
(5) 向客户开具销售发票	企业应开具并向客户寄送事先连续编号的销售发票。为了降低开具销售发票过程中出现遗漏、重复、错误计价或者其他差错的风险,应设立以下控制程序: (1) 开具发票部门职员在开具每张销售发票之前,独立检查是否存在装运凭证和相应的经批准的销售单 (2) 依据已授权批准的商品价目表开具销售发票 (3) 独立检查销售发票计价和计算的正确性 (4) 将装运凭证上的商品总数与相对应的销售发票上的商品总数进行比较
(6) 记录销售	记录销售的过程包括区分赊销、现销。依据销售发票编制转账凭证或者现金、银行存款收款凭证,再据以登记收入明细账和应收账款明细账或者现金、银行存款日记账。 记录销售的控制程序包括以下内容: (1) 只依据附有有效装运凭证和销售单的销售发票记录销售,这些装运凭证和销售单应能证明销售交易的发生及其发生的日期 (2) 控制所有事先连续编号的销售发票 (3) 独立检查已处理销售发票的销售金额与会计记录金额的一致性 (4) 记录销售的职责应与处理销售交易的其他功能相分离 (5) 对记录过程中所涉及的有关记录的接触予以限制,以减少未经授权批准的记录发生 (6) 定期独立检查应收账款的明细账与总账的一致性 (7) 定期向客户寄送对账单,并要求客户将任何例外情况直接向指定的未涉及执行或者记录销售交易的会计主管报告 上述控制与"发生"(原始凭证)、"完整性"(连续编号)、"准确性"(发票金额)、"计价和分摊"(定期寄送对账单)认定有关。 注册会计师主要关心的问题是销售发票是否记录正确,并归属适当的会计期间
(7) 办理和记录现金、银行存款收入	这项功能涉及的是有关货款收回,现金、银行存款增加以及应收账款减少的活动。在这方面,汇款通知单起着很重要的作用
(8) 办理和记录销售退回、销售折扣与折让	发生此类事项时,必须经授权批准,并应确保与办理此事有关的部门和职员各司其职,分别控制实物流和会计处理。在这方面,严格使用贷项通知单无疑会起到关键的作用
(9) 注销坏账	销售企业若认为某项货款再也无法收回,就必须注销这笔货款。对这些坏账,正确的处理方法应该是获取货款无法收回的确凿证据,经适当审批后及时进行会计处理
(10) 提取坏账准备	坏账准备计提比例应予以合理估计,提取的数额必须能够抵补企业以后无法收回的销货款

三、涉及的主要单据与会计记录

在内部控制比较健全的企业,处理销售与收款业务通常需要使用很多单据与会计记录。典型的销售与收款循环所涉及的主要单据与会计记录的内容如表 7-4 所示(不同被审计单位的单据名称可能不同)。

表 7-4　　涉及的主要单据与会计记录

项目	内　容
(1) 客户订购单	客户订购单即客户提出的书面购货要求
(2) 销售单	销售单是列示客户所订商品的名称、规格、数量以及其他与客户订购单有关信息的凭证,作为销售方内部处理客户订购单的凭据
(3) 发运凭证	发运凭证即在发运货物时填制的,用来反映发出商品的规格、数量和其他有关内容的凭据
(4) 销售发票	销售发票通常包含已销售商品的名称、规格、数量、价格、销售金额等内容
(5) 商品价目表	商品价目表是列示已经授权批准的、可供销售的各种商品的价格清单
(6) 贷项通知单	贷项通知单是一种用来表示由于销售退回或者经批准的折让而导致应收货款减少的单据,其格式通常与销售发票的格式类似
(7) 应收账款账龄分析表	应收账款账龄分析表按月编制,反映月末应收账款总额的账龄区间,并详细反映每个客户月末应收账款金额和账龄
(8) 应收账款明细表	应收账款明细账是用来记录每个客户各项赊销、还款、销售退回及折让交易的明细账
(9) 主营业务收入明细表	主营业务收入明细账是一种用来记录销售交易的明细账
(10) 折扣与折让明细表	折扣与折让明细账是一种用来核算企业销售商品时,按销售合同规定为了及早收回货款而给予客户的销售折扣和因商品品种、质量等原因而给予客户的销售折让情况的明细账
(11) 汇款通知单	汇款通知单是一种与销售发票一起寄给客户,由客户在付款时再寄回销售单位的凭证
(12) 现金日记账与银行存款日记账	现金日记账和银行存款日记账是用来记录应收账款的收回或者现销收入以及其他各种现金、银行存款收入和支出的日记账
(13) 坏账核销审批表	坏账核销审批表是一种用来批准将无法收回的应收款项作为坏账予以核销的单据
(14) 客户月末对账单	客户月末对账单是一种定期寄送给客户的用于购销双方核对账目的文件
(15) 转账凭证	转账凭证是指记录转账业务的记账凭证
(16) 收款凭证	收款凭证是指用来记录库存现金和银行存款收入业务的记账凭证

【实训练习 7-1】

业务活动的发生涉及各个部门,同时会产生一系列凭证和记录。请根据任务 7.2 中对主要业务活动的描述,并上网查找相关资料,完成表 7-5。

表 7-5　　销售与收款循环的主要业务活动及相关内容

主要业务活动	凭证和记录	关联部门	关键控制
(1) 接受客户订购单			
(2) 批准赊销信用			
(3) 按销售单供货			
(4) 按销售单装运货物			
(5) 向客户开具销售发票			
(6) 记录销售			
(7) 办理和记录库存现金、银行存款收入			

(续表)

主要业务活动	凭证和记录	关联部门	关键控制
(8) 办理和记录销售退回、销售折扣与折让			
(9) 注销坏账			
(10) 提取坏账准备			

任务 7.3 销售与收款循环的内部控制

了解被审计单位的重大业务循环的业务活动及其相关内部控制，是注册会计师在审计计划阶段实施的一项必要工作。其目的在于：一是识别和评估认定层次的重大错报风险；二是使注册会计师对相关内部控制的有效性做出初步判断，以便设计和实施应对重大错报风险的进一步审计程序。

一、销售循环的内部控制

（一）内部控制的目标、内部控制与审计测试的关系

销售循环内部控制的目标、内部控制与审计测试的关系如表 7-6 所示。

表 7-6 内部控制的目标、内部控制与审计测试的关系

项目	审计目标	关键内部控制	常用的控制测试	常用的实质性程序
1. 登记入账的销售交易确系已经发货给真实客户	发生	(1) 销售交易是以经过审核的发运凭证以及经过审批的客户订购单为依据登记入账的 (2) 在发货前，客户的赊购已经被授权批准 (3) 每月向客户寄送对账单，对客户提出的意见做专门追查	(1) 检查销售发票副联是否附有发运凭证（或者提货单）和销售单（或者客户订购单） (2) 检查客户的赊购是否经授权审批 (3) 观察是否寄发对账单，并检查客户回函档案	(1) 复核主营业务收入总账、明细账以及应收账款明细账中的大额或者异常项目 (2) 追查主营业务收入明细账中的记录至销售单、销售发票副联及发运凭证 (3) 将发运凭证与存货永续分录中的发运分录进行核对
2. 所有销售交易均已登记入账	完整性	(1) 发运凭证（或者提货单）均经事先编号并已经登记入账 (2) 销售发票均经事先编号并已经登记入账	(1) 检查发运凭证连续编号的完整性 (2) 检查销售发票连续编号的完整性	将发运凭证与相关的销售发票和主营业务收入明细账及应收账款明细账中的分录进行核对
3. 登记入账的销售数量确系已经发货的数量，已正确开具账单并登记入账	计价和分摊	(1) 销售有经批准的装运凭证和客户订购单，支持将装运数量与开票账单的数量相对比 (2) 从价格清单主文档获取销售单价	(1) 检查销售发票有无支持凭证 (2) 检查比对留下的证据 (3) 检查价格清单的准确性及是否经恰当审批	(1) 复算销售发票上的数据 (2) 追查主营业务收入明细账中的记录至销售发票 (3) 追查销售发票上的详细信息至发运凭证、经批准的商品价目表和客户订购单

（续表）

项目	审计目标	关键内部控制	常用的控制测试	常用的实质性程序
4. 销售交易的分类恰当	分类	(1) 采用适当的会计科目表 (2) 内部复核和核查	(1) 检查会计科目表是否恰当 (2) 检查有关凭证上内部复核和核查的标记	检查证明销售交易分类正确的原始证据
5. 销售交易的记录及时	截止	(1) 采用尽量能在销售发生时开具收款账单和登记入账的控制方法 (2) 每月末由独立人员对销售部门的销售记录、发运部门的发运记录和财务部门的销售交易入账情况做内部核查	(1) 检查尚未开具收款账单的发货和尚未登记入账的销售交易 (2) 检查有关凭证上内部核查的标记	将销售交易登记入账日记与发运凭证的日期进行比较核对
6. 销售交易已经正确地记入明细账，并经正确汇总	准确性、计价和分摊	(1) 每月定期给客户寄送对账单 (2) 由独立人员对应收账款明细账做内部核查 (3) 将应收账款明细账余额合计数与其总账余额进行比较	(1) 观察对账单是否已经寄出 (2) 检查内部核查标记 (3) 检查将应收账款明细账余额合计数与其总账余额进行比较的标记	将主营业务收入明细账加总，追查其至总账的过账

(二) 内部控制的内容和审计方法

销售循环内部控制的内容和审计方法如表 7-7 所示。

表 7-7　　内部控制的内容和审计方法

项目	内　　容	审计方法
1. 适当的职责分离	适当的职责分离有助于防止各种有意或者无意的错误和舞弊。在销售与收款循环中，职责分离包括但不限于下列几项： (1) 负责主营业务收入和应收账款记账的职员不得经手货币资金 (2) 批准赊销职能与销售职能应相分离 (3) 分别设立办理销售、发货、收款三项业务的部门或者岗位 (4) 企业在销售合同订立前，应当指定专门人员就销售价格、信用政策、发货及收款方式等具体事项与客户进行谈判，谈判人员至少应有 2 人以上，并与订立合同的人员相分离 (5) 编制销售发票通知单的人员与开具销售发票的人员应相互分离 (6) 销售人员应避免接触销货现款 (7) 应收票据的取得和贴现必须经由保管票据以外的主管人员的书面批准	对于职责分离，注册会计师通常通过观察被审计单位有关人员的活动，以及与这些人员进行讨论，来实施职责分离的控制测试
2. 恰当的授权审批	销售与收款循环应在以下四个关键点上执行审批程序： (1) 在销售发生之前，赊销已经正确审批 (2) 非经正当审批，不得发出货物 (3) 销售价格、销售条件、运费、折扣等必须经过审批 (4) 审批人应当根据销售与收款授权批准制度的规定，在授权范围内进行审批，不得超越审批权限。对于超过企业既定销售政策和信用政策规定范围的特殊销售交易，需要经过适当的授权	对于授权审批，注册会计师主要通过检查凭证在这四个关键点上是否经过审批，可以很容易地测试出授权审批方面的内部控制效果

（续表）

项目	内　容	审计方法
3. 充分的凭证和记录	只有具备充分的记录手续，才有可能实现各项控制目标	
4. 凭证的预先编号	对凭证预先进行编号，旨在防止销售以后遗漏向客户开具账单或者登记入账，也可防止重复开具账单或重复记账	对于充分的凭证和记录以及凭证预先编号这两项控制，常用的控制测试程序是清点各种凭证
5. 按月寄出对账单	由不负责现金出纳和销售及应收账款记账的人员按月向客户寄发对账单，能促使客户在发现应付账款余额不正确后及时反馈有关信息。为了使这项控制更加有效，最好将账户余额中出现的所有核对不符的账项，先指定一位既不掌管货币资金也不记录主营业务收入和应收账款账目的主管人员处理，然后由独立人员按月编制对账情况汇总报告并交管理层审阅	对于按月寄出对账单这项控制，观察指定人员寄送对账单，并检查客户复函档案和管理层的审阅记录，是一项非常有效的控制测试
6. 内部核查程序	由内部审计人员或者其他独立人员核查销售交易的处理和记录，是实现内部控制目标所不可缺少的一项控制措施	对于内部核查程序，注册会计师可以通过检查内部审计人员的报告，或者检查其他独立人员在他们核查的凭证上的签字等方法实施控制测试

二、收款循环的内部控制

（一）内部控制的目标、内部控制与审计测试的关系

收款循环内部控制目的、内部控制与审计测试如表 7-8 所示。

表 7-8　　内部控制的目标、内部控制与审计测试的关系

项目	审计目标	关键内部控制	常用的控制测试	常用的实质性程序
1. 登记入账的现金收入确实为企业已经收到的现金	存在或者发生	（1）现金折扣必须经过恰当的审批手续 （2）定期盘点库存现金，将其与账面余额核对	（1）观察 （2）检查是否定期盘点，检查盘点记录 （3）检查现金折扣是否通过恰当的审批	（1）盘点库存现金，如与账面数额存在差异，分析差异原因 （2）检查现金收入日记账、总账和应收账款明细账的大额项目和异常项目
2. 收到的现金收入已全部登记入账	完整性	（1）现金出纳与现金记账的职务分离 （2）每日及时记录现金收入 （3）定期盘点现金并与账面余额核对 （4）定期向客户寄送对账单 （5）现金收入记录的内部复核	（1）观察 （2）检查是否存在未入账的现金收入 （3）检查是否定期盘点，检查盘点记录 （4）检查是否向客户寄送对账单，了解是否定期进行 （5）检查复核标记	（1）现金收入的截止测试 （2）盘点库存现金，如与账面数额存在差异，分析差异原因 （3）抽查客户对账单并与账面金额核对
3. 存入银行并记录的现金收入确系实际收到的金额	准确性	（1）定期取得银行对账单 （2）编制银行存款余额调节表 （3）定期与客户对账	（1）检查银行对账单 （2）检查银行存款余额调节表 （3）观察或者检查是否每月寄送对账单	检查银行存款余额调节表中未达账项的真实性以及资产负债表日后的进账情况
4. 现金收入在资产负债表中的披露正确	列报	现金日记账与现金总账的登记职责分离	观察	

(二) 内部控制的内容

收款循环内部控制的内容如表 7-9 所示。

表 7-9　　内部控制的内容

序号	内容
1	企业应当按照《现金管理暂行条例》《支付结算办法》等规定，及时办理销售收款业务
2	企业应将销售收入及时入账，不得账外设账，不得擅自坐支现金。销售人员应当避免接触销售现款
3	企业应当建立应收账款账龄分析制度和逾期应收账款催收制度。销售部门应当负责应收账款的催收，财会部门应当督促销售部门加紧催收。对催收无效的逾期应收账款可通过法律程序予以解决
4	企业应当按客户设置应收账款台账，及时记录每一客户应收账款余额增减变动情况和信用额度使用情况；对长期往来客户应当建立起完善的客户资料，并对客户资料实施动态管理，及时更新
5	企业对于可能成为坏账的应收账款应当报告有关决策机构，由其进行审查，确定是否确认为坏账。企业发生的各项坏账，应查明原因，明确责任，并在履行规定的审批程序后进行会计处理
6	企业注销的坏账应当进行备查登记，做到账销案存。已注销的坏账又收回时应当及时入账，防止形成账外资金
7	企业应收票据的取得和贴现必须经由保管票据以外的主管人员的书面批准；应有专人保管应收票据，对于即将到期的应收票据，应及时向付款人提示付款；已贴现票据应在备查簿中登记，以便日后追踪管理；应制定逾期票据的冲销管理程序和逾期票据追踪监控制度
8	企业应当定期与往来客户通过函证等方式核对应收账款、应收票据、预收款项等往来款项；如有不符，应查明原因，及时处理

任务 7.4　销售与收款循环的实质性程序

在完成控制测试之后，注册会计师基于控制测试的结果（即控制运行是否有效），确定从控制测试中已获得的审计证据及其保证程度，确定是否需要对具体审计计划中设计的实质性程序的性质、时间安排和范围做出适当调整。销售与收款循环审计包括营业收入审计、应收账款审计、销售费用审计、税金及附加审计、预收账款审计等，本任务对其中最重要的两个项目——营业收入和应收账款的实质性程序进行详细讲解。

一、营业收入的实质性程序

营业收入的审计目标与认定的对应关系如表 7-10 所示。

表 7-10　　审计目标与认定的对应关系

审计目标	财务报表认定					
	发生	完整性	准确性	截止	分类	列报
A. 利润表中记录的营业收入已发生，且与被审计单位有关	√					
B. 所有应当记录的营业收入均已记录		√				
C. 与营业收入有关的金额及其他数据已恰当记录			√			
D. 营业收入已记录于正确的会计期间				√		
E. 营业收入已记录于恰当的账户					√	
F. 营业收入已按照《企业会计准则》的规定在财务报表中做出恰当的列报						√

营业收入的审计目标与审计程序的对应关系如表 7-11 所示。

表 7-11　　审计目标与审计程序的对应关系

审计目标	可供选择的审计程序	索引号
	（一）主营业务收入	
C	1. 获取或者编制主营业务收入明细表：复核加计是否正确，并与总账数和明细账合计数核对是否相符，结合“其他业务收入”科目与报表数核对是否相符	
ABC	2. 实质性分析程序：分析内容和分析目的详见表 7-12	
ABCD	3. 检查主营业务收入的确认条件、方法是否符合《企业会计准则》，前后期是否一致	
C	4. 获取产品价格目录，抽查售价是否符合价格政策，并注意销售给关联方或者关系密切的重要客户的产品价格是否合理，有无以低价或者高价结算的方法，相互之间有无转移利润的现象	
ABCD	5. 抽取____张发货单，审查出库日期、品名、数量等是否与发票、销售合同、记账凭证等一致	
ACD	6. 抽取____笔销售交易记录，审查入账日期、品名、数量、单价、金额等是否与发票、发货单、销售合同等一致	
AC	7. 结合对应收账款的审计，选择主要客户函证本期销售额	
D	8. 销售的截止测试： (1) 关注三个日期：一是发票开具日期；二是记账日期；三是发货日期（或提供劳务日期）。检查三者是否归属于同一适当的会计期间是主营业务收入截止测试的关键。测试方法有三种：①以账簿记录为起点。抽查资产负债表日前后____天的账簿记录，追查至发票存根与装运单，以证实已入账收入是否在同一期间开具发票并发货，以确定销售是否存在跨期现象。②以销售发票为起点。抽查资产负债表日前后____天的发票存根，追查至装运单与账簿记录，以确定已开具发票的商品是否已发货并于同一会计期间确认收入。③以装运单为起点。抽查资产负债表日前后____天的装运单，追查至发票与账簿记录，以确定收入是否已记入恰当的会计期间 (2) 查阅销售合同，确定发货条款、了解运货条件（如交货地点）等，以确定转移商品所有权以及确认收入的合适时间 (3) 取得资产负债表日后所有的销售退回记录，检查是否提前确认收入 (4) 结合对资产负债表日应收账款的函证，检查有无未取得对方认可的大额销售	
A	9. 存在销售退回的，检查手续是否符合规定，结合原始销售凭证，检查其会计处理是否正确。结合存货项目进行审计，关注其真实性	
C	10. 销售折扣与折让：略	
	（二）其他业务收入（略）	
F	11. 检查营业收入是否在财务报表中做出恰当列报	

营业收入的分析内容与分析目的如表 7-12 所示。

表 7-12　　营业收入的分析内容与分析目的

分析内容（包括但不限于）	分析目的
将本年与上年的主营业务收入进行比较	商品销售的结构和价格的变动有无异常及原因
比较本年各月主营业务收入的波动情况	变动趋势是否正常及异常波动的原因

（续表）

分析内容（包括但不限于）	分析目的
计算本年毛利率，并与上年毛利率相比较	收入与成本是否配比，波动或者异常的原因
计算对重要客户的销售额及毛利率	比较本期与上期有无异常变化
将上述分析结果与同行业本期相关资料进行对比分析	检查是否存在异常

【实训练习 7-2】

时间：2021 年 2～3 月。

地点：阳光实业有限公司、北京华城会计师事务所。

参与人员：注册会计师王鑫、刘涛，高级审计员张江，审计助理；阳光实业相关工作人员。

活动：设计和实施营业收入实质性程序，并完成工作底稿。

阳光实业公司提供的部分相关资料如下：

2020 年度利润表中“营业收入”项目期末余额为 983 690.20 元，期初余额为 440 000 元；2020 年度利润表中“营业成本”项目期末余额为 736 203.15 元，期初余额为 250 000 元。

1. 总账——主营业务收入和主营业务成本（见表 7-13）

表 7-13　　主营业务收入与主营业务成本总账

2020 年	主营业务收入			主营业务成本		
	借方发生额	贷方发生额	余额	借方发生额	贷方发生额	余额
1 月	173 250	173 250	0	159 390	159 390	0
2 月	10 000	10 000	0	9 200	9 200	0
3 月						
4 月	12 000	12 000	0	11 040	11 040	0
5 月						
6 月	6 000	6 000	0	5 520	5 520	0
7 月	20 375	20 375	0	18 745	18 745	0
8 月						
9 月	6 750	6 750	0	6 220	6 220	0
10 月	59 625	59 625	0	54 855	54 855	0
11 月	538 190. 2	538 190. 2	0	376 733. 15	376 733. 15	0
12 月	157 500	157 500	0	94 500	94 500	0
合计数	983 690. 2	983 690. 2	0	736 203. 15	736 203. 15	0

2. 明细账——A 产品主营业务收入(见表 7-14)

表 7-14　　主营业务收入明细账——A 产品

月份	本期数(2020 年)			上期数(2019 年)		
	主营业务收入(借方发生额)	主营业务收入(贷方发生额)	期末余额	主营业务收入(借方发生额)	主营业务收入(贷方发生额)	期末余额
1	173 250	173 250	0	3 500	3 500	0
2				5 000	5 000	0
3						
4				7 000	7 000	0
5						
6				4 000	4 000	0
7	12 375	12 375	0	4 000	4 000	0
8						
9	6 750	6 750	0	12 250	12 250	0
10	59 625	59 625	0	34 500	34 500	0
11	220 940. 20	220 940. 20	0	62 500	62 500	0
12				68 000	68 000	0
合计数	472 940. 2	472 940. 2	0	200 750	200 750	0

3. 明细账——B 产品主营业务收入(见表 7-15)

表 7-15　　主营业务收入明细账——B 产品

月份	本期数(2020 年)			上期数(2019 年)		
	主营业务收入(借方发生额)	主营业务收入(贷方发生额)	期末余额	主营业务收入(借方发生额)	主营业务收入(贷方发生额)	
1						
2	10 000	10 000	0			
3						
4	12 000	12 000	0			
5				8 000	8 000	0
6	6 000	6 000	0			
7	8 000	8 000	0			
8						
9						
10						
11				4 000	4 000	0
12						
合计数	36 000	36 000	0	12 000	12 000	0

4. 明细账——C 产品主营业务收入(见表 7-16)

表 7-16 **主营业务收入明细账——C 产品**

月份	本期数(2020 年)			上期数(2019 年)		
	主营业务收入(借方发生额)	主营业务收入(贷方发生额)	期末余额	主营业务收入(借方发生额)	主营业务收入(贷方发生额)	
1				76 500	76 500	0
2						
3						
4						
5						
6						
7				10 800	10 800	0
8						
9						
10				22 500	22 500	0
11	317 250	317 250	0	49 950	49 950	0
12	157 500	157 500	0	67 500	67 500	0
合计数	474 750	474 750		227 250	227 250	0

5. 记账凭证汇总表——营业收入(见表 7-17)

表 7-17 **营业收入记账凭证**

凭证日期	凭证号码	凭证摘要	对应科目		金额(元)	附件
			对应科目	方向		
2020.01.15	记字第 061 号	销售 A 产品	应收账款	借	168 750	销售单、增值税专用发票
2020.01.20	记字第 072 号	销售 A 产品	银行存款	借	11 250	销售单、增值税专用发票、银行进账单
2020.01.31	记字第 105 号	退回 A 产品	应收账款	贷	6 750	增值税专用发票销项负数(记账联)、开具红字增值税专用发票通知单
2020.02.20	记字第 051 号	销售 B 产品	应收账款	借	10 000	销售单、增值税专用发票
2020.04.05	记字第 021 号	销售 B 产品	银行存款	借	12 000	销售单、增值税专用发票、银行进账单
2020.06.10	记字第 031 号	销售 B 产品	银行存款	借	6 000	销售单、增值税专用发票、银行进账单
2020.07.10	记字第 031 号	销售 B 产品	银行存款	借	8 000	销售单、增值税专用发票、银行进账单
2020.07.20	记字第 052 号	销售 A 产品	应收账款	借	12 375	销售单、增值税专用发票

（续表）

凭证日期	凭证号码	凭证摘要	对应科目		金额（元）	附件
			对应科目	方向		
2020.09.10	记字第 031 号	A 产品质量问题 10%销售折让	应收账款	贷	2 250	开具红字增值税专用发票通知单、增值税专用发票、入库单
2020.09.20	记字第 052 号	销售 A 产品	应收账款	借	9 000	销售单、增值税专用发票
2020.10.10	记字第 031 号	销售 A 产品	应收账款	借	59 625	销售单、增值税专用发票
2020.11.05	记字第 021 号	销售 C 产品	应收账款	借	270 000	销售单、增值税专用发票
2020.11.29	记字第 092 号	销售 C 产品	应收账款	借	29 250	销售单、增值税专用发票
2020.11.29	记字第 093 号①	转让商标使用权	银行存款	借	50 000	增值税专用发票、银行进账单
2020.11.29	记字第 094 号	销售 C 产品并支付运费	应收账款	借	18 000	销售单、增值税专用发票
2020.11.30	记字第 105 号②	预收账款	银行存款	借	170 940.2	银行进账单（收账通知）
2020.12.26	记字第 096 号	销售 C 产品	应收账款	借	22 500	销售单、增值税专用发票
2020.12.28	记字第 107 号③	销售 C 产品	应收账款	借	135 000	无
2021.01.05	记字第 012 号	销售 B 产品	应收账款	借	6 000	销售单、增值税专用发票

说明：①记字第 093 号记账凭证为转让专利权收入。②记字第 105 号记账凭证只有进账单，无发票。③记字第 107 号记账凭证无任何原始凭证。

6. 相关记账凭证

相关记账凭证如图 7-3 至图 7-5 所示。

记 账 凭 证

2020 年 11 月 29 日　　　　记字第 093 号

摘要	总账科目	明细科目	借方金额	贷方金额	√
转让商标使用权	银行存款	中国工商银行北京朝阳支行	5300000		√
	主营业务收入	A产品		5000000	√
	应交税费	应交增值税（销项税额）		300000	√
合计			￥5300000	￥5300000	

附单据 2 张

会计主管：张丽　记账：刘美　出纳：于邓昆　复核：王娟　制单：周美

图 7-3　记账凭证（记字第 093 号）

记 账 凭 证

记字第 105 号

2020 年 11 月 30 日

摘要	总账科目	明细科目	借方金额	贷方金额	√
预收账款	银行存款	中国工商银行北京朝阳支行	193162.43		√
	主营业务收入	A产品		170940.20	√
	应交税费	应交增值税(销项税额)		22222.23	√
合计			¥193162.43	¥193162.43	

附单据 1 张

会计主管：张丽　记账：刘美　出纳：于邓昆　复核：王娟　制单：周美

图 7-4 记账凭证(记字第 105 号)

记 账 凭 证

记字第 107 号

2020 年 12 月 28 日

摘要	总账科目	明细科目	借方金额	贷方金额	√
销售C产品	应收账款	万阳有限责任公司	152550.00		√
	主营业务收入	C产品		135000.00	√
	应交税费	应交增值税(销项税额)		17550.00	√
合计			¥152550.00	¥152550.00	

附单据 0 张

会计主管：张丽　记账：刘美　出纳：　复核：王娟　制单：周美

图 7-5 记账凭证(记字第 107 号)

实施营业收入实质性程序，如表 7-18 至表 7-22 所示。

表 7-18　营业收入审定表

被审计单位：阳光实业有限公司　编制：张江　日期：2021.01.20　索引号：X3-1

会计期间：2020.01.01～2020.12.31　复核：王鑫　日期：　页次：

项目类别	本期未审数	账项调整		重分类调整		本期审定数	上期审定数	索引号
		借方	贷方	借方	贷方			
报表数	983 690.2	305 940.2	6 000	50 000	50 000	683 750	440 000	
明细数	983 690.2	305 940.2	6 000	50 000	50 000	683 750	440 000	
其中								
主营业务收入：								

（续表）

项目类别	本期未审数	账项调整		重分类调整		本期审定数	上期审定数	索引号
		借方	贷方	借方	贷方			
A 产品	472 940.2	170 940.2		50 000		252 000	200 750	
B 产品	36 000		6 000			42 000	12 000	
C 产品	474 750	135 000				339 750	227 250	
其他业务收入：								
商标使用权					50 000	50 000		
审计说明	(1) 该公司主要销售三种产品，A 产品、B 产品、C 产品 (2) 主营业务收入的调整分录见 X3-4 收入抽凭表、X3-5 收入截止测试表							
审计结论	经审计，主营业务收入存在重大错报，需要调整以后才可以确认							

注：(1) 审计说明内容主要包括描述科目的性质、审计程序的设计和实施情况、错报的情况以及科目余额或发生额与上年数比较的变动分析等。

(2) 审计结论包括但不限于：①存在重大错报，需要调整以后才可以确认。②除已发现的调整事项外，未发现其他重大错报。③已实施具体审计程序，未发现重大错报等。④依据我们对科目性质和余额的了解，无须进行进一步审计程序。⑤测试结果满意等。

表 7-19　　月度毛利率分析表

被审计单位：阳光实业有限公司　　编制：张江　　日期：2021.01.20　　索引号：X3-2

会计期间：2020.01.01～2020.12.31　　复核：王鑫　　日期：　　页次：

月份	本期数				上期数				变动幅度
	主营业务收入	主营业务成本	毛利	毛利率	主营业务收入	主营业务成本	毛利	毛利率	
1	173 250	159 390	13 860	8%					
2	10 000	9 200	800	8%					
3									
4	12 000	11 040	960	8%					
5									
6	6 000	5 520	480	8%					
7	20 375	18 745	1 630	8%					
8									
9	6 750	6 220	530	7.85%					
10	59 625	54 855	4 770	8%					
11	538 190.2	376 733.15	161 457.05	30%					
12	157 500	94 500	63 000	40%					
合计	983 690.2	736 203.15	247 487.05	25.16%					
审计说明	通过分析，发现毛利率异常								

表 7-20 **主营业务收入明细表**

被审计单位：阳光实业有限公司　编制：张江　日期：2021.01.20　索引号：X3-3

会计期间：2020.01.01～2020.12.31　复核：王鑫　日期：　页次：

项目	1月	2月	3月	4月	5月	6月	7月	8月	9月	10月	11月	12月	合计	上期数	变动额	变动百分比
A产品	173 250						12 375		6 750	59 625	220 940.2		472 940.2	200 750	272 190.2	135.59%
B产品		10 000		12 000		6 000	8 000						36 000	12 000	24 000	200%
C产品											317 250	157 500	474 750	227 250	247 500	108.91%
合计数	173 250	10 000		12 000		6 000	20 375		6 750	59 625	538 190.2	157 500	983 690.2	440 000	543 690.2	123.57%
审计说明	复核加计正确															

表 7-21 **收入抽查表**

被审计单位：阳光实业有限公司　编制：张江　日期：2021.01.20　索引号：X3-4

会计期间：2020.01.01～2020.12.31　复核：王鑫　日期：　页次：

序号	凭证日期	凭证号	摘要	对应科目		金额	核对情况(用“是”“否”表示)								备注
				名称	方向		(1)	(2)	(3)	(4)	(5)	(6)	(7)	(8)	
1	6.10	记字第 031 号	销售 B 产品	银行存款	借	6 000	是	是	是	是					
2	7.10	记字第 031 号	销售 B 产品	银行存款	借	8 000	是	是	是	是					
3	7.20	记字第 052 号	销售 A 产品	应收账款	借	12 375	是	是	是	是					
4	11.05	记字第 021 号	销售 C 产品	应收账款	借	270 000	是	是	是	是					
5	11.29	记字第 092 号	销售 C 产品	应收账款	借	29 250	是	是	是	是					
6	11.29	记字第 093 号	转让商标使用权	银行存款	借	50 000	否	是	否	是					
7	11.29	记字第 094 号	销售 C 产品并支付运费	应收账款	借	18 000	是	是	是	是					
8	11.30	记字第 105 号	预收账款	银行存款	借	170 940.2	否	否	否	否					
9	12.28	记字第 107 号①	销售 C 产品	银行存款	借	135 000	否	否	否	否					

核对内容说明：

(1) 原始凭证内容完整	(5)
(2) 有无授权批准	(6)
(3) 财务处理正确	(7)
(4) 金额核对相符	(8)

审计说明：

经抽查，存在差异：

建议做调整分录：

(1) 借：应收账款　−152 550

　贷：主营业务收入　−135 000

　　应交税费——应交增值税(销项税额)　−17 550

(2) 借：预收账款　−193 162.43

　贷：主营业务收入　−170 940.20

　　应交税费——应交增值税(销项税额)　−22 222.23

(3) 借：主营业务收入　50 000

　贷：其他业务收入　50 000

提示：①记字第 107 号记账凭证无任何原始凭证，注册会计师有理由认为该笔销售交易“发生”认定不恰当，应做出相应调整，调整分录见 X3-4 审计说明(1)。②记字第 105 号记账凭证只有进账单，无销售发票，注册会计师有理由认为该笔销售交易“发生”认定不恰当，应做出相应调整，调整分录见 X3-4 审计说明(2)。③记字第 093 号记账凭证为转让专利权收入，被审计单位计入“主营业务收入”账户，应该计入“其他业务收入”账户，销售交易的“分类”不恰当，应做出相应调整，调整分录见 X3-4 审计说明(3)。

表 7-22　　　　　　　　　　主营业务收入截止测试表

被审计单位：阳光实业有限公司　　编制：张江　　日期：2021.1.20　　索引号：X3-5

会计期间：2020.01.01～2020.12.31　　复核：王鑫　　日期：　　页次：

从销售单到记账凭证

序号	销售单				记账凭证				发票					所载信息是否一致
	日期	号码	品名	数量	日期	凭证号	数量	金额	日期	品名	客户	数量	金额	
1	2020.12.26	10972713	C 产品	50	2020.12.26	记字第 096 号	50	22 500.00	2020.12.26	C 产品	天意达有限责任公司	50	22 500.00	是
2														

截止日前

截止日期：2020 年 12 月 31 日

截止日后

序号	销售单				记账凭证				发票					所载信息是否一致
	日期	号码	品名	数量	日期	凭证号	数量	金额	日期	品名	客户	数量	金额	
	2020.12.28	10972714	B 产品	3	2021.01.05	记字第 012 号	3	6 000.00	2020.12.28	B 产品	天虹有限责任公司	3	6 000.00	否

审计说明	
	经检查，发现期末有大额的跨期收入。建议做调整分录： 借：应收账款　　6 780 　贷：主营业务收入　　6 000 　　应交税费——应交增值税（销项税额）　　780

相关资料如图 7-6 至图 7-11 所示。

记　账　凭　证　　　　记字第 096 号

2020 年 12 月 26 日

摘要	总账科目	明细科目	借方金额（亿千百十万千百十元角分）	贷方金额（亿千百十万千百十元角分）	√
销售C产品	应收账款	天意达有限责任公司	2542500		√
	主营业务收入	C产品		2250000	√
	应交税费	应交增值税（销项税额）		292500	√
合　　计			¥2542500	¥2542500	

附单据 2 张

会计主管：张丽　　记账：刘美　　出纳：　　复核：王娟　　制单：周美

图 7-6　记账凭证（记字第 096 号）

1100062650　　北京增值税专用发票　　№ 60972085　　1100062650 60972085

此联不作报销、扣税凭证使用　　开票日期：2020年12月26日

购买方	名　　称：天意达有限责任公司 纳税人识别号：911101082014574547 地　址、电　话：北京市海淀区民族路63号 010-64562595 开户行及账号：中国建设银行北京海淀支行 62226585747052672453			密码区	3-65745<10+58<382+-*-/5+*81 75/375*-+/48*7>+>-2//5230-* >*85*-+/13+6+67-7<8*873/+<4 13-30026+-*+10+96*-+762-/>7		
货物或应税劳务、服务名称	规格型号	单位	数量	单价	金额	税率	税额
C产品		台	50	450.00	22 500.00	13%	2 925.00
合　　计					¥22 500.00		¥2 925.00
价税合计（大写）	⊗贰万伍仟肆佰贰拾伍元整				（小写）¥25 425.00		
销售方	名　　称：阳光实业有限公司 纳税人识别号：911101052014569640 地　址、电　话：北京市朝阳区万兴路26号 010-83214233 开户行及账号：中国工商银行北京朝阳支行 6222655466705266544			备注			

收款人：　　复核：　　开票人：胡龙飞　　销售方：（章）

国税函【2020】649号 北京印钞厂　　第一联：记账联　销售方记账凭证

图 7-7　增值税专用发票(销售 C 产品)

销售单

购货单位：天意达有限责任公司　　地址和电话：北京市海淀区民族路63号 010-64562595　　单据编号：10972713

纳税识别号：911101082014574547　　开户行及账号：中国建设银行北京海淀支行 62226585747052672453　　制单日期：2020.12.26

编码	产品名称	规格	单位	单价	数量	金额	备注
1	C产品		台	450.00	50	22 500.00	
合计	人民币（大写）：贰万贰仟伍佰圆整					¥22 500.00	

总经理：　　销售经理：　　经手人：李蓉　　会计：周美　　签收人：

会计联

图 7-8　销售单(销售 C 产品)

记　账　凭　证　　记字第 012 号

2021年01月05日

摘要	总账科目	明细科目	借方金额	贷方金额	√
销售B产品	应收账款	天虹有限责任公司	678000		☑
	主营业务收入	B产品		600000	☑
	应交税费	应交增值税(销项税额)		78000	☑
					☐
					☐
					☐
合　　计			¥678000	¥678000	☐

附单据 2 张

会计主管：张丽　　记账：刘美　　出纳：　　复核：王娟　　制单：周美

图 7-9　记账凭证(记字第 012 号)

1100062650 北京增值税专用发票 № 60972086 1100062650 60972086

此联不作报销、扣税凭证使用　　开票日期：2020年12月28日

购买方	名称：天虹有限责任公司 纳税人识别号：911101052014554227 地址、电话：北京市朝阳区雷锋路93号 010-84562565 开户行及账号：中国建设银行北京朝阳分行 62226554667052346780	密码区	3-657<19-*845<382+-*-/5+*81 75/375*-+/48*7>+>-2//5230-* >*85*-+/13+6+67-7<8*873/+<4 13-30026+-*+10+96*-+762-/>7

货物或应税劳务、服务名称	规格型号	单位	数量	单价	金额	税率	税额
B产品		台	3	2 000.00	6 000.00	13%	780.00
合计					¥6 000.00		¥780.00
价税合计（大写）	⊗陆仟柒佰捌拾元整				（小写）¥6 780.00		

销售方	名称：阳光实业有限公司 纳税人识别号：911101052014569640 地址、电话：北京市朝阳区万兴路26号 010-83214233 开户行及账号：中国工商银行北京朝阳支行 6222655466705266544	备注	

收款人：　　复核：　　开票人：胡龙飞　　销售方：（章）

第一联：记账联 销售方记账凭证

国税函〔2020〕649号 北京印钞厂

图 7-10　增值税专用发票(销售 B 产品)

销 售 单

购货单位：天虹有限责任公司　　地址和电话：北京市朝阳区雷锋路93号 010-84562565　　单据编号：10972714

纳税识别号：911101052014554227　　开户行及账号：中国建设银行北京朝阳分行 62226554667052346780　　制单日期：2020.12.28

编码	产品名称	规格	单位	单价	数量	金额	备注
1	B产品		台	2000.00	3	6000.00	
合计	人民币（大写）：陆仟圆整					¥6000.00	

会计联

总经理：　　销售经理：　　经手人：李蓉　　会计：周美　　签收人：

图 7-11　销售单(销售 B 产品)

二、应收账款的实质性程序

应收账款的审计目标与认定的对应关系如表 7-22 所示。

表 7-22　　审计目标与认定的对应关系

审计目标	财务报表认定				
	发生	完整性	权利和义务	计价和分摊	列报
A. 资产负债表中记录的应收账款是存在的	√				
B. 所有应当记录的应收账款均已记录		√			
C. 记录的应收账款由被审计单位拥有或者控制			√		
D. 应收账款以恰当的金额包括在财务报表中，与之相关的计价调整已恰当记录				√	
E. 应收账款已按照《企业会计准则》的规定在财务报表中做出恰当列报					√

应收账款的审计目标与审计程序的对应关系如表 7-23 所示。

表 7-23 审计目标与审计程序的对应关系

审计目标	可供选择的审计程序	索引号
D	1. 获取或编制应收账款明细表： (1) 复核加计是否正确，并与总账数和明细账合计数核对是否相符；结合坏账准备科目与报表数核对是否相符 (2) 分析有贷方余额的项目，查明原因，必要时，作重分类调整	
ABD	2. 检查涉及应收账款的相关财务指标： (1) 复核应收账款借方累计发生额与主营业务收入是否配比，如存在差异应查明原因 (2) 计算应收账款周转率、应收账款周转天数等指标，并与被审计单位以前年度指标、同行业同期相关指标对比分析，检查是否存在重大异常	
D	3. 获取或者编制应收账款账龄分析表(旨在了解应收账款的可收回性)： (1) 测试计算的准确性，将加总数与应收账款总分类账余额相比较 (2) 检查原始凭证，如销售发票、运输记录等，测试账龄核算的准确性 (3) 请被审计单位协助，在应收账款明细表上标出至审计时已收回的应收账款金额，对已收回金额较大的款项进行常规检查，如核对收款凭证、银行对账单、销货发票等，并注意凭证发生日期的合理性，分析收款时间是否与合同相关要素一致	
ACD	4. 对应收账款进行函证(旨在证实应收账款账户余额的存在等)： (1) 除非有充分证据表明应收账款对财务报表不重要或者函证很可能无效(如注册会计师可能基于以前年度的审计经验，认为被询证者很可能不回函或者即使回函也不可信)，否则，应当对应收账款进行函证。如果不对应收账款进行函证，应在工作底稿中说明理由。如果认为函证很可能无效，应当实施替代审计程序 (2) 通常以资产负债表日为截止日，在资产负债表日后适当时间内实施函证 (3) 实施函证程序应注意的事项：①选取函证项目一般应选择大额或者账龄较长的项目、与债务人发生纠纷的项目、关联方项目、主要客户(包括关系密切的客户)、可能产生重大错误或者舞弊的非正常项目。②对函证实施过程进行控制。询证函应由注册会计师(或审计助理)直接收发；被询证者以传真、电子邮件等方式回函的，应要求被询证者寄回询证函原件；如果未能收到积极式函证回函，应当考虑与被询证者联系，要求对方做出回应或再次寄发询证函。③编制“应收账款函证结果汇总表”，对函证结果进行评价。核对回函内容与被审计单位账目记录是否一致；如不一致，分析不符事项的原因，检查销售合同、发运凭证等相关原始单据，分析被审计单位对于回函与账面记录之间差异的解释是否合理，并检查支持性凭证	
A	5. 对未收到回复的积极式函证实施替代审计程序：抽查有关原始凭据(如销售合同、销售订单、销售发票、发运凭证及回款单据等)；实施期后收款测试，以验证与其相关的应收账款的真实性	
A	6. 抽查有无不属于结算业务的债权：抽查应收账款明细账，并追查至有关原始凭证，查证被审计单位有无不属于结算业务的债权；如有，应建议被审计单位作适当调整	
D	7. 评价坏账准备计提的适当性： (1) 取得或者编制坏账准备计算表，复核加计是否正确，与坏账准备总账数、明细账合计数核对是否相符；核对坏账准备本期计提数与资产减值损失相应明细项目的发生额是否相符 (2) 复核应收账款坏账准备是否按经股东(大)会或者董事会批准的方法和比例提取其计算和会计处理是否正确 (3) 从账龄分析表中，选取金额大于____的账户，逾期超过____天账户，测试其期后收款情况。确定其可收回性，测算坏账准备计提是否正确、充分 (4) 实际发生坏账损失的，检查转销依据是否符合有关规定，会计处理是否正确 (5) 已经确认并转销的坏账重新收回的，检查其会计处理是否正确	
D	8. 检查应收账款中是否存在债务人破产或者死亡，以其破产财产或者遗产清偿后是否仍无法收回，或者债务人是否有长期未履行偿债义务的情况；若是，应提请被审计单位处理	

（续表）

审计目标	可供选择的审计程序	索引号
C	9. 检查银行存款和银行贷款等询证函的回函、会议纪要、借款协议和其他文件，确定应收账款是否已被质押或出售	
E	10. 检查应收账款是否在财务报表中做出恰当列报	

【实训练习 7-3】

沿用[实训练习 7-2]中的资料。

时间：2021 年 2～3 月。

地点：阳光实业有限公司、北京华城会计师事务所

参与人员：注册会计师王鑫、刘涛，高级审计员张城，审计助理；阳光实业相关工作人员

活动：设计和实施应收账款实质性程序，并完成工作底稿。

阳光实业公司提供的部分相关资料如下：

2020 年，该公司资产负债表中应收账款期初余额为 107 800 元，期末余额为 801 026.27 元。

1. 总账——应收账款(见表 7-24)

表 7-24　应收账款总账

2020 年	摘要	借方发生额	贷方发生额	借或贷	余额
1 月	上年结转			借	110 000
1 月	(略)	189 540	60 000	借	239 540
2 月	(略)	11 300		借	250 840
3 月					
4 月					
5 月					
6 月					
7 月	(略)	14 478.75		借	265 318.75
8 月			11 300	借	254 018.75
9 月	(略)	7 897.50		借	261 916.25
10 月	(略)	69 761.25	69 761.25	借	261 916.25
11 月	(略)	371 182.50		借	633 098.75
12 月	(略)	184 275		借	817 373.75
12 月	本年累计	848 435	141 061.25	借	817 373.75

2. 总账——坏账准备(见表 7-25)

表 7-25　坏账准备总账

2020 年	摘要	借方发生额	贷方发生额	借或贷	余额
1 月	上年结转		2 200	贷	2 200
1～11 月	(略)	0	0	贷	2 200
12 月	(略)		14 147.48	贷	16 347.48
12 月	本年累计		14 147.48	贷	16 347.48

注：坏账准备按照应收账款余额的 2%计提。

3. 明细账——应收账款(见表 7-26)

表 7-26 **应收账款明细账**

2020 年	SM 百货有限公司				顺发贸易有限公司				天虹有限责任公司				永达有限责任公司			
	借方发生额	贷方发生额	借或贷	余额	借方发生额	贷方发生额	借或贷	余额	借方发生额	贷方发生额	借或贷	余额	借方发生额	贷方发生额	借或贷	余额
上年结转			借	80 000			借	20 000			借	10 000			平	0
1 月	189 540	50 000	借	219 540						10 000	平	0				
2 月					11 300		借	31 300								
3 月																
4 月																
5 月																
6 月																
7 月					14 478. 75		借	45 778. 75								
8 月						11 300	借	34 478. 75								
9 月	−2 632. 50		借	216 907. 50	10 530		借	45 008. 75								
10 月					69 761. 25	69 761. 25	借	45 008. 75								
11 月									34 222. 50		借	34 222. 50	315 900		借	315 900
12 月																
合计数	186 907. 50	50 000	借	216 907. 50	106 070	81 061. 25	借	45 008. 75	34 222. 50	10 000	借	34 222. 50	315 900		借	315 900

（续表）

2020 年	华光实业有限公司				天意达有限责任公司				万阳有限责任公司							
	借方发生额	贷方发生额	借或贷	余额	借方发生额	贷方发生额	借或贷	余额	借方发生额	贷方发生额	借或贷	余额	借方发生额	贷方发生额	借或贷	余额
上年结转			平	0			平	0			平	0				
1 月																
2 月																
3 月																
4 月																
5 月																
6 月																
7 月																
8 月																
9 月																
10 月																
11 月	21 060		借	21 060												
12 月					26 325		借	26 325	157 950		借	157 950				
合计数	21 060		借	21 060	26 325		借	26 325	157 950		借	157 950				

实施应收账款实质性程序，如表 7-27 至表 7-32 所示。

表 7-27　　应收账款审定表

被审计单位：阳光实业有限公司　　编制：张城　　日期：2021.01.20　　索引号：X8-1

会计期间：2020.01.01～2020.12.31　　复核：王鑫　　日期：　　页次：

项目	期末未审数	账项调整		重分类调整		期末审定数	上期末审定数	索引号
		借方	贷方	借方	贷方			
报表数：	801 026.27	−145 770	−2 915.4			658 171.67	107 800	
明细数：	801 026.27	−145 770	−2 915.4			658 171.67	107 800	
其中：								
账面余额合计	817 373.75	−145 770				671 603.75	110 000	
1 年以内	767 373.75	−145 770				671 603.75	110 000	
1～2 年	50 000					50 000		
2～3 年								
3～4 年								
坏账准备合计	16 347.48		−2 915.4			13 432.08	2 200	
1 年以内	16 347.48		−2 915.4			13 432.08	2 200	
1～2 年								
2～3 年								
3～4 年								
审计说明	(1) 调整分录见 X3-4 收入抽查表、X3-5 收入截止测试表 (2) 不存在重分类调整							
审计结论	经过审计，应收账款的披露存在重大错报							

注：(1) 审计说明内容主要包括描述科目的性质、审计程序的设计和实施情况、错报的情况以及科目余额或者发生额与上年数比较的变动分析等。

(2) 审计结论包括但不限于：①存在重大错报，需要调整以后才可以确认。②除已发现的调整事项外，未发现其他重大错报。③已实施具体审计程序，未发现重大错报等。④依据我们对科目性质和余额的了解，无须进行进一步审计程序。⑤测试结果满意等。

提示

(1) 根据“X3-4 收入抽查表”可知：记字第 107 号凭证无任何原始凭证，故不能确认收入和应收账款，应收账款应调减金额 152 550 元。

(2) 根据“X3-5 主营业务收入截止测试表”可知：记字第 012 号凭证应为本年度发生的事项，所以应收账款应调增金额 6 780 元。

所以，“本年审计调整”栏的金额为−145 770 元(−152 550+6 780)，填写为借方负数。

(3) 根据“X3-5 主营业务收入截止测试表”可知：坏账准备应调减 2 915.4 元。

表 7-28　　应收账款明细表

被审计单位：阳光实业有限公司　　编制：张城　　日期：2021.01.20　　索引号：X8-2

会计期间：2020.01.01～2020.12.31　　复核：王鑫　　日期：　　页次：

项目	期初余额	本期借方	本期贷方	期末余额	调整数	重分类	审定数	期末审定数账龄分析			
								1年以内	1～2年	2～3年	3～4年
SM百货有限公司	80 000	186 907.5	50 000	216 907.5			216 907.5	186 907.5	30 000		
顺发贸易有限公司	20 000	106 070	81 061.25	45 008.75			45 008.75	25 008.75	20 000		
天虹有限公司	10 000	34 222.5	10 000	34 222.5			34 222.5	34 222.5			
华光实业有限公司	0	21 060		21 060			21 060	21 060			
天意达有限公司	0	26 325		26 325			26 325	26 325			
万阳有限公司	0	157 950		157 950			157 950	157 950			
永达有限责任公司	0	315 900		315 900			315 900	315 900			
合计	110 000	848 835	141 461.25	817 373.75			817 373.75	767 373.75	50 000		
审计说明	复核加计正确，并与明细账及合计数、总账数、未审报表数核对相符；年初数与上年审定数相符										

表 7-29　　企业询证函(格式 1)

SM百货有限公司：　　编号：ZD001

本公司(阳光实业有限公司)委托北京华城会计师事务所为本公司提供财务报表审计服务，在其审计本公司账目之过程中，欲函证本公司与贵公司下列账户余额的记录。

截止日期：2020.12.31

项目	本公司账簿金额	如金额不符，请于不符项目旁列明贵公司账簿记录的金额注	项目	本公司账簿金额	如金额不符，请于不符项目旁列明贵公司账簿记录的金额注
应收贵公司金额			应付贵公司金额		
● 应收账款	216 907.50		● 应付账款		
● 其他应收款			● 其他应付款		
● 应收票据			● 应付票据		
预付贵公司金额			预收贵公司金额		

除以上所列结存或结欠贵公司之款额，本公司并无其他结存或结欠贵公司之款额。

注：此栏由被询证者在函证金额不符的情况下填写。

如上述金额与贵公司账目相符，烦请在本函下端“上述金额证明无误”处签章证明；如有差异(部分或者所有)，请在下端“上述金额不符”处签章，并请于上述不符项目旁列明贵公司账簿记录的金额，及请于本函背面提供相关差额明细和差异原因。填妥后烦请贵公司先将本函直接传真至北京华城会计师事务所(010-12345678)，然后将本函原件放入回邮信封，直接寄交北京华城会计师事务所(地址：北京市朝阳区使馆路××号××大厦×楼，邮政编码：000000)，以供审计本公司账目之用。

本函仅为复核账目之用，并非催款结算。烦请贵公司及时复函为盼。

（被审计公司负责人签名及公司盖章）

日期：

以下仅供被询证者使用

上述金额证明无误	上述金额不符
本人确认上述贵公司账簿金额与本公司账目相符 …………………………………… 经办人签名及公司盖章 日期：2021.01.21	本人确认上述贵公司账簿金额与本公司账目不符，差额及明细见本函背面 …………………………………… 经办人签名及公司盖章 日期：

注：北京华城会计师事务所对SM百货有限公司、顺发贸易有限公司、天虹有限责任公司、永达有限责任公司、华光实业有限公司、天意达有限责任公司、万阳有限责任公司7家往来客户进行了应收账款的函证，函证结果为：除天意达有限责任公司未回函以外，其他6家公司回函金额与被审计单位账面金额一致，未发现异常。注册会计师拟对天意达有限责任公司的应收账款项目采取进一步审计程序，即应收账款替代测试。

表 7-30　　应收账款函证结果汇总表

被审计单位：阳光实业有限公司　　编制：张城　　日期：2021.01.20　　索引号：X8-3

会计期间：2020.01.01～2020.12.31　　复核：王鑫　　日期：　　页次：

一、函证情况列表

单位名称	询证函编号	账面金额	回函确认金额	差异	差异调节表索引	回函形式				函证日期		回函日期	替代测试索引号
						传真件	纸质原件	电子邮件	其他介质	第一次	第二次		
SM百货有限公司	ZD001	216 907.50	216 907.50			传真件				2021.1.20		2021.1.21	
顺发贸易有限公司	ZD002	45 008.75	45 008.75			传真件				2021.1.20		2021.1.21	
天虹有限责任公司	ZD003	34 222.50	34 222.50			传真件				2021.1.20		2021.1.21	
永达有限责任公司	ZD004	315 900.00	315 900.00			传真件				2021.1.20		2021.1.21	
华光实业有限公司	ZD005	21 060.00	21 060.00			传真件				2021.1.20		2021.1.21	
天意达有限责任公司	ZD006	26 325.00				传真件				2021.1.20			X8-4
万阳有限责任公司	ZD007	157 950.00	157 950.00			传真件				2021.1.20		2021.1.21	

二、审计说明

1. 选样方法及样本量说明：________________

2. 询证函保持的控制的说明：________________

3. 对以传真或电子邮件形式收到的回函的可靠性的考虑：________________

4. 对误差的分析：

项　　目	金　　额
1. 已识别的误差	
2. 推断出的总体误差(扣除已识别的误差)	

表 7-31　　应收账款替代测试表

被审计单位：阳光实业有限公司　　编制：张城　　日期：2021.01.20　　索引号：X8-4

会计期间：2020.01.01～2020.12.31　　复核：王鑫　　日期：　　页次：

一、借方发生额

记账凭证					销售单			销售发票				其他支持性文件			说明
序号	日期	凭证号	金额	数量	编码	日期	数量	发票号码	日期	数量	金额	日期	数量	金额	
1	2020.12.27	97#	26 325	10台	10972714	2020.12.29	10台	60972087	2020.12.29	10台	26 325				

二、贷方发生额

记账凭证				银行对账单		其他支持性文件		说明
序号	日期	凭证号	金额	日期	金额	日期	金额	

三、期后收款

记账凭证				银行对账单		其他支持性文件		说明
序号	日期	凭证号	金额	日期	金额	日期	金额	

四、审计说明：

1. 选样方法及样本量说明：

表 7-32　　　　应收账款坏账准备计算表

被审计单位：阳光实业有限公司　　编制：张城　　日期：2021.01.20　　索引号：X8-5

会计期间：2020.01.01～2020.12.31　　复核：王鑫　　日期：　　页次：

计算过程						索引号
一、坏账准备本期期末应有金额①=②+③				13 432.08	①	
1. 个别认定法　坏账准备应有余额						
单位名称		应收金额	计提比例	坏账准备应有金额		
					—	
合计					②	
2. 余额百分比法　坏账准备应有余额						
项　目	账龄	应收账款余额	坏账准备计提比例	坏账准备应有余额		
1	0～1	621 603.75	2%	12 432.08		
2	1～2	50 000	2%	1 000		
合计		671 603.75	2%	13 432.08	③	
二、坏账准备上期审定数				2 200	④	
三、坏账准备本期转出(核销)金额						
单位名称				坏账准备金额		
合计					⑤	
五、计算坏账准备本期全部应计提金额⑥=①-④+⑤				11 232.08	⑥	
账面计提坏账准备金额				14 147.48	⑦	
差异⑧=⑥-⑦				-2 915.4	⑧	

提示：由于应收账款需要调减 145 770 元，故 2020 年应收账款总账余额应调整为 671 603.75 元(817 373.75-145 770)，坏账准备应调减 2 915.4 元(16 437.48-671 603.75×2%)。

相关资料如图 7-12 至图 7-14 所示。

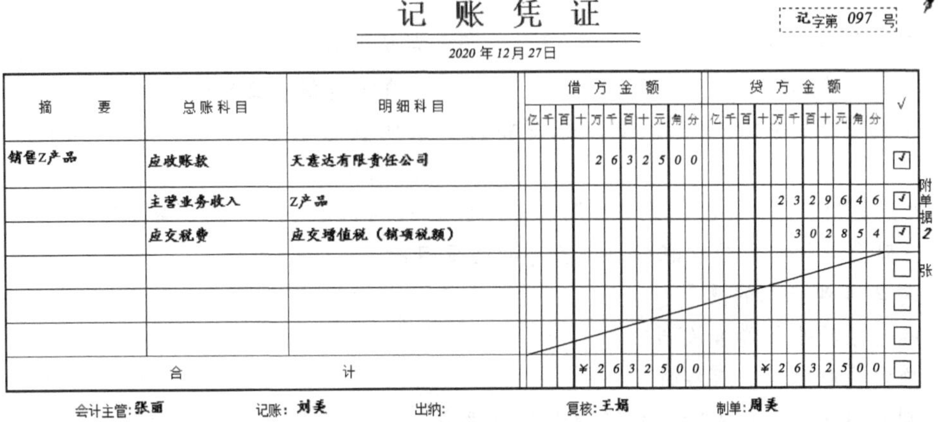

记　账　凭　证

记字第 097 号

2020 年 12 月 27 日

摘要	总账科目	明细科目	借方金额	贷方金额	√
销售Z产品	应收账款	天意达有限责任公司	26325.00		√
	主营业务收入	Z产品		23296.46	√
	应交税费	应交增值税（销项税额）		3028.54	√
合计			¥26325.00	¥26325.00	

附单据 2 张

会计主管：张丽　　记账：刘美　　出纳：　　复核：王娟　　制单：周美

图 7-12　记账凭证(记字第 097 号)

1100062650 北京增值税专用发票 № 60972085 1100062650 60972085

此联不作报销、扣税凭证使用 开票日期：2020年12月29日

购买方	名　　称：天意达有限责任公司 纳税人识别号：911101082014574547 地址、电话：北京市海淀区民族路63号 010-64562595 开户行及账号：中国建设银行北京海淀支行 62226585747052672453			密码区	3-65745<10+58<382+-*-/5+*81 75/375*-+/48*7>+>-2//5230-* >*85*-+/13+6+67-7<8*873/+<4 13-30026+-*+10+96*-+762-/>7		
货物或应税劳务、服务名称	规格型号	单位	数量	单价	金额	税率	税额
Z产品		台	10	2 329.65	23 296.46	13%	3 825.54
合　计					¥23 296.46		¥3 825.54
价税合计（大写）	⊗贰万陆仟叁佰贰拾伍元整				（小写）¥26 325.00		
销售方	名　　称：阳光实业有限公司 纳税人识别号：911101052014569640 地址、电话：北京市朝阳区万兴路26号 010-83214233 开户行及账号：中国工商银行北京朝阳支行 6222655466705266544			备注			

收款人：　复核：　开票人：胡龙飞　销售方：（章）

国税函【2020】649号 北京印钞厂　第一联：记账联 销售方记账凭证

图 7-13　增值税专用发票(销售 C 产品)

销 售 单

购货单位：天意达有限责任公司　地址和电话：北京市海淀区民族路63号 010-64562595　单据编号：10972714

纳税识别号：911101082014574547　开户行及账号：中国建设银行北京海淀支行 62226585747052672453　制单日期：2020.12.29

编码	产品名称	规格	单位	单价	数量	金额	备注
1	Z产品		台	2 329.65	10	23 296.46	
合计	人民币（大写）：贰万贰仟伍佰圆整					¥23 296.46	

总经理：　销售经理：　经手人：李蓉　会计：周昊　签收人：　会计联

图 7-14　销售单(销售 C 产品)

模 块 测 试

参考答案

一、单项选择题

1. 应收账款函证的时间通常为(　　)。

A. 被审计年度期初　　B. 被审计年度期中

C. 与资产负债表日接近的时间　　D. 在资产负债表日后适当时间

2. 若在主营业务收入总账、明细账中登记并未发生的销售，存在错报的管理层认定是(　　)。

A. “发生”　B. “完整性”　C. “权利和义务”　D. “分类”

3. 注册会计师执行应收账款函证程序的主要目的是(　　)。

A. 符合专业标准的要求

B. 确定应收账款能否收回

C. 确定应收账款的存在性

D. 判定被审计单位入账的坏账损失是否适当

4. 审查应收账款的最重要的实质性程序应是(　　)。

A. 函证　　B. 询问　　C. 观察　　D. 重新执行

5. 应收账款询证函的签章者应为(　　)。

A. 客户　　B. 会计师事务所　　C. 注册会计师　　D. 客户的律师

二、多项选择题

1. 如果应收账款账龄分析表是由客户提供,注册会计师应(　　)。

A. 弃之不用,重新独立编制

B. 复核其中的计算是否有误

C. 将分析表中的合计数与应收账款总账的余额相核对

D. 从分析表所列项目中抽出样本与应收账款明细账余额相核对

2. 下列关于应收账款函证的询证函回收的说法中,不正确的有(　　)。

A. 直接寄给客户

B. 直接寄给会计师事务所

C. 寄给客户或会计师事务所均可

D. 直接寄给客户,由客户转交会计师事务所

3. 下列项目中,可以作为应收账款的函证对象的有(　　)。

A. 账龄较长的项目　　B. 重大关联方交易

C. 可能存在争议的交易　　D. 金额较大的项目

4. 实施销售截止测试的三种方法包括(　　)。

A. 以账簿记录为起点,追查至发票存根与装运单

B. 以销售发票为起点,追查至装运单与账簿记录

C. 以装运单为起点,追查至发票开具情况与账簿记录

D. 以顾客订单为起点,追查至装运单

5. 注册会计师可实施应收账款函证的替代程序有(　　)。

A. 检查销售合同、顾客订单、销售发票及装运单等记录与文件

B. 检查应收账款日后收款的记录与凭证,如银行进账单

C. 检查被审计单位与客户之间的函电记录

D. 询问应收账款记账人员

三、判断题

1. 无论被审计单位采用何种方式销售商品,注册会计师都不应认可其在没有收到货款的情况下确认主营业务收入。　　(　　)

2. 注册会计师应当对应收账款实施函证,除非有充分证据表明应收账款对财务报表不重要,或者函证很可能无效。　　(　　)

3. 分析应收账款的账龄,可以了解应收账款的可收回性,但无助于确定坏账准备计提是否充分。　　(　　)

4. 对主营业务收入实施截止测试,其目的主要在于确定主营业务收入的会计记录归属期是否正确。　　(　　)

5. 应收账款的询证函应由被审计单位签章和寄发。　　(　　)

四、案例分析题

1. 注册会计师对ABC公司2020年度财务报表进行审计。注册会计师了解和测试了与应收账款相关的内部控制，并将控制风险评估为高水平。注册会计师取得了2020年12月31日的应收账款明细表，并于2021年1月15日采用肯定式函证方式对所有重要客户寄发了询证函。与函证结果相关的重要异常情况如表7-33所示。

表7-33 与函证结果相关的重要异常情况汇总表

异常情况	函证编号	客户名称	询证金额(元)	回函日期	回函内容
(1)	22	甲公司	300 000	2021年1月22日	购买Y公司300 000元货物属实，但款项已于2020年12月25日用支票支付
(2)	56	乙公司	500 000	2021年1月19日	因产品质量不符合要求，根据购货合同，于2020年12月28日将货物退回
(3)	64	丙公司	800 000	2021年1月17日	大体一致
(4)	82	丁公司	550 000	2021年1月21日	贵公司12月30日的第585号发票(金额为550 000元)系目的地交货，本公司收货日期为2021年1月6日，因此询证函所称12月31日欠贵公司账款之事与事实不符
(5)	134	戊公司	600 000	因地址错误，被邮局退回	—
(6)	161	己公司	580 000	2021年1月20日	本公司会计处理系统无法复核贵公司的对账单

要求：注册会计师针对顾客复函中提出的意见应当如何应对？

2. 注册会计师对ABC公司进行审计，了解到该公司的销售程序如下：销售部门收到顾客订单，先估算订单的金额，然后将订单交信用部门审阅。信用部门审阅后，如果同意给予商业信用就在订单上盖章，再将订单交会计部门。会计部门填制一式两联的销售发票。客户的订单归档保管。销售发票的客户联用专夹保管，等候货物发出的通知。销售发票的记账联先交仓库，通知仓库发货，然后再转至运输部门。运输部门有权根据运力情况组织运输。在收到销售发票记账联后，运输部门填制一式三联的发运单。第一联交客户，第二联随同货物起抵达，第三联由运输部门留存。发货后，销售发票的记账联交还会计部门。如果缺货，销售发票上会加以注明。会计部门在收到销售发票的记账联后，核对销售发票的客户联。销售发票上的价格要符合公司的定价策略。随后，客户联发给客户用作收款通知，记账联交数据中心入账。数据中心将记账联的数据输入计算机，更新销售收入和应收账款账簿。记账完毕，记账联顺序编号后存档。

要求：根据题意，请回答下列问题：

(1) 要想检查销售是否经过适当的授权，注册会计师应该从(　　)中抽取样本。

A. 客户订单　　B. 发运单

C. 应收账款明细账　　D. 销售发票

(2) 如果注册会计师希望检查内部控制能否减少发生发货后不入账的错误，其应该从(　　)中抽取样本。

A. 客户订单　　　　　　　　　　　　B. 发运单

C. 应收账款明细账　　　　　　　　　D. 销售发票

(3) 为了检查内部控制能否降低漏开发运单的可能性,注册会计师应该从(　　)中抽取测试样本。

A. 客户订单　　　　　　　　　　　　B. 发运单

C. 应收账款明细账　　　　　　　　　D. 销售发票理由

3. ABC 公司 2020 年 12 月 31 日的资产负债表“应收账款”项目数额为 1 652 000 元,与“应收账款”总账余额减去“坏账准备”账户相应明细账余额后的差额相符,“应收账款——Z 公司”明细账有贷方余额 180 000 元,经查系 Z 公司的预付货款,尚未履行供货合同。该公司按应收账款余额的 1%计提坏账准备。

要求:试问该公司资产负债表“应收账款”项目的列报是否正确,请说明理由;如果不正确,请编制审计调整分录。

模块 8

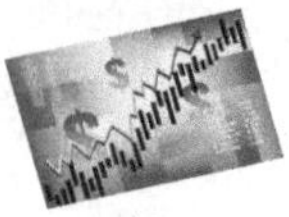

采购与付款循环审计

[考核目标]

1. 识别采购与付款循环中的主要业务活动和相关凭证、记录。
2. 了解采购与付款循环的内部控制。
3. 掌握采购与付款循环控制测试的方法。
4. 明确采购与付款循环交易和账户余额的审计目标。
5. 掌握应付账款和固定资产的实质性程序。

[实践目标]

1. 了解被审计单位采购与付款循环内部控制及实施控制测试。
2. 掌握实施应付账款和固定资产的实质性程序和编制相关工作底稿。

[知识点思维导图]

- 采购与付款循环审计
  - 采购与付款循环的特点
    - 不同行业类型的采购和费用支出
    - 涉及的主要业务活动
    - 涉及的主要单据与会计记录
  - 采购与付款循环的内部控制
    - 采购循环的内部控制
    - 付款循环的内部控制
    - 固定资产的内部控制
  - 采购与付款循环的实质性程序
    - 应付账款的实质性程序
    - 固定资产的实质性程序

[案例导读]

某市审计厅派出审计组对该市省属国有股份有限公司 2020 年度财务收支进行审计，其中有关固定资产业务循环的实质性审查情况如下：

(1) 在审查固定资产增加时，审计人员发现 2020 年新增的固定资产中，有该公司 2020 年发生的装修、装潢已投入使用固定资产的大修理费用支出 72 万元，通过“在建工程”科目记入固定资产价值。

(2) 在审查固定资产所有权时，审计人员发现该公司将原投入 C 公司的固定资产，由于某种理由，在 C 公司未经清算和未经中介评估的情况下，由该公司自行估价收回固定资产 30 万元，冲减“长期股权投资”科目。

(3) 在审查固定资产折旧时，审计人员发现 5～9 月计提的办公设备折旧明显高于其他月份，审查结果表明，该公司所有的夏季使用的空调设备，只在使用月份(即 5～9 月)计提折旧。

(4) 在实地观察固定资产存在情况时，审计人员发现该公司接收 A 公司捐赠的客货两用车 2 辆未入账。

想一想

审计人员在固定资产业务循环的实质性审查中使用了哪些审计技术方法？该公司在固定资产的增加、折旧、减少和记录完整性等方面存在什么问题？

任务 8.1　采购与付款循环的特点

一、不同行业类型的采购和费用支出

企业的采购与付款循环包括购买商品和劳务，以及企业在经营活动中为获取收入而发生的直接或者间接的支出。不同的企业性质决定企业除了有一些共性的费用支出，还会发生一些不同类型的支出，如表 8-1 所示。

表 8-1　不同行业类型的企业采购和费用支出

行业类型	采购和费用支出
贸易业	产品的选择和购买、产品的存储和运输、广告促销费用、售后服务费用
一般制造业	生产过程所需的原材料、易耗品、配件的购买与存储支出，市场经营费用，把产成品运达顾客或者零售商处发生的运输费用，管理费用
专业服务业	律师、会计师、财务顾问的费用支出包括印刷、通信、差旅费，书籍资料和研究设施的费用
金融服务业	建立专业化的安全的计算机信息网络和用户自动存取款设备的支出，给付储户的存款利息，支付其他银行的资金拆借利息、手续费，现金存放、现金运送和网络银行设施的安全维护费用，客户关系维护费用
建筑业	建材支出，建筑设备和器材的租金或购置费用，支付给分包商的费用；保险支出和安保成本；建筑保证金和许可审批方面的支出；交通费、通信费等；当在外地施工时还会发生建筑工人的食宿费用

二、涉及的主要业务活动

采购与付款循环的主要业务活动如图 8-1 所示。

采购与付款交易通常要经过“请购→订货→验收→付款”这样的程序，该循环主要涉及的主要业务活动的具体内容如表 8-2 所示。

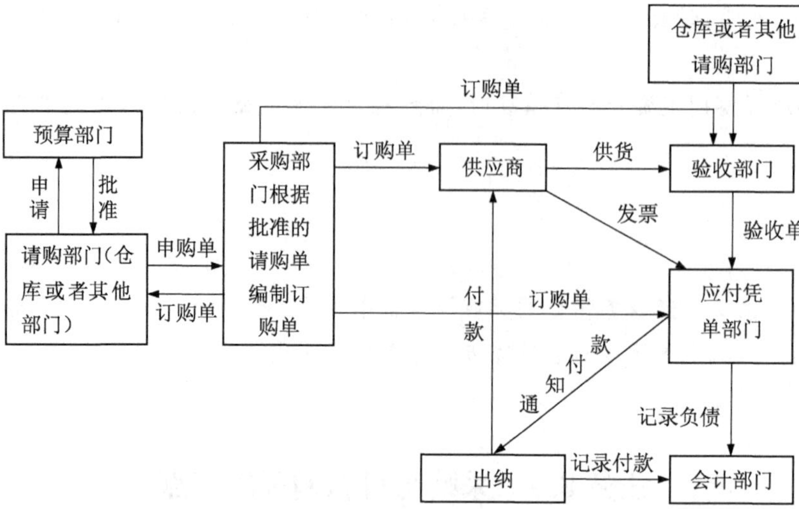

图 8-1　采购与付款循环的主要业务活动

表 8-2　涉及的主要业务活动

项目	内　容
1. 请购商品和劳务	(1) 仓库负责对需要购买的已列入存货清单的项目填写请购单,其他部门也可以对所需要购买的未列入存货清单的项目编制请购单 (2) 请购单是证明有关采购交易的“发生”认定的凭据之一,也是采购交易轨迹的起点
2. 编制订购单	(1) 采购部门在收到请购单后,只能对经过批准的请购单发出订购单。对每张订购单,采购部门应确定最佳的供应来源;对一些大额、重要的采购项目,应采取竞价方式来确定供应商,以保证供货的质量、及时性和成本的低廉 (2) 订购单应正确填写所需要的商品品名、数量、价格、厂商名称和地址等,预先予以顺序编号并经过被授权的采购人员签名。其正联应送交供应商,副联则送至企业内部的验收部门、应付凭单部门和编制请购单的部门 (3) 应独立检查订购单的处理,以确定是否确实收到商品并正确入账。这项检查与采购交易的“完整性”和“发生”认定有关
3. 验收商品	(1) 有效的订购单代表企业已授权验收部门接受供应商发运来的商品 (2) 验收部门首先应比较所收商品与订购单上的要求是否相符,如商品的品名、摘要、数量、到货时间等,其次再盘点商品并检查商品有无损坏 (3) 验收后,验收部门应对已收货的每张订购单编制一式多联、预先按顺序编号的验收单,作为验收和检验商品的依据 (4) 验收单是支持资产或者费用以及与采购有关的负债的“存在或发生”认定的重要凭证。定期独立检查验收单的顺序以确定每笔采购交易都已编制凭单,则与采购交易的“完整性”认定有关
4. 储存已验收的商品	将已验收商品的保管与采购的其他职责相分离,可减少未经授权的采购和盗用商品的风险。存放商品的仓储区应相对独立,限制无关人员接近。这些控制与商品的“存在”认定有关。

（续表）

项目	内　容
5. 编制付款凭单	记录采购交易之前，应付凭单部门应编制付款凭单。这项功能的控制包括： (1) 确定供应商发票的内容与相关的验收单、订购单的一致性 (2) 确定供应商发票计算的正确性 (3) 编制有预先连续编号的付款凭单，并附上支持性凭证（如订购单、验收单和供应商发票等）。这些支持性凭证的种类，因交易对象的不同而不同 (4) 独立检查付款凭单计算的正确性 (5) 在付款凭单上填入应借记的资产或者费用账户名称 (6) 由被授权人员在凭单上签字，以示批准照此凭单要求付款。所有未付凭单的副联应保存在未付凭单档案中，以待日后付款。经适当批准和有预先连续编号的凭单为记录采购交易提供了依据。这些控制与“存在”“发生”“完整性”“权利和义务”“计价和分摊”等认定有关
6. 确认与记录负债	正确确认已验收货物和已接受劳务的债务，要求准确、及时地记录负债。该记录对企业财务报表和实际现金支出具有重大影响
7. 付款	通常是由应付凭单部门负责确定未付凭单在到期日付款。企业有多种款项结算方式，以支票结算方式为例，编制和签署支票的有关控制包括： (1) 独立检查已签发的支票的总额与所处理的付款凭单的总额的一致性 (2) 应由被授权的财务部门的人员负责签发支票 (3) 被授权签发支票的人员应确定每张支票都附有一张已经适当审批的未付款凭单，并确定支票收款人的姓名和金额与凭单内容的一致 (4) 支票一经签署就应在其凭单和支持性凭证上用加盖印戳或者打洞等方式将其注销，以免重复付款 (5) 支票签署人不应签发无记名甚至空白的支票 (6) 支票应预先顺序编号，保证支出支票存根的完整性和作废支票处理的恰当性 (7) 应确保只有被授权的人员才能接近未经使用的空白支票
8. 记录现金、银行存款支出	会计部门应根据已支付款项的凭单编制付款记账凭证，并据以登记银行存款日记账及其他相关账簿。以记录银行存款支出为例，有关控制包括： (1) 会计主管应独立检查记入银行存款日记账和应付账款明细账的金额的一致性，以及与支票汇总记录的一致性 (2) 通过定期比较银行存款日记账记录的日期与支票副本的日期，独立检查入账的及时性 (3) 独立编制银行存款余额调节表

三、涉及的主要单据与会计记录

内部控制比较健全的企业在处理采购与付款交易时通常需要使用很多单据与会计记录，以一般制造业为例，其典型的采购与付款循环所涉及的主要单据与会计记录的内容如表 8-3 所示（不同被审计单位的单据名称可能不同）。

表 8-3　　涉及的主要单据与会计记录

项目	内　容
(1) 采购计划	企业以销售和生产计划为基础，考虑供需关系及市场计划变化等因素，制订采购计划，并经适当的管理层审批后执行
(2) 供应商清单	企业通过文件审核及实地考察等方式对合作的供应商进行认证，将通过认证的供应商信息进行手工或者系统维护，并及时进行更新

（续表）

项目	内　容
(3) 请购单	请购单是由生产、仓库等相关部门的有关人员填写的，送交采购部门，是申请购买商品、劳务或者其他资产的书面凭据
(4) 订购单	订购单是由采购部门填写的，经适当的管理层审核后发送供应商，是向供应商购买订购单上所指定的商品和劳务的书面凭据
(5) 验收单及入库单	验收单是收到商品时所编制的凭据，列示通过质量检验的、从供应商处收到的商品的种类和数量等内容。入库单是由仓库管理人员填写的验收合格品入库的凭证
(6) 卖方发票	卖方发票(即供应商发票)是供应商开具的，交给买方以载明发运的货物或提供的劳务、应付款金额和付款条件等事项的凭证
(7) 付款凭单	付款凭单是采购方企业的应付凭单部门编制的，载明已收到的商品、资产或者接受的劳务、应付款金额和付款日期的凭证。它是采购方企业内部记录和支付负债的授权证明文件
(8) 转账凭证	转账凭证是指记录转账交易的记账凭证，它是根据有关转账交易(即不涉及库存现金、银行存款收付的各项交易)的原始凭证编制的
(9) 付款凭证	付款凭证包括现金付款凭证和银行存款付款凭证，是指用来记录库存现金和银行存款支出交易的记账凭证
(10) 应付账款明细账	
(11) 现金日记账和银行存款日记账	
(12) 供应商对账单	供应商对账单是由供应商编制的、用于核对与采购企业往来款项的凭据，通常标明期初余额、本期购买、本期支付给供应商的款项和期末余额等信息

【实训练习 8-1】

业务活动的发生，涉及各个部门，同时会产生一系列凭证和记录，根据任务 8.1 中对主要业务活动的描述，上网查找相关资料，完成表 8-4。

表 8-4　　采购与付款循环的主要业务活动及相关内容

主要业务活动	凭证和记录	关联部门	关键控制
(1) 请购商品和劳务			
(2) 编制订购单			
(3) 验收商品			
(4) 储存已验收的商品			
(5) 编制付款凭单			
(6) 确认与记录负债			
(7) 付款			
(8) 记录现金、银行存款支出			

任务 8.2 采购与付款循环的内部控制

一、采购循环的内部控制

采购循环内部控制的目标、内部控制与审计测试的关系如表 8-5 所示。

表 8-5 内部控制的目标、内部控制与审计测试的关系

项目	审计目标	关键内部控制	常用的控制测试	常用的实质性程序
1. 所记录的采购都确已收到商品或者已接受劳务	发生	(1) 请购单、订购单、验收单和卖方发票一应俱全,并附在付款凭单后 (2) 采购经适当级别批准 (3) 注销凭证以防止重复使用 (4) 对卖方发票、验收单、订购单和请购单作内部核查	(1) 查验付款凭单后是否附有完整的相关单据 (2) 检查批准采购的标记 (3) 检查注销凭证的标记 (4) 检查内部核查的标记	(1) 复核采购明细账、总账及应付账款明细账,注意是否有大额或者不正常的金额 (2) 检查卖方发票、验收单、订购单和请购单的合理性和真实性 (3) 追查存货的采购账簿记录至存货永续盘存记录 (4) 检查取得的固定资产采购合同、发票
2. 已发生的采购交易均已记录	完整性	(1) 订购单均经事先连续编号并将已完成的采购登记入账 (2) 验收单均经事先连续编号并已登记入账 (3) 应付凭单均经事先连续编号并已登记入账	(1) 检查订购单连续编号的完整性 (2) 检查验收单连续编号的完整性 (3) 检查应付凭单连续编号的完整性	(1) 从验收单追查至采购明细账 (2) 从卖方发票追查至采购明细账
3. 所记录的采购交易估价正确	准确性、计价和分摊	(1) 对计算准确性进行内部核查 (2) 采购价格和折扣的批准	(1) 检查内部核查的标记 (2) 检查批准采购价格和折扣的标记	(1) 将采购明细账中记录的交易同卖方发票、验收单和其他证明文件比较 (2) 复算包括折扣和运费在内的卖方发票填写金额的准确性
4. 采购交易的分类正确	分类	(1) 采用适当的会计科目表 (2) 分类的内部核查	(1) 检查工作手册和会计科目表 (2) 检查有关凭证上内部核查的标记	参照卖方发票,比较会计科目表上分类
5. 采购交易按正确的日期记录	截止	(1) 要求收到商品或接受劳务后及时记录采购交易 (2) 内部核查	(1) 检查工作手册并观察有无未记录的卖方发票存在 (2) 检查内部核查的标记	将验收单和卖方发票上的日期与采购明细账上的日期进行比较
6. 采购交易被正确记入应付账款和存货等明细账中,并正确汇总	准确性、计价和分摊	应付账款明细账内容的内部核查	检查内部核查的标记	通过加计采购明细账,追查过入采购总账和应付账款、存货明细账的数额是否正确,用以测试过账和汇总的正确性

二、付款循环的内部控制

需要指出的是,对于每个企业而言,由于性质、所处行业、规模和内部控制健全程度等不

同，从而使得与付款循环相关的内部控制内容亦可能有所不同，但表8-6中所列的与付款循环相关的内部控制内容是每个企业通常应当共同遵循的。

表8-6 内部控制的内容

项目	内容
与付款循环相关的内部控制	(1) 企业应当按照《现金管理暂行条例》《支付结算办法》等有关货币资金内部控制的规定办理采购付款交易 (2) 企业财会部门在办理付款交易时，应当对采购发票、结算凭证、验收证明等相关凭证的真实性、完整性、合法性和合规性进行严格审核 (3) 企业应当建立预付账款和定金的授权批准制度，加强预付账款和定金的管理 (4) 企业应当加强应付账款和应付票据的管理，由专人按照约定的付款日期、折扣条件等管理应付款项。已到期的应付款项需经有关授权人员审批后方可办理结算与支付 (5) 企业应当建立退货管理制度，对退货条件、退货手续、货物出库、退货货款回收等做出明确规定，及时收回退货款 (6) 企业应当定期与供应商核对应付账款、应付票据、预付款项等往来款项；如有不符，应查明原因，及时处理

三、固定资产的内部控制

就许多从事制造业的被审计单位而言，固定资产在其资产总额中占有很大的比重，固定资产的购建会影响其现金流量，而固定资产的折旧、维修等费用则是影响其损益的重要因素。固定资产管理一旦失控，所造成的损失将远远超过一般的商品、存货等流动资产。所以，为了确保固定资产的真实、完整、安全和有效利用，被审计单位在采购与付款循环中应当建立、健全和重视固定资产的内部控制。固定资产内部控制的内容如表8-7所示。

表8-7 固定资产内部控制的内容

项目	内容
(1) 固定资产的预算制度	预算制度是固定资产内部控制中最重要的部分。通常，大中型企业应编制旨在预测与控制固定资产增减和合理运用资金的年度预算；小规模企业即使没有正规的预算，对固定资产的购建也要事先加以计划
(2) 授权批准制度	完善的授权批准制度包括：企业的资本性预算只有经过董事会等高层管理机构批准方可生效；所有固定资产的取得和处置均需经企业管理层的书面认可
(3) 账簿记录制度	除了固定资产总账，被审计单位还需设置固定资产明细分类账和固定资产登记卡，按固定资产类别、使用部门和每项固定资产进行明细分类核算。固定资产的增减变化均应有充分的原始凭证
(4) 职责分工制度	对固定资产的取得、记录、保管、使用、维修、处置等，均应明确划分责任，由专门部门和专人负责
(5) 资本性支出和收益性支出的区分制度	企业应制定区分资本性支出和收益性支出的书面标准，通常需明确资本性支出的范围和最低金额，凡不属于资本性支出的范围、金额低于下限的任何支出，均应列作费用并抵减当期收益
(6) 固定资产的处置制度	固定资产的处置(包括投资转出、报废、出售等)，均要有一定的申请报批程序
(7) 固定资产的定期盘点制度	对固定资产的定期盘点，是验证账面各项固定资产是否真实存在、了解固定资产放置地点和使用状况以及发现是否存在未入账固定资产的必要手段
(8) 固定资产的维护保养制度	固定资产应有严密的维护保养制度，以防止其因各种自然和人为的因素而遭受损失，并应建立日常维护和定期检修制度，以延长其使用寿命

任务 8.3 采购与付款循环的实质性程序

完成控制测试之后，注册会计师基于控制测试的结果(即控制运行是否有效)，确定从控制测试中已获得的审计证据及其保证程度，确定是否需要对具体审计计划中设计的实质性程序的性质、时间安排和范围做出适当调整。采购与付款循环审计包括应付账款审计、固定资产审计、预付账款审计、管理费用审计等，现列举其中的两个重要项目——应付账款和固定资产的实质性程序进行详细讲解。

一、应付账款的实质性程序

应付账款是企业在正常经营过程中，因购买材料、商品和接受劳务供应等经营活动而应付给供应商的款项。注册会计师应结合赊购交易进行应付账款的审计。

应付账款的审计目标与认定的对应关系如表 8-8 所示。

表 8-8　　审计目标与认定的对应关系

审计目标	财务报表认定				
	存在	完整性	权利和义务	计价和分摊	列报
A. 资产负债表中记录的应付账款是存在的	√				
B. 所有应当记录的应付账款均已记录		√			
C. 资产负债表中记录的应付账款是被审计单位应当履行的现实义务			√		
D. 应付账款以恰当的金额包括在财务报表中，与之相关的计价调整已恰当记录				√	
E. 应付账款已按照《企业会计准则》的规定在财务报表中做出恰当的列报					√

应付账款的审计目标与审计程序的对应关系如表 8-9 所示。

表 8-9　　审计目标与审计程序的对应关系

审计目标	可供选择的审计程序	索引号
D	1. 获取或编制存货明细表，复核加计是否正确，并与总账数和明细账合计数核对是否相符	
ABD	2. 实质性分析程序： (1) 将期末应付账款余额与期初余额进行比较，分析波动原因 (2) 分析长期挂账的应付账款，要求被审计单位做出解释，判断被审计单位是否缺乏偿债能力或者利用应付账款隐瞒利润，并注意其是否可能无须支付。关注账龄超过 3 年的大额应付账款在资产负债表日后是否偿付，检查偿付记录、单据及披露情况 (3) 计算应付账款与存货的比率、应付账款与流动负债的比率，并与以前年度相关比率对比分析，评价应付账款整体的合理性 (4) 分析存货和营业成本等项目的增减变动，判断应付账款增减变动的合理性	

（续表）

审计目标	可供选择的审计程序	索引号
ACD	3. 选择应付账款的重要项目(包括零账户)，函证其余额，编制应付账款函证结果汇总表 (1) 函证适用情形：应付账款的函证不是必须执行的审计程序。原因有二：一是注册会计师可随时获得相关的外部凭证来证实应付账款的余额，如购货发票、每月的卖方对账单等；二是函证不能保证查出未记录的应付账款。但是，如果应付账款的重大错报风险比较高，某应付账款明细账户金额较大或者被审计单位处于财务困难阶段时，则应进行应付账款的函证 (2) 函证对象：应选择大额的债权人，以及那些在资产负债表日金额不大甚至为零，但是企业重要供货人的债权人作为函证对象。 (3) 函证方式：一般应采用积极的函证方式。根据回函情况分析函证结果，对未回函的可再次函证或者采用替代审计程序：①检查日后付款。检查日后应付账款明细账户借方发生额、现金日记账和银行存款日记账，检查相关的原始凭证(如银行划款通知、支票存根及供应商收据)。②检查应付账款明细账户贷方发生额，追查至相关的原始凭证(如购货发票、验收入库单、采购合同等)。	
ABD	4. 检查未入账的应付账款： (1) 获取供应商对账单，并将对账单和被审计单位财务记录之间的差异进行调节(如在途款项、在途货物、付款折扣、未记录的负债等)，查找有无未入账的应付账款、确定应付账款金额的准确性 (2) 检查债务形成的相关原始凭证，如供应商发票、验收报告或入库单等。查找有无未及时入账的应付账款，确定应付账款金额的准确性 (3) 检查资产负债表日后应付账款明细账贷方发生额的相应凭证，关注其购货发票的日期，确认其入账时间是否合理 (4) 结合存货监盘程序，检查被审计单位在资产负债日前后的存货入库资料(验收报告或入库单)，检查是否有大额料到单未到的情况，确认相关负债是否计入了正确的会计期间 (5) 针对资产负债表日后付款项目，检查银行对账单及有关付款凭证，询问被审计单位内部或者外部的知情人员，查找有无未及时入账的应付账款	
B	5. 针对已偿付的应付账款，追查至银行对账单查、银行付款单据和其他原始凭证，检查其是否在资产负债表日前真实偿付	
E	6. 检查应付账款是否在财务报表中恰当列报	

【实训练习 8-2】

时间：2021 年 2～3 月。

地点：光海实业有限公司、北京华城会计师事务所。

参与人员：注册会计师王鑫、刘涛，高级审计员王海亮，审计助理；光海实业公司相关工作人员。

活动：设计和实施应付账款实质性程序，并完成工作底稿。

光海实业有限公司提供的部分相关资料如下：

该公司 2020 年度资产负债表中应付账款的期初余额为 978 500 元，期末余额为 3 015 600 元。

1. 总账——应付账款(见表 8-10)

表 8-10 应付账款总账

2020 年	摘要	借方发生额	贷方发生额	借或贷	余额
1 月	上年结转			贷	978 500
1 月	（略）		2 282 600	贷	3 261 100
2 月					
3 月					
4 月					
5 月					
6 月	（略）	80 000		贷	3 181 100
7 月					
8 月	（略）	56 500		贷	3 124 600
9 月					
10 月					
11 月					
12 月	（略）	900 000	791 000	贷	3 015 600
合计	本年累计	1 036 500	3 073 600	贷	3 015 600

2. 记账凭证汇总表——应付账款（见表 8-11）

表 8-11 应付账款记账凭证汇总表

凭证日期	凭证号码	凭证摘要	对方科目	总账科目	明细科目	借贷	金额	附件
2020.01.16	记字第 023 号	购入原材料	材料采购/应交税费	应付账款	长城国电有限公司	贷	22 600	增值税专用发票
2020.01.26	记字第 026 号	购入原材料	材料采购/应交税费	应付账款	新希望有限公司	贷	2 260 000	增值税专用发票
2020.06.12	记字第 013 号	偿还货款	银行存款	应付账款	长城国电有限公司	借	80 000	转账支票存根、进账单
2020.08.23	记字第 026 号	偿付购货款	其他货币资金	应付账款	新希望有限公司	借	56 500	银行汇票
2020.12.26	记字第 006 号	转销应付南方投资的货款	营业外收入	应付账款	南方投资有限公司	借	900 000	转销南方投资货款的批示
2020.12.09	记字第 009 号	购入原材料电子 A	材料采购/应交税费	应付账款	长城国电有限公司	贷	339 000	增值税专用发票
2020.12.16	记字第 016 号	购入原材料电子 B	材料采购/应交税费	应付账款	新希望有限公司	贷	452 000	增值税专用发票

说明：根据记字第 009 号凭证可知，附件“增值税专用发票”上并没有注明折扣金额（6 000 元）。

3. 年末未处理的入库单(见表 8-12)

表 8-12 **入 库 单**

2020 年 12 月 29 日 单号:120696

交来单位及部门	长城国电有限公司	发票号码或生产单号码		验收仓库	原材料库	入库日期	2020.12.29

编号	名称及规格	单位	数量		实际价格		计划价格		价格差异
			交库	实收	单价	金额	单价	金额	
02	电子 B	个	4 800	4 800	100.00	480 000.00			
合计						¥480 000.00			

会计联

部门经理:郑丽芳 合计:陈飞 仓库:叶志煌 经办人:李承群

4. 明细账——应付账款(见表 8-13)

表 8-13 **应付账款明细账**

2020 年	长城国电有限公司				新希望有限公司				南方投资有限公司			
	借方发生额	贷方发生额	借或贷	余额	借方发生额	贷方发生额	借或贷	余额	借方发生额	贷方发生额	借或贷	余额
上年结转			贷	20 000			贷	58 500			借	900 000
1 月		22 600	贷	42 600		2 260 000	贷	2 318 500				
2 月												
3 月												
4 月												
5 月												
6 月	80 000		借	37 400								
7 月												
8 月					56 500		贷	2 262 000				
9 月												
10 月												
11 月												
12 月		339 000	贷	301 600		452 000	贷	2 714 000	900 000		平	
合计数	80 000	361 600	贷	301 600	56 500	2 712 000	贷	2 714 000	900 000	0	平	0

实施应付账款实质性程序,如表8-14至表8-16、图8-2所示。

表8-14 **应付账款审定表**

被审计单位:光海实业有限公司 编制:王海亮 日期:2021.01.13 索引号:C7-1
会计期间:2020.01.01～2020.12.31 复核:王鑫 日期: 页次:

项目类别	本期未审数	账项调整		重分类调整		本期审定数	上期审定数	索引号
		借方	贷方	借方	贷方			
报表数	3 015 600					3 501 600		
明细数	3 015 600					3 501 600		
其中:								
长城国电有限公司	301 600		486 000			787 600		
新希望有限公司	2 714 000					2 714 000		
南方投资有限公司	0							
审计说明	相关调整分录见应付账款抽查表C7-3							
审计结论	应付账款存在重大异常现象,调整后才可以确认							

注:(1) 审计说明内容主要包括描述科目的性质、审计程序的设计和实施情况、错报的情况以及科目余额或发生额与上年数比较的变动分析等。
(2) 审计结论包括但不限于:①存在重大错报,需要调整以后才可以确认。②除已发现的调整事项外,未发现其他重大错报。③已实施具体审计程序,未发现重大错报等。④依据我们对科目性质和余额的了解,无须进行进一步审计程序。⑤测试结果满意等。

表8-15 **应付账款明细表**

被审计单位:光海实业有限公司 编制:王海亮 日期:2021.01.13 索引号:C7-2
会计期间:2020.01.01～2020.12.31 复核:王鑫 日期: 页次:

项目	期初余额	本期借方	本期贷方	期末余额	调整数	重分类	审定数	期末审定数账龄分析			
								1年以内	1～2年	2～3年	3～4年
长城国电有限公司	20 000	80 000	361 600	301 600(贷)	486 000(贷)		787 600	787 600			
新希望有限公司	58 500	56 500	2 712 000	2 714 000(贷)	0		2 714 000	2 714 000			
南方投资有限公司	900 000	900 000	0	0	0		0	0			
合计	978 500	1 036 500	3 073 600	3 015 600			3 501 600	3 501 600			
审计说明	(1) 调整科目为期末材料暂估入账和会计处理错误之处 (2) 相关调整分录见应付账款检查表G7-3										

表 8-16 **应付账款抽查表**

被审计单位：光海实业有限公司　编制：王海亮　日期：2021.01.13　索引号：C7-3

会计期间：2020.01.01～2020.12.31　复核：王鑫　日期：　页次：

序号	凭证日期	凭证号	摘要	对方科目		金额	核对情况(用"是""否"表示)								备注
				名称	方向		(1)	(2)	(3)	(4)	(5)	(6)	(7)	(8)	
1	2020-12-09	记字第 009 号	购入原材料电子 A	材料采购/应交税费	借	339 000	是	是	否	否	是				
2	2020-1-26	记字第 026 号	购入原材料	材料采购/应交税费	借	2 260 000	是	是	是	是	是				
3	2020-8-23	记字第 026 号	偿付购货款	其他货币资金	贷	56 500	是	是	是	是	是				
4	2020-12-06	记字第 006 号	转销应付南方投资的货款	营业外收入	贷	900 000	是	是	是	是	是				
5	2020-12-29					480 000	否	否	否	否	否				
6	2020-12-16	记字第 006 号	购入原材料电子 B	材料采购/应交税费	借	452 000	是	是	是	是	是				

核对内容说明：

(1) 原始凭证内容完整	(5) 入账时间是否正确
(2) 有无授权批准	(6)
(3) 财务处理正确	(7)
(4) 金额核对相符	(8)

审计说明	经检查，存在重大异常现象。建议做如下调整分录： (1) 借：原材料——电子 B　480 000 　　贷：应付账款——长城国电有限公司　480 000 (2) 借：财务费用　6 000 　　贷：应付账款——长城国电有限公司　6 000

提示：

(1) 本题的第 5 行，将填列的是背景资料中给出的一张"年末未处理的入库单"，因为未做账务处理，所以系统将空格做了指定初始化。

(2) 根据"年末未处理的入库单"可知，该公司已经收到该笔原材料入库，应做账务处理如下：

借：原材料——电子 B　480 000

　　贷：应付账款——长城国电有限公司　480 000

(3) 根据记字第 009 号凭证可知，附件"增值税专用发票"上并没有注明折扣金额，故记账凭证做财务费用 6 000 元不符合规定，应做账务调整如下：

借：财务费用　6 000

　　贷：应付账款——长城国电有限公司　6 000

企业询证函

编号:C001

长城国电有限公司(公司名):

本公司(光海实业有限公司)聘请的北京华城会计师事务所正在对本公司 2020 年度财务报表进行审计,按照中国注册会计师审计准则的要求,应当询证本公司与贵公司的往来账项等事项。请列示截至2020 年 12 月31 日贵公司与本公司往来款项余额。回函请直接寄至北京华城会计师事务所。

回函地址:北京市朝阳区使馆路××号××大厦×楼

邮编:000000 电话:010-12345678 传真:010-×××××××

联系人:北京华城会计师事务所审计×部

本函仅为复核账目之用,并非催款结算。若款项在上述日期之后已经付清,仍请及时函复为盼。

(公司盖章)

2021 年 01 月 13 日

1. 贵公司与本公司的往来账项列示如下:

单位:元

截止日期	贵公司欠	欠贵公司	备注
2020.12.31		308 400	

2. 其他事项。

经本公司核对,贵公司欠本公司账款为 794 400 元。

(公司盖章)

2021 年 01 月 14 日

经办人:

图 8-2 企业询证函

注:北京华城会计师事务所对新希望有限公司、南方投资有限公司 2 家往来客户进行了应付账款的函证,未发现异常。

二、固定资产的实质性程序

固定资产的审计目标与认定的对应关系如表 8-17 所示。

表 8-17 审计目标与认定的对应关系

审计目标	财务报表认定				
	存在	完整性	权利和义务	计价和分摊	列报
A. 资产负债表中记录的固定资产是存在的	√				
B. 所有应当记录的固定资产均已记录		√			

（续表）

审计目标	财务报表认定				
	存在	完整性	权利和义务	计价和分摊	列报
C. 记录的固定资产由被审计单位拥有或者控制			√		
D. 固定资产以恰当的金额包括在财务报表中，与之相关的计价或者分摊已恰当记录				√	
E. 固定资产已按照《企业会计准则》的规定在财务报表中做出恰当的列报					√

固定资产的审计目标与审计程序的对应关系如表 8-18 所示。

表 8-18　　审计目标与审计程序的对应关系

审计目标	可供选择的审计程序	索引号
D	1. 获取或编制固定资产明细表。复核加计是否正确，并与总账数和明细账合计数核对是否相符，结合累计折旧和固定资产减值准备与报表数核对是否相符	
ABD	2. 实质性分析程序： (1) 基于被审计单位及其环境的了解，通过进行以下比较，并考虑有关数据间关系的影响，建立有关数据的期望值：①分类计算本期计提折旧额与固定资产原值的比率，并与上期比较。②计算固定资产修理及维护费用占固定资产原值的比例，并进行本期各月、本期与以前各期的比较 (2) 确定可接受的差异额 (3) 将实际情况与期望值相比较，识别需要进一步调查的差异 (4) 如果其差额超过可接受的差异额，调查并获取充分的解释和恰当的佐证审计证据（如通过检查相关的凭证） (5) 评估分析程序的测试结果	
AB	3. 实地检查重要固定资产（如为首次接受审计，应适当扩大检查范围），确定其是否存在，关注是否存在已报废但仍未核销的固定资产 (1) 以固定资产明细账为起点，进行实地追查，以证明会计记录中所列固定资产真实存在，并了解其目前的使用状况 (2) 以实地为起点，追查至固定资产明细账，以证明实际存在的固定资产均已入账	
C	4. 检查固定资产的所有权或控制权： (1) 对于各类固定资产，获取、收集不同的证据以确定其是否归被审计单位所有 (2) 对于外购的机器设备等固定资产，审核采购发票、采购合同等 (3) 对于房地产等固定资产，查阅有关的合同、产权证明、财产税单、抵押借款的还款凭据、保险单等书面文件 (4) 对于融资租入的固定资产，检查有关融资租赁合同 (5) 对于汽车等运输设备，检查有关运营证件等 (6) 对于受留置权限制的固定资产，结合有关负债项目进行检查	
ABCD	5. 检查本期固定资产的增加： (1) 询问管理层当年固定资产的增加情况，并与获取或者编制的固定资产明细表进行核对 (2) 检查本年度增加固定资产的计价是否正确，手续是否齐备，会计处理是否正确	

（续表）

审计目标	可供选择的审计程序	索引号
ABD	6. 检查本期固定资产的减少： (1) 结合“固定资产清理”账户，抽查固定资产账面转销额是否正确 (2) 检查出售、盘亏、转让、报废或者毁损的固定资产是否经授权批准，会计处理是否正确 (3) 检查因修理、更新改造而停止使用的固定资产、投资转出固定资产、债务重组或者非货币性资产交换转出固定资产的会计处理是否正确	
AB	7. 检查固定资产的后续支出，检查与固定资产有关的后续支出是否满足资产确认条件；如不满足，检查该支出是否在该后续支出发生时计入当期损益	
BCD	8. 检查固定资产保险情况，复核保险范围是否足够	
D	9. 获取暂时闲置固定资产的相关证明文件，并观察其实际状况，检查是否已按规定计提折旧，相关的会计处理是否正确	
D	10. 获取已提足折旧仍继续使用固定资产的相关证明文件，并作相应记录	
CE	11. 检查固定资产的抵押、担保情况，结合对银行借款等的检查，了解固定资产是否存在重大的抵押、担保情况	
D	12. 检查累计折旧： (1) 获取或者编制累计折旧分类汇总表，复核加计正确. 并与总账数和明细账合计数核对 (2) 检查被审计单位制定的折旧政策和方法是否符合相关会计准则的规定，确定其所采用的折旧方法能否在固定资产预计使用寿命内合理分摊其成本，前后期是否一致，预计使用寿命和预计净残值是否合理 (3) 复核本期折旧费用的计提和分配：①了解被审计单位的折旧政策是否符合规定，计提折旧范围是否正确，确定的使用寿命、预计净残值和折旧方法是否合理；如采用加速折旧法，是否取得批准文件。②检查被审计单位折旧政策前后期是否一致。③复核本期折旧费用的计提是否正确，尤其关注已计提减值准备的固定资产的折旧。④检查折旧费用的分配方法是否合理，是否与上期一致。⑤注意固定资产增减变动时，有关折旧的会计处理是否符合规定 (4) 将“累计折旧”账户贷方本期计提折旧金额与相应的成本费用中的折旧费用明细账户的借方相比较，检查本期所计提折旧金额是否已全部摊入本期产品成本或者费用 (5) 检查累计折旧的减少是否合理、会计处理是否正确	
D	13. 检查固定资产的减值准备	
E	14. 检查固定资产是否在财务报表中恰当列报	

【实训练习 8-3】

时间：2021 年 2～3 月。

地点：光海实业有限公司、北京华城会计师事务所。

参与人员：注册会计师王鑫、刘涛，高级审计员顾宏伟，审计助理；光海实业公司相关工作人员。

活动：设计和实施固定资产和累计折旧的实质性程序，并完成工作底稿。

光海实业有限公司提供的部分相关资料如下：

该事务所对光海有限公司的固定资产的重要性评价为 10 000 元。该公司未对各项固定资产计提减值准备。

1. 总账——固定资产、累计折旧和固定资产清理（见表 8-19 至表 8-21）

表 8-19 固定资产总账

2020 年	摘要	借方发生额	贷方发生额	借或贷	余额	备注
1 月	上年结转			借	1 754 200	
6 月	(略)		2 000	借	1 752 200	结转报废办公桌
12 月	(略)	250 000		借	2 002 200	购入卡车
合计	本年累计	250 000	2 000	借	2 002 200	

表 8-20 累计折旧总账

2020 年	摘要	借方发生额	贷方发生额	借或贷	余额	备注
1 月	上年结转			贷	317 301.59	
1 月	(略)		11 647	贷	328 948.59	
2 月	(略)		11 647	贷	340 595.59	
3 月	(略)		11 647	贷	352 242.59	
4 月	(略)		11 647	贷	363 889.59	
5 月	(略)		11 647	贷	375 536.59	
6 月	(略)	1 900	11 647	贷	385 283.59	计提报废办公桌折旧，金额 31.67 元；结转报废办公桌 1 900 元
7 月	(略)		11 615.33	贷	396 898.92	
8 月	(略)		11 615.33	贷	408 514.25	
9 月	(略)		11 615.33	贷	420 129.58	
10 月	(略)		11 615.33	贷	431 744.91	
11 月	(略)		11 615.33	贷	443 360.24	
12 月	(略)		13 594.52	贷	456 954.76	
合计	本年累计	1 900	141 553.17	贷	456 954.76	

表 8-21 固定资产清理总账

2020 年	摘要	借方发生额	贷方发生额	借或贷	余额	备注
6 月	(略)	100	100	借	0	结转(销)报废办公桌
合计	本年累计	100	100	借	0	

2. 明细账——固定资产(见表8-22)

表8-22 **固定资产卡片明细表**

资产名称	资产类别	所在部门	增加方式	使用状态	预计年限（工作量）	折旧方法	残值率	预留残值（元）	启用日期	折旧月份（工作量）	原值(元)	累计折旧（元）
FC101 东厂房	房屋及建筑物	生产部门	自建	在用	10年	平均年限法	5%	16 000.00	2015.12	48	320 000.00	121 600.00
FC102 西厂房	房屋及建筑物	生产部门	自建	在用	10年	平均年限法	5%	18 000.00	2015.12	48	360 000.00	136 800.00
JQ101 机床	机器设备	生产部门	购入	在用	5年,10 000小时	工作量法	5%	16 000.00	2016.12	1 440小时	320 000.00	43 776.00
JQ102 铣床	机器设备	生产部门	购入	在用	5年,5 000小时	工作量法	5%	14 500.00	2016.12	720小时	290 000.00	39 672.00
YS101 卡车	运输工具	销售部门	购入	在用	10年	平均年限法	5%	9 000.00	2017.03	33	180 000.00	47 025.00
YS102 轿车	运输工具	管理部门	购入	在用	10年	平均年限法	5%	12 500.00	2017.09	27	250 000.00	53 437.50
YS103 卡车	运输工具	销售部门	购入	在用	10年	平均年限法	5%	12 500.00	2020.12	1	250 000.00	1 979.17
BG101 办公桌	办公用具	管理部门	购入	在用	5年	平均年限法	5%	100.00	2014.06	60	2 000.00	1 900.00
BG102 空调	办公用具	管理部门	购入	在用	5年	平均年限法	5%	200.00	2018.09	27	4 000.00	1 710.00
BG103 复印机	办公用具	管理部门	购入	在用	5年	平均年限法	5%	120.00	2019.04	20	2 400.00	760.00
BG104 碎纸机	办公用具	管理部门	购入	在用	5年	平均年限法	5%	105.00	2019.04	20	2 100.00	665.00
BG105 实达笔记本	办公用具	管理部门	购入	在用	5年	平均年限法	5%	325.00	2019.09	15	6 500.00	1 543.75
BG106 服务器	办公用具	管理部门	购入	在用	5年	平均年限法	5%	400.00	2017.09	39	8 000.00	4 940.00
BG107 全自动咖啡	办公用具	管理部门	购入	在用	5年	平均年限法	5%	60.00	2018.09	27	1 200.00	513.00
BG108 实达台式机	办公用具	管理部门	购入	在用	5年	平均年限法	5%	200.00	2019.04	20	4 000.00	1 266.67
BG109 实达台式机	办公用具	管理部门	购入	在用	5年	平均年限法	5%	200.00	2019.04	20	4 000.00	1 266.67
合计												458 854.75

注：房屋及建筑物类固定资产原值为680 000元，机器设备类固定资产原值为680 000元，交通运输类固定资产原值为610 000元，办公用具类固定资产原值为34 200元，合计1 754 200元。

3. 固定资产折旧明细表(见表 8-23)

表 8-23　　**2020 年固定资产折旧明细表**

2020 年 12 月 31 日　　单位:元

资产名称	期初折旧额	本期折旧额	期末折旧额
FC101 东厂房	91 200.00	30 400.00	121 600.00
FC102 西厂房	102 600.00	34 200.00	136 800.00
JQ101 机床	29 184.00	14 592.00	43 776.00
JQ102 铣床	26 448.00	13 224.00	39 672.00
YS101 卡车	29 925.00	17 100.00	47 025.00
YS102 轿车	29 687.50	23 750.00	53 437.50
YS103 卡车	0	1 979.17	1 979.17
BG101 办公桌	1 710.00	190.00	1 900.00
BG102 空调	950.00	760.00	1 710.00
BG103 复印机	304.00	456.00	760.00
BG104 碎纸机	266.00	399.00	665.00
BG105 实达笔记本电脑	308.75	1 235.00	1 543.75
BG106 服务器	3 420.00	1 520.00	4 940.00
BG107 全自动咖啡机	285.00	228.00	513.00
BG108 实达台式机	506.67	760.00	1 266.67
BG109 实达台式机	506.67	760.00	1 266.67
合计	317 301.59	141 553.17	458 854.76

复核:鲁格　　制单:陈飞

实施固定资产实质性程序,如表 8-24 至表 8-28 所示。

表 8-24　　**固定资产审定表**

被审计单位:光海实业有限公司　编制:王海亮　日期:2021.1.13　索引号:G3-1
会计期间:2020.01.01～2020.12.31　复核:王鑫　日期:　页次:

项目类别	本期未审数	账项调整		重分类调整		本期审定数	上期审定数	索引号
		借方	贷方	借方	贷方			
一、固定资产原价合计	2 002 200		250 000			1 752 200	1 754 200	
其中:房屋、建筑物	680 000					680 000	680 000	
机械设备	610 000					610 000	610 000	
运输工具	680 000		250 000			430 000	680 000	G3-3
办公设备	32 200					32 200	34 200	
二、累计折旧合计	456 954.76	1 979.17				454 975.59	317 301.59	
其中:房屋、建筑物	258 400					258 400	193 800	
机械设备	83 448					83 448	55 632	
运输工具	102 441.67	1 979.17				100 462.5	59 612.5	G3-2
办公设备	12 665.09					12 665.09	8 257.09	

（续表）

项目类别	本期未审数	账项调整		重分类调整		本期审定数	上期审定数	索引号
		借方	贷方	借方	贷方			
三、减值准备合计								
其中：房屋、建筑物								
机械设备								
运输工具								
办公设备								
四、账面价值合计	1 545 245.24					1 297 224.41	1 436 898.41	
其中：房屋、建筑物	421 600.00					421 600	486 200	
机械设备	526 552.00					526 552	554 368	
运输工具	577 558.33					329 537.5	370 387.5	
办公设备	19 534.91					19 534.91	25 942.91	
审计说明	（1）相关调整分录见折旧计算检查表 G3-2 （2）相关调整分录见固定资产增加检查表 G3-3							
审计结论	经审计，固定资产存在重大错报，需要调整以后才可以确认							

注：（1）审计说明内容主要包括描述科目的性质、审计程序的设计和实施情况、错报的情况以及科目余额或发生额与上年数比较的变动分析等。

（2）审计结论包括但不限于：①存在重大错报，需要调整以后才可以确认。②除已发现的调整事项外，未发现其他重大错报。③已实施具体审计程序，未发现重大错报等。④依据我们对科目性质和余额的了解，无须进行进一步审计程序。⑤测试结果满意等。

表 8-25　　折旧计算检查表

被审计单位：光海实业有限公司　编制：王海亮　日期：2021.1.13　索引号：G3-2

会计期间：2020.01.01～2020.12.31　复核：王鑫　日期：　页次：

固定资产名称	取得时间	使用年限（年）	固定资产原值（元）	残值率	累计折旧期初余额（元）	减值准备期初余额（元）	本期应提折旧（元）	本期已提折旧（元）	差异（元）
东厂房	2015.12	10	320 000	5%	91 200	0	30 400	30 400	0
西厂房	2015.12	10	360 000	5%	102 600	0	34 200	34 200	0
机床	2016.12	5	320 000	5%	29 184	0	14 592	14 592	0
铣床	2016.12	5	290 000	5%	26 448	0	13 224	13 224	0
卡车	2017.03	10	180 000	5%	29 925	0	17 100	17 100	0
轿车	2017.09	10	250 000	5%	29 687.5	0	23 750	23 750	0
卡车	2020.12	10	250 000	5%	0	0	0	1 979.17	−1 979.17
办公桌	2014.06	5	2 000	5%	1710	0	190	190	0
空调	2018.09	5	4 000	5%	950	0	760	760	0
复印机	2019.04	5	2 400	5%	304	0	456	456	0
碎纸机	2019.04	5	2100	5%	266	0	399	399	0
实达笔记本电脑	2019.09	5	6 500	5%	308.75	0	1 235	1235	0
服务器	2017.09	5	8 000	5%	3 420	0	1 520	1 520	0
全自动咖啡机	2018.09	5	1 200	5%	285	0	228	228	0

（续表）

固定资产名称	取得时间	使用年限（年）	固定资产原值（元）	残值率	累计折旧期初余额（元）	减值准备期初余额（元）	本期应提折旧（元）	本期已提折旧（元）	差异（元）
实达台式机	2019.04	5	4 000	5%	506.67	0	760	760	0
实达台式机	2019.04	5	4 000	5%	506.67	0	760	760	0
审计说明	应提折旧和实提差额为−1 979.17 元，差额较大，应予调整。做调整分录如下： 借：累计折旧　1 979.17 　贷：销售费用　1 979.17								

表 8-26　固定资产增加检查表

被审计单位：光海实业有限公司　编制：王海亮　日期：2021.1.13　索引号：G3-3
会计期间：2020.01.01—2020.12.31　复核：王鑫　日期：　页次：

固定资产名称	取得日期	取得方式	固定资产类别	增加情况		凭证号	核对内容							
				数量	原价		(1)	(2)	(3)	(4)	(5)	(6)	(7)	(8)
卡车	2020.12.21	购入	运输工具	1	250 000.00	2020 年 12 月记字第 009 号	是	是	是	否				

核对内容说明：

(1) 与发票是否一致	(5)
(2) 审批手续是否齐全	(6)
(3) 与付款单据是否一致	(7)
(4) 会计处理是否正确	(8)
审计说明	新增的固定资产是 2021 年度的固定资产，而该公司把它做到了 2020 年，导致 2020 年资产虚增。做调整分录如下： 借：银行存款　282 500 　贷：固定资产　250 000 　　应交税费——应交增值税(进项税额)　32 500

表 8-27　固定资产减少检查表

被审计单位：光海实业有限公司　编制：王海亮　日期：2021.1.13　索引号：G3-4
会计期间：2020.01.01～2020.12.31　复核：王鑫　日期：　页次：

固定资产名称	取得日期	取得方式	固定资产类别	减少情况		凭证号	核对内容							
				数量	原价		(1)	(2)	(3)	(4)	(5)	(6)	(7)	(8)
办公桌	2014.06.05	购入	办公用品	1	2 000.00	2020 年 6 月第 013 号	是	是	是	是				

核对内容说明：

(1) 减少的固定资产归企业所有	(5)
(2) 减少的固定资产结转的金额正确	(6)
(3) 减少的固定资产经授权批准	(7)
(4) 减少的固定资产会计处理恰当	(8)
审计说明	经审计未发现异常

相关资料如图 8-3 至图 8-8 所示。

记 账 凭 证

记字第 009 号

2020年12月21日

摘要	总账科目	明细科目	借方金额	贷方金额	√
购入卡车	固定资产		25000000		√
	应交税费	应交增值税（进项税额）	3250000		√
	银行存款	中国建设银行北京朝阳支行		28250000	√
合计			¥28250000	¥28250000	

附单据 3 张

会计主管：陈旭　记账：欧阳汤汤　出纳：周洁　复核：鲁格　制单：陈飞

图 8-3 记账凭证(记字第 009 号)

中国银行
转账支票存根
10452365
52330210

附加信息

出票日期 2020 年 01 月 01 日

收款人：中国重汽有限公司

金额：¥282 500.00

用途：货款

单位主管　会计

上海金达证券印刷有限公司 · 2011年印制

图 8-4 转账支票存根

固定资产验收单

2020年 01月 02日　编号：102

名称	规格型号		来源	数量	购（造）价	使用年限	预计残值
卡车	好沃尔		购入	1	¥250 000.00	10年	¥12 500.00
安装费	月折旧率		建造单位		交工日期	附件	
	0.79%				年 月 日		
验收部门	销售部门	验收人员	叶敏	管理部门	行政部	管理人员	秦桧柏
备注	采用平均年限法折旧						

审核：李建锋　制单：秦桧柏

图 8-5 固定资产验收单

3700152140　山东省增值税专用发票　№ 60986523

3700152140
60986523

此联不作报销、扣税凭证使用

开票日期：2020年01月01日

购买方	名称：北京光海有限公司 纳税人识别号：911101052014561523 地址、电话：北京市朝阳区湖滨西路345号 010-68265598 开户行及账号：中国银行北京朝阳支行 6222655466705287999				密码区	3-65745<1++58<382+-*-/5+*81 75/375*-+/48*7>+>-2//5230-* >*85*-+/13+6+67-7<8*873/+<4 13-30026+-*+10+96*-+762-/>7	
货物或应税劳务、服务名称	规格型号	单位	数量	单价	金额	税率	税额
卡车	好沃尔	辆	1	250 000.00	250 000.00	13%	32 500.00
合计					¥250 000.00		¥32 500.00
价税合计（大写）	⊗贰拾捌万贰仟伍佰元整				（小写）¥282 500.00		
销售方	名称：中国重汽有限公司 纳税人识别号：913709027424276956 地址、电话：山东济南市历下区经二路98号 0531-88554785 开户行及账号：中国银行济南历下支行 622265546670568011				备注		

收款人：　复核：　开票人：刘亮　销售方：（章）

中国重汽有限公司　913709027424276956　发票专用章

第三联：发票联　购买方记账凭证

国税函〔2020〕642号 北京印钞厂

图 8-6 增值税专用发票(购入卡车)

记 账 凭 证

记字第 013 号

2020年06月06日

摘　要	总账科目	明细科目	借方金额（亿千百十万千百十元角分）	贷方金额（亿千百十万千百十元角分）	√
结转报废办公桌	累计折旧		190000		√
	固定资产清理		10000		√
	固定资产			200000	√
合　计			¥200000	¥200000	

附单据 1 张

会计主管：陈旭　　记账：欧阳汤汤　　出纳：　　复核：鲁格　　制单：陈飞

图 8-7　记账凭证（记字第 013 号）

固定资产报废单

2020年06月05日　　凭证编号：12089

固定资产名称及编号	规格型号	单位	数量	购买日期	已计提折旧月数	原始价值	已提折旧	备注
办公桌		个	1	2014.06		2000.00	1900.00	
固定资产状况及报废原因	使用年限已满，正常报废							
处理意见	使用部门		技术鉴定小组		固定资产管理部门		主管部门审批	
	管理部门				同意		同意	

审核：鲁格　　制单：陈飞

图 8-8　固定资产报废单

模块测试

参考答案

一、单项选择题

1. 在付款环节，下列控制活动中，不正确的是（　　）。

A. 支票的签署应由被授权的财务部门人员负责

B. 被授权签署支票的人员应确定每张支票都附有一张已经适当批准的未付款凭单，并确定支票收款人姓名和金额与凭单内容一致

C. 支票一经签署就应在其凭单和支持性凭证上用加盖印戳或者打洞等方式将其注销，以免漏付款

D. 只有被授权的人员才能接近未使用的空白支票

2. 注册会计师在审查 ABC 公司 2020 年度财务报表的“应付账款”项目时，发现“应付账款”科目中包含本期估价入库的采购商品 300 万元，经审核，未附有供应商名称、商品品种、数量及金额计算等凭证。审计人员应采取的措施是（　　）。

A. 认可被审计单位的处理　　B. 取得估价入库的详细资料

C. 作为虚假事项处理　　D. 不必过问

3. 丙公司在采购与付款循环中实施的下列各种控制措施中，与负债“完整性”认定关系最为密切的是（　　）。

A. 会计主管监督为采购交易而编制的记账凭证中账户分类的适当性

B. 验收单均经事先连续编号并确保已验收的采购交易登记入账

C. 验收单、供应商发票上的日期与采购明细账中的日期核对一致

D. 独立检查应付账款总账余额与应付凭单部门未付凭单档案中的总金额的一致性

4. 下列审计程序中，注册会计师最有可能获取固定资产存在的审计证据的是（　　）。

A. 观察经营活动，并将固定资产本期余额与上期余额进行比较

B. 询问被审计单位的管理层和生产部门

C. 以检查固定资产实物为起点，检查固定资产明细账和相关凭证

D. 以检查固定资产明细账为起点，检查固定资产实物和相关凭证

5. 采购与付款环节的下列单据中，可能不需要连续编号的是（　　）。

A. 请购单　　B. 订购单

C. 验收单　　D. 入库单

二、多项选择题

1. 应付账款明细表由被审计单位编制时，注册会计师应采取的行为有（　　）。

A. 审核其计算的准确性

B. 核对该明细表与应付账款总账是否相符

C. 审查明细表上应付账款分类准确性

D. 直接作为审计工作底稿

2. 注册会计师在检查 ABC 公司 2020 年度财务报表的“应付账款”项目时，应核实其“应付账款”项目是否按照（　　）科目所属明细科目的期末贷方余额的合计数填列。

A. “应付账款”　　B. “应收账款”

C. “预付账款”　　D. “预收账款”

3. 注册会计师在检查被审计单位固定资产折旧时，应注意计提的折旧范围不应包括（　　）。

A. 已提足折旧继续使用的固定资产　　B. 因改良停用的固定资产

C. 已全额计提减值准备的固定资产　　D. 未使用的、不需用的固定资产

4. 注册会计师向被审计单位生产负责人询问的下列事项中，可能难以获取审计证据的有（　　）。

A. 固定资产的抵押情况

B. 固定资产的报废或毁损情况

C. 固定资产的投保及其变动情况

D. 固定资产折旧的计提情况

5. 下列内部控制制度中，能够防止或者发现采购与付款环节发生错误或者舞弊的有（　　）。

A. 被审计单位应建立采购与付款交易的岗位责任制，明确相关部门和岗位的职责、权限，确保办理采购与付款交易的不相容岗位相互分离、制约和监督

B. 采购部门在收到请购单后，对所有的请购单及时发出订购单，该订购单应预先顺序编

号并经过被授权的采购人员签名

C. 收到采购发票后，应立即送采购部门与订货单、验收单核对相符

D. 采用总价法记录现金折扣，并严格复核是否发生折扣损失

三、判断题

1. 内部控制良好的企业，在收到商品时应由负责验收的人员将商品同订单仔细核对后编制验收单。 ( )

2. 注册会计师对固定资产进行实地检查时，可以以固定资产明细账为起点，重点检查本期新增加的重要固定资产。 ( )

3. 检查固定资产减少业务的主要目的在于检查因不同原因而减少的固定资产的会计处理是否符合有关规定，相关的数额计算是否正确。 ( )

4. 在一般情况下，注册会计师实地检查固定资产的重点是以前年度增加的固定资产。 ( )

5. 如果某一应付账款明细科目期末余额为零，注册会计师就不需要将其列为函证对象了。 ( )

四、案例分析题

1. ABC会计师事务所的注册会计师M负责审计甲公司2020年度财务报表，审计工作底稿中与负债审计相关的部分内容摘录如下：

(1) 甲公司各部门使用的请购单未连续编号，请购单由部门经理批准，超过一定金额的还需总经理批准，注册会计师M认为该项控制设计有效，实施了控制测试，结果满意。

(2) 为查找未入账的应付账款，注册会计师M检查了资产负债表日后应付账款明细账贷方发生额的相关凭证，并结合存货监盘程序，检查了甲公司资产负债日前后的存货入库资料，结果满意。

(3) 由于2021年人员工资和维修材料价格连续上涨，甲公司实际发生的产品质量保证支出与以前年度预计数相差较大，注册会计师M要求管理层就该差异进行追溯调整。

(4) 甲公司有一笔账龄在3年以上、金额重大的其他应付款，因2020年度未发生变动，注册会计师M未实施进一步审计程序。

(5) 甲公司年末与固定资产弃置义务相关的预计负债金额为200万元，注册会计师M做出了300万～360万元的区间估计，与管理层沟通后同意其按100万元的错报进行调整。

要求：针对上述(1)～(5)项，逐项指出注册会计师M的做法是否恰当；如不恰当，请简要说明理由。

2. 注册会计师N在对ABC公司主营业务收入明细账审查时，发现该公司2020年11月主营业务收入与上年同期相比大幅度下降。注册会计师怀疑该公司隐瞒收入，于是进一步审查该公司2020年11月相关明细账及记账凭证，发现一笔记账凭证上做了以下会计分录：

借：银行存款　　339 000

　　贷：应付账款　　339 000

该记账凭证后所附原始凭证为银行进账单回单一张和该公司开出的增值税专用发票一张，发票上注明货款为300 000元，增值税为39 000元。

要求：分析该公司存在的问题，提出处理意见，并编制审计调整分录。

模块 9

生产与存货循环审计

[考核目标]

1. 识别生产与存货循环中的主要业务活动和相关凭证、记录。
2. 了解生产与存货循环的内部控制。
3. 掌握生产与存货循环控制测试的方法。
4. 明确生产与存货循环交易和账户余额的审计目标。
5. 掌握存货和营业成本的实质性程序。

[实践目标]

1. 了解被审计单位生产与存货循环内部控制。
2. 掌握实施存货和营业成本的实质性程序和编制相关工作底稿。

[知识点思维导图]

- 生产与存货循环审计
  - 生产与存货循环的特点
    - 不同行业类型的存货的性质
    - 涉及的主要业务活动
    - 涉及的主要单据与会计记录
  - 生产与存货循环的内部控制
  - 生产与存货循环的实质性程序
    - 存货的实质性程序
    - 营业成本的实质性程序

[案例导读]

2021 年，审计组对某国有企业 2020 年度财务收支进行审计。下面是审计人员通过初步调查了解，对该企业存货循环的部分控制措施进行描述：

仓库保管员负责登记存货明细账，以便对仓库的所有存货项目的收、发、存进行永续记录。仓库保管员收到验收部门交送的存货和验收单后，根据验收单登记存货明细账。平时，各车间或者其他部门如果需要领取原材料，都可以填写领料单，仓库保管员根据领料单发出原材料，该企业辅助材料的用量很少，因此领取辅助材料时，没有要求使用领料单。辅助材料剩余由车间自行保管，无须通知仓库，如果仓库保管员有时间，偶尔也对存货进行实地盘点。

上述描述的内部控制有什么弱点？审计人员会对管理当局提出什么样的改进意见？针对该循环内部控制的弱点，审计人员应实施哪些实质性程序？

任务 9.1 生产与存货循环的特点

一、不同行业类型的存货的性质

存货的性质由于被审计单位业务的不同而有很大的差别，不同行业类型的经营主体的存货性质如表 9-1 所示。

表 9-1 不同行业类型的经营主体的存货性质

行业类型	存货性质
一般制造业	采购的原材料、易耗品和配件等、生产的半成品和产成品
贸易业	从厂商、批发商或其他零售商处采购的商品
餐饮业	用于加工食品的食树、饮料等
建筑业	建筑材料、在建项目成本(一般包括建造活动发生的直接材料、直接人工成本和间接费用，以及支付给分包商的建造成本等)

二、涉及的主要业务活动

生产与存货循环涉及的主要业务活动如图 9-1 所示。

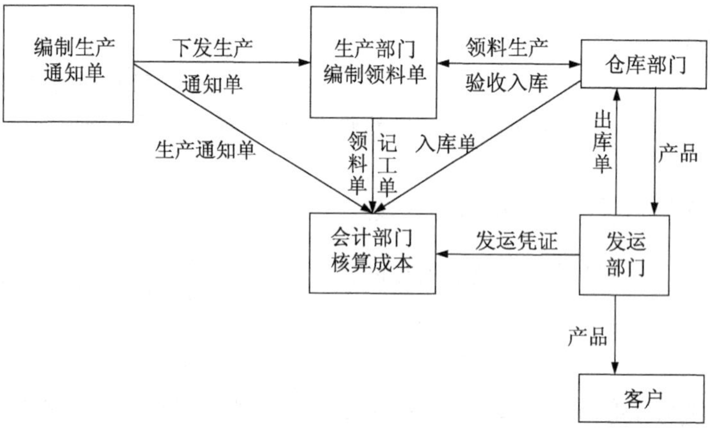

图 9-1 生产与存货循环涉及的主要业务活动

生产与存货循环所涉及的主要业务活动包括计划和安排生产、发出原材料、生产产品、核算产品成本、储存产成品、发出产成品等。上述业务活动通常涉及以下部门：计划或者运营部门、仓库部门、生产部门、人事部门、销售部门、发运部门、会计部门等，具体内容如表 9-2 所示。

表 9-2 生产与存货循环涉及的主要业务活动

项目	内 容
1. 计划和安排生产	计划或者运营部门的职责是根据客户订购单或者对销售预测和产品需求的分析来决定生产授权，即签发预先连续编号的生产通知单
2. 发出原材料	仓库部门的责任是根据从生产部门收到的领料单发出原材料。领料单上必须列示所需的材料数量和种类，以及领料部门的名称

（续表）

项目	内　容
3. 生产产品	生产部门在收到生产通知单及领取原材料后，便将生产任务分解到每一个生产工人，并将所领取的原材料交给生产工人，据以执行生产任务
4. 核算产品成本	为了正确核算并有效控制产品成本，企业必须建立健全成本会计制度，将生产控制和成本核算有机结合在一起。一方面，生产过程中的各种记录、生产通知单、领料单、计工单、入库单等文件资料都要汇集到会计部门，由会计部门对其进行检查和核对，了解和控制生产过程中存货的实物流转；另一方面，会计部门要设置相应的会计账户，会同有关部门对生产过程中的成本进行核算和控制
5. 储存产成品	产成品入库，须由仓库部门先行点验和检查，然后签收。签收后，仓库部门将实际入库数量通知会计部门
6. 发出产成品	产成品的发出须由独立的发运部门进行。装运产成品时，发运部门必须持有经有关部门核准的发运通知单，并据此编制出库单

三、涉及的主要单据与会计记录

在内部控制比较健全的企业，处理生产和存货业务通常需要使用很多单据与会计记录。典型的生产与存货循环所涉及的主要单据与会计记录的具体内容如表 9-3 所示（不同被审计单位的单据名称可能不同）。

表 9-3　　生产与存货循环涉及的主要凭证和会计记录

项目	内容
1. 生产指令	生产指令又称"生产任务通知单"或"生产通知单"，是企业下达制造产品等生产任务的书面文件，用以通知供应部门组织材料发放，生产车间组织产品制造，会计部门组织成本计算
2. 领发料凭证	领发料凭证是企业为控制材料发出所采用的各种凭证，如材料发出汇总表、领料单、限额领料单、领料登记簿、退料单等
3. 产量和工时记录	产量和工时记录是登记工人或生产班组出勤时间内完成产品数量、质量和生产这些产品所耗费工时数量的原始记录
4. 工薪汇总表及工薪费用分配表	工薪汇总表是为了反映企业全部工薪的结算情况，并据以进行工薪总分类核算和汇总整个企业工薪费用而编制的，它是企业进行工薪费用分配的依据。工薪费用分配表反映了各生产车间各产品应负担的生产工人工薪费用
5. 材料费用分配表	材料费用分配表是用来汇总反映各生产车间各产品所耗费的材料费用的原始记录
6. 制造费用分配汇总表	制造费用分配汇总表是用来汇总反映各生产车间各产品所应负担的制造费用的原始记录
7. 成本计算单	成本计算单是用来归集某一成本计算对象所应承担的生产费用，计算该成本计算对象的总成本和单位成本的记录
8. 产成品入库单和出库单	产成品入库单是产品生产完成并经检验合格后从生产部门转入仓库的凭证。产成品出库单是根据经批准的销售单发出产成品的凭证
9. 存货明细账	存货明细账是用来反映各种存货增减变动情况和期末库存数量及相关成本信息的会计记录
10. 存货盘点指令、盘点表及盘点标签	一般制造型企业通常会定期对存货实物进行盘点，将实物盘点数量与账面数量进行核对，对差异进行分析调查，必要时进行账务调整，以确保账实相符
11. 存货货龄分析表	很多制造型企业通过编制存货货龄分析表，识别流动较慢或滞销的存货，并根据市场情况和经营预测，确定是否需要计提存货跌价准备。这对于管理具有保质期的存货（如食物、药品、化妆品等）尤其重要

【实训练习 9-1】

业务活动的发生,涉及各个部门,同时会产生一系列凭证和记录,根据上述业务活动的描述,以及上网查找相关资料,完成表 9-4。

表 9-4　　生产与存货循环的主要业务活动及相关内容

主要业务活动	凭证和记录	关联部门	关键控制
1. 计划和安排生产			
2. 发出原材料			
3. 生产产品			
4. 核算产品成本			
5. 储存产成品			
6. 发出产成品			

任务 9.2　生产与存货循环的内部控制

由于生产与存货循环与其他业务循环的内在联系,生产与存货循环中某些审计测试,特别是对存货的审计测试,与其他相关业务循环的审计测试同时进行将更为有效。例如,原材料的取得和记录是作为采购与付款循环的一部分进行测试的,而装运产成品和记录营业收入则是作为销售与收款循环审计的一部分进行测试的。这些在前两个项目已经作了介绍。因此,对生产与存货循环的内部控制的讨论,主要关注成本会计制度。成本会计制度的内部控制的具体内容如表 9-5 所示。

表 9-5　　成本会计制度的内部控制目标、关键内部控制和控制测试一览表

项目	审计目标	关键内部控制	常用的控制测试	常用的实质性程序
1. 生产业务是根据管理层一般或特定的授权进行的	发生	对以下三个关键点应履行恰当手续,经过特别审批或者一般审批: (1) 生产指令的授权批准 (2) 领料单的授权批准 (3) 工薪的授权批准	(1) 检查凭证中是否包括这三个关键点的恰当审批 (2) 检查生产指令、领料单、工薪等是否经过授权	
2. 记录的成本为实际发生的而非虚构的	发生	成本的核算是以经过审核的生产通知单、领发料凭证、产量和工时记录、工薪费用分配表、材料费用分配表、制造费用分配表为依据的	检查有关成本的记账凭证是否附有生产通知单、领发料凭证、产量和工时记录、工薪费用分配表、材料费用分配表、制造费用分配表等,原始凭证的顺序编号是否完整	对成本实施分析程序;将成本明细账与生产通知单、领发料凭证、产量和工时记录、工薪费用分配表、材料费用分配表、制造费用分配表核对

（续表）

项目	审计目标	关键内部控制	常用的控制测试	常用的实质性程序
3. 所有耗费和物化劳动均已反映在成本中	完整性	生产通知单、领发料凭证、产量和工时记录、工薪费用分配表、材料费用分配表、制造费用分配表均事先编号并已经登记入账	检查生产通知单、领发料凭证、产量和工时记录、工薪费用分配表、材料费用分配表、制造费用分配表的顺序编号是否完整	对成本实施分析程序；将生产通知单、领发材料凭证、产量和工时记录、工薪费用分配表、材料费用分配表、制造费用分配表与成本明细账相核对
4. 成本以正确的金额，在恰当的会计期间及时记录于适当的账户	发生、完整性、准确性、计价和分摊	(1) 采用适当的成本核算方法并且前后各期一致 (2) 采用适当的费用分配方法，并且前后各期一致 (3) 采用适当的成本核流程和账务处理流程 (4) 内部核查	(1) 选取样本测试各种费用和分配以及成本的计算 (2) 测试是否按照规定的成本核算流程和账务处理流程进行核算和账务处理	(1) 对成本实施分析程序 (2) 抽查成本计算单，检查各种费用的归集和分配以及成本的计算是否正确 (3) 对重大在产品项目进行计价测试
5. 对存货实施保护措施，保管人员与记录、批准人员相互独立	存在、完整性	存货保管人员与记录、批准人员职务相分离	询问和观察存货与记录的接触控制以及相应的批准程序	
6. 账面存货与实际存货定期核对相符	存在、完整性、计价和分摊	定期进行存货盘点	询问和观察存货盘点程序、检查盘点报告	对存货实施监盘程序

任务 9.3　生产与存货循环的实质性程序

完成控制测试之后，注册会计师基于控制测试的结果（即控制运行是否有效），确定从控制测试中已获得的审计证据及其保证程度，确定是否需要对具体审计计划中设计的实质性程序的性质、时间安排和范围做出适当调整。生产与存货循环审计包括存货审计和营业成本审计等内容，本任务分别对存货和营业成本的实质性程序进行详细讲解。

一、存货的实质性程序

存货的审计目标与认定的对应关系如表 9-6 所示。

表 9-6　　审计目标与认定的对应关系

审计目标	财务报表认定				
	发生	完整性	权利和义务	计价和分摊	列报
A. 资产负债表中记录的存货是存在的	√				
B. 所有应当记录的存货均已记录		√			
C. 记录的存货由被审计单位拥有或者控制			√		

（续表）

审计目标	财务报表认定				
	发生	完整性	权利和义务	计价和分摊	列报
D. 存货以恰当的金额包括在财务报表中，与之相关的计价调整已恰当记录				√	
E. 存货已按照《企业会计准则》的规定在财务报表中做出恰当列报					√

存货的审计目标与审计程序的对应关系如表 9-7 所示。

表 9-7　　审计目标与审计程序的对应关系

审计目标	可供选择的审计程序	索引号
D	1. 获取或编制存货明细表，复核加计是否正确，并与总账数和明细账合计数核对是否相符；结合“存货跌价准备”账户，与报表数核对是否相符	（略）
ABD	2. 实质性分析程序：如计算存货周转率、存货周转天数等指标，并与被审计单位以前年度指标、同行业同期相关指标对比分析，检查是否存在重大异常	
AB	3. 执行存货监盘程序，编制存货监盘报告（旨在确定存货的数量和状况）	
AB	4. 对存货进行截止测试： （1）入库截止测试：①在明细账的借方发生额中选取资产负债表日前后______张、______金额以上的凭证，并与入库记录（如入库单或者购货发票或者运输单据）核对，以确定入库被记录在正确的会计期间。②在入库记录（如入库单或者购货发票或者运输单据）中选取资产负债表日前后________张、________金额以上的凭据，与明细账的借方发生额进行核对，以确定入库被记录在正确的会计期间 （2）出库截止测试：①在明细账的贷方发生额中选取资产负债表日前后______张、______金额以上的凭证，并与出库记录（如出库单或者销货发票或者运输单据）核对，以确定出库被记录在正确的会计期间。②在出库记录（如出库单或者销货发票或者运输单据）中选取资产负债表日前后________张、________金额以上的凭据，与明细账的贷方发生额进行核对，以确定出库被记录在正确的会计期间	
D	5. 存货计价测试： （1）检查各项存货的入账基础和计价方法是否正确，前后期是否一致，从明细表中选取样本。①以实际成本计价时，将其单位成本与购货发票（外购）或成本计算单（自制）核对，并确认成本中不包含增值税。②以计划成本计价时，其单位成本与被审计单位制定的计划成本、相关成本差异明细账及购货发票（外购）或成本计算单（自制）核对，同时关注被审计单位计划成本制定的合理性。③抽查库存商品入库单，核对库存商品的品种、数量与入账记录是否一致；并将入库库存商品的实际成本与相关账户（如“生产成本”账户）结转额核对并作交叉索引。 （2）检查发出存货的计价是否正确：①了解被审计单位原材料、库存商品（产成品）发出的计价方法，前后期是否一致，并抽取主要品种项目复核其计算是否正确。②编制本期发出原材料、库存商品（产成品）汇总表，与相关账户勾稽核对，并复核________月发出汇总表的正确性。 （3）检查材料成本差异：①复核计算材料成本差异率，检查计算方法前后期是否一致。②结合以计划成本计价的原材料、周转材料（低值易耗品、包装物）等的入账基础测试，比较计划成本与供货商发票或其他实际成本资料，检查材料成本差异的发生额是否正确。③抽查________月发出材料（商品）汇总表，检查材料成本差异的分配是否正确，并注意分配方法前后期是否一致。 （4）检查存货跌价准备的计提、转销及会计处理是否正确	（略）
E	6. 检查存货是否在财务报表中恰当列报	

知识要点——存货监盘

存货监盘是指注册会计师在现场观察被审计单位存货的盘点，并对已盘点存货进行适当的抽查。

1. 观察程序

(1) 在被审计单位盘点存货前，注册会计师应当观察盘点现场，确定应纳入盘点范围的存货是否已经适当整理和排列，并附有盘点标识，防止遗漏或者重复盘点；对未纳入盘点范围的存货，应当查明未纳入的原因；对所有权不属于被审计单位的存货，应当取得其规格、数量等有关资料，观察这些存货的实际存放情况，确保其未被纳入盘点范围。即使在被审计单位声明不存在受托代存存货的情形下，注册会计师在存货监盘时也应当关注是否存在某些存货不属于被审计单位的迹象，以避免盘点范围不当。

(2) 在实施存货监盘过程中，注册会计师应当跟随被审计单位的存货盘点人员，注意观察被审计单位事先制订的存货盘点计划是否得到贯彻执行，盘点人员是否准确无误地记录了被盘点存货的数量和状况。

(3) 在被审计单位存货盘点结束前，注册会计师应当再次观察盘点现场，以确定所有应纳入盘点范围的存货均已盘点。

2. 检查程序

注册会计师应当对已盘点的存货进行适当检查，将检查结果与被审计单位盘点记录相核对，并形成相应记录。注册会计师实施检查程序，既可以证实被审计单位的盘点计划得到贯彻执行(控制测试)，也可以证实被审计单位的存货数量和状况(实质性程序)。如果观察程序能够表明被审计单位组织管理得当，盘点、监督和复核程序充分有效，据此注册会计师可适当减少所需检查的存货项目。

检查的范围通常包括每个盘点小组盘点的存货以及难以盘点或者隐蔽性较强的存货。需要说明的是，注册会计师应尽可能避免让被审计单位事先了解将抽取检查的存货项目。

在检查已盘点的存货时，注册会计师应当从存货盘点记录中选取项目追查至存货实物，以测试盘点记录的准确性；还应当从存货实物中选取项目追查至存货盘点记录，以测试存货盘点记录的完整性。注册会计师在实施检查程序时发现差异，很可能表明被审计单位的存货盘点在准确性或者完整性方面存在错误。由于检查的内容通常仅仅是已盘点存货中的一部分，所以在检查中发现的错误很可能意味着被审计单位的存货盘点还存在着其他错误。因此，一方面，注册会计师应当查明原因，并及时提请被审计单位更正；另一方面，应当考虑错误的潜在范围和重大程度，在可能的情况下，扩大检查范围以减少错误的发生。还可要求被审计单位重新盘点。重新盘点的范围可限于某一特殊领域的存货或者特定盘点小组。

3. 需要特别关注的情况

第一，存货移动情况。注册会计师应当特别关注存货的移动情况，防止遗漏或者重复盘点。尽管盘点存货时最好能保持存货不发生移动，但在某些情况下存货的移动是难以避免的。如果在盘点过程中被审计单位的生产经营仍将持续进行，注册会计师应通过实施必要的检查程序，确定被审计单位是否已经对此设置了相应的控制程序，确保在适当的期间内对存货进行准确记录。

第二，存货的状况。注册会计师应当特别关注存货的状况，观察被审计单位是否已经恰当区分所有毁损、陈旧、过时及残次的存货。

存货的状况是被审计单位管理层对存货计价认定的一部分,除了对存货的状况予以特别关注,注册会计师还应当把所有毁损、陈旧、过时及残次存货的详细情况记录下来,这既便于进一步追查这些存货的处置情况,也能为测试被审计单位存货跌价准备计提的准确性提供证据。

第三,存货的截止。注册会计师应当获取盘点日前后存货收发及移动的凭证,检查库存记录与会计记录期末截止是否正确。截止测试关注的项目通常包括:截止日前与截止日后入库的存货;截止日前与截止日后装运出库的存货;已确认销售但尚未出库的存货。

在存货监盘过程中,注册会计师应当获取存货验收入库、装运出库以及内部转移截止等信息,以便将来追查至被审计单位的会计记录;通常可观察存货的验收入库地点和装运出库地点以执行截止测试;在存货入库和装运过程中采用连续编号的凭证时,应当关注截止日期前的最后编号。

4. 对特殊类型存货的监盘

对某些特殊类型的存货而言,被审计单位通常使用的盘点方法和控制程序并不完全适用。这些存货通常或者没有标签,或者其数量难以估计,或者其质量难以确定,或者盘点人员无法对其移动实施控制。在这些情况下,注册会计师需要运用职业判断,根据存货的实际情况,设计恰当的审计程序,对存货的数量和状况获取审计证据,具体的内容如表 9-8 所示。

表 9-8　　对特殊类型存货的监盘

存货类型	盘点方法与潜在问题	可供实施的审计方法
木材(原木、板方、板材)、钢筋	难以确定存货的数量和等级	检查标记、利用专家
煤、矿石、散装粮食等堆积物	估计存货数量时存在困难	用几何方法测定
荒料(石材加工原料)、贵金属	数量和质量均难以直接判断	利用专家、依赖永续盘存记录
用袋、桶、罐等容器包装的物品	数量和质量均难以直接判断	破坏法抽查数量、检查质量等
水库中的鱼	数量无法判断	利用专家
养殖场中的牲畜	由于安全的原因,不能直接检查	远处目测、现场录像、利用专家

5. 存货监盘结束时的工作

在被审计单位存货盘点结束前,注册会计师应当:①再次观察盘点现场,以确定所有应纳入盘点范围的存货是否均已盘点。②取得并检查已填用、作废及未使用盘点表单的号码记录,确定其是否连续编号,查明已发放的表单是否均已收回,并与存货盘点的汇总记录进行核对。

如果存货盘点日不是资产负债表日,注册会计师应当实施适当的审计程序,确定盘点日与资产负债表日之间存货的变动是否已作正确的记录,并根据盘点日的盘点结果倒推出资产负债表日存货的数量。

6. 特殊情况的处理

特殊情况的处理如表 9-9 所示。

表 9-9　　特殊情况的处理

特殊的情况	处理方法
存货的性质导致无法实施存货监盘,如危害性物资	(1) 复核采购、生产和销售记录 (2) 向接触到相关存货项目的第三方人员询证 (3) 取得相关正式报告

（续表）

特殊的情况	处理方法
存货的位置导致无法实施存货监盘，如在途物资、储运公司保管的存货	(1) 查相关凭证 (2) 函证
不可预见因素导致无法实施存货监盘，如气候等不可抗力	(1) 改变监盘日期 (2) 委托其他适当人员实施存货监盘
被审计单位已经完成盘点	评估与存货相关的内部控制的有效性，并根据评估结果对存货进行适当检查或者提请重新盘点
存货被质押	询证与被质押存货有关的内容
首次接受委托	(1) 查阅前任注册会计师审计工作底稿 (2) 复核上期存货盘点记录及文件 (3) 检查上期交易记录 (4) 使用分析程序

二、营业成本的实质性程序

营业成本的审计目标与认定的对应关系如表9-10所示。

表9-10　　审计目标与认定的对应关系

审计目标	财务报表认定					
	发生	完整性	准确性	截止	分类	列报
A. 利润表中记录的营业成本已发生，且与被审计单位有关	√					
B. 所有应当记录的营业成本均已记录		√				
C. 与营业成本有关的金额及其他数据已恰当记录			√			
D. 营业成本已记录于正确的会计期间				√		
E. 营业成本已记录于恰当的账户					√	
F. 营业成本已按照《企业会计准则》的规定在财务报表中做出恰当的列报						√

营业成本的审计目标与审计程序之间的对应关系如表9-11所示。

表9-11　　审计目标与审计程序的对应关系

审计目标	可供选择的审计程序	索引号
(一) 主营业务成本		
C	1. 获取或者编制主营业务成本明细表，复核加计是否正确，并与总账数和明细账合计数核对是否相符，结合“其他业务成本”账户与营业成本报表数核对是否相符	
ABC	2. 实质性分析程序：如本期发生额与上期发生额的对比分析；本期各月发生额的对比分析；结合营业收入对毛利率进行分析	
ABC	3. 检查主营业务成本的内容和计算方法是否符合《企业会计准则》规定，前后期是否一致	
ABC	4. 复核主营业务成本明细表的正确性，编制生产成本与主营业务成本倒轧表，并与相关账户交叉索引	

（续表）

审计目标	可供选择的审计程序	索引号
AB	5. 抽查______月主营业务成本结转明细清单，比较计入主营业务成本的品种、规格、数量和主营业务收入的口径是否一致，是否符合配比原则	
ABCDE	6. 针对主营业务成本中重大调整事项（如销售退回）、非常规项目，检查相关原始凭证，评价真实性和合理性，检查其会计处理是否正确	
C	7. 在采用计划成本、定额成本、标准成本或者售价核算存货的条件下，应检查产品成本差异或者商品进销差价的计算、分配和会计处理是否正确	
AB	8. 结合期间费用的审计，判断被审计单位是否通过将应计入生产成本的支出计入期间费用，或者将应计入期间费用的支出计入生产成本等手段调节生产成本，从而调节主营业务成本	
（二）其他业务成本	（略）	
F	9. 检查营业成本是否在财务报表中做出恰当列报	

【实训练习 9-2】

时间：2021 年 2～3 月。

地点：阳光实业有限公司、北京华城会计师事务所。

参与人员：注册会计师王鑫、刘涛，高级审计员李春梅，审计助理；阳光实业公司相关工作人员。

活动：设计和实施存货和营业成本实质性程序，并完成工作底稿。

阳光实业有限公司提供的部分相关资料如下：

2020 年该公司资产负债表中“存货”项目期末余额为 35 413.29 元，利润表中“营业成本”项目期末余额为 731 926.75 元。

1. 总账——原材料（A 材料和 B 材料）、库存商品（A 产品和 B 产品）、生产成本（A 产品和 B 产品）、营业成本（见表 9-12 至表 9-18）

表 9-12　原材料总账——A 材料

2020 年	摘要	借方发生额	贷方发生额	借或贷	余额	备注
1 月	上年结转			借	0	
1 月	本月合计	15 000	7 500	借	7 500	
……						
12 月	（略）	7 200	10 800	借	2 100	
12 月	本年累计	117 350	115 250	借	2 100	

表 9-13　原材料总账——B 材料

2020 年	摘要	借方发生额	贷方发生额	借或贷	余额	备注
1 月	上年结转			借	0	
1 月	本月合计	4 000	2 000	借	2 000	
……						
12 月	本月合计	3 600	5 100	借	1 500	
12 月	本年累计	49 550	48 050	借	1 500	

表 9-14　　库存商品总账——A 产品

2020 年	摘要	借方发生额	贷方发生额	借或贷	余额	备注
1 月	上年结转			借	0	
1 月	本月合计	41 046.16	38 993.85	借	2 052.31	
2 月	本月合计	38 669.88	31 986.39	借	8 735.80	
……						
11 月	本月合计	38 254.10	35 193.78	借	29 519.44	
12 月	本月合计	45 877.02	43 583.17	借	31 813.29	
12 月	本年累计	500 751.12	468 937.83	借	31 813.29	

表 9-15　　库存商品总账——B 产品

2020 年	摘要	借方发生额	贷方发生额	借或贷	余额	备注
1 月	上年结转			平	0	
1 月	本月合计	19 063.01	19 063.01	平	0	
2 月	本月合计	21 601.29	21 601.29	平	0	
……						
11 月	本月合计	22 355.07	22 355.07	平	0	
12 月	本月合计	23 350.15	23 350.15	平	0	
12 月	本年累计	262 988.92	262 988.92	平	0	

表 9-16　　生产成本总账——A 产品

2020 年	摘要	借方发生额	贷方发生额	借或贷	余额	备注
1 月	上年结转			平	0	
1 月	本月合计	41 046.16	41 046.16	平	0	
2 月	本月合计	38 669.88	38 669.88	平	0	
……						
11 月	本月合计	38 254.10	38 254.10	平	0	
12 月	本月合计	45 877.02	45 877.02	平	0	
12 月	本年累计	500 751.12	500 751.12	平	0	

表 9-17　　生产成本总账——B 产品

2020 年	摘要	借方发生额	贷方发生额	借或贷	余额	备注
1 月	上年结转			平	0	
1 月	本月合计	19 063.01	19 063.01	平	0	
2 月	本月合计	21 601.29	21 601.29	平	0	
……						
11 月	本月合计	22 355.07	22 355.07	平	0	
12 月	本月合计	23 350.15	23 350.15	平	0	
12 月	本年累计	262 988.92	262 988.92	平	0	

表 9-18　　营业成本总账

2020 年	摘要	借方发生额	贷方发生额	借或贷	余额	备注
1 月	本期结转	58 056.86	58 056.86	平	0	
2 月	本期结转	53 587.68	53 587.68	平	0	
……						
11 月	本期结转	57 548.85	57 548.85	平	0	
12 月	本期结转	66 933.32	66 933.32	平	0	
12 月	本年累计	731 926.75	731 926.75	平	0	

2. 明细账——主营业务成本(A 产品和 B 产品)(见表 9-19 和表 9-20)

表 9-19　　主营业务成本明细账——A 产品

2020 年	摘要	借方发生额	贷方发生额	借或贷	余额	备注
1 月	本月合计	38 993.85	38 993.85	平	0	
2 月	(略)	31 986.39	31 986.39	平	0	
3 月	(略)	40 230.98	40 230.98	平	0	
4 月	(略)	38 100.74	38 100.74	平	0	
5 月	(略)	42 809.72	42 809.72	平	0	
6 月	(略)	37 504.17	37 504.17	平	0	
7 月	(略)	38 813.62	38 813.62	平	0	
8 月	(略)	38 277.95	38 277.95	平	0	
9 月	(略)	43 944.06	43 944.06	平	0	
10 月	(略)	39 499.40	39 499.40	平	0	
11 月	(略)	35 193.78	35 193.78	平	0	
12 月	(略)	43 583.17	43 583.17	平	0	
12 月	本年累计	468 937.83	468 937.83	平	0	

表 9-20　　主营业务成本明细账——B 产品

2020 年	摘要	借方发生额	贷方发生额	借或贷	余额	备注
1 月	本月合计	19 063.01	19 063.01	平	0	
2 月	(略)	21 601.29	21 601.29	平	0	
3 月	(略)	21 163.04	21 163.04	平	0	
4 月	(略)	21 448.90	21 448.90	平	0	
5 月	(略)	22 689.21	22 689.21	平	0	
6 月	(略)	21 463.10	21 463.10	平	0	
7 月	(略)	21 946.08	21 946.08	平	0	

（续表）

2020 年	摘要	借方发生额	贷方发生额	借或贷	余额	备注
8 月	（略）	21 829.96	21 829.96	平	0	
9 月	（略）	24 932.25	24 932.25	平	0	
10 月	（略）	21 146.86	21 146.86	平	0	
11 月	（略）	22 355.07	22 355.07	平	0	
12 月	本月合计	23 350.15	23 350.15	平	0	
12	本年累计	262 988.92	262 988.92	平	0	

3. 记账凭证——生产成本、主营业务成本（见表 9-21 和表 9-22）

表 9-21　记账凭证——生产成本

凭证日期	凭证号码	凭证摘要	对应科目		金额（元）	附件
			对应科目	方向		
2020.01.31	记字第 006 号	分配制造费用	制造费用	贷	13 386.67	制造费用分配表
2020.02.28	记字第 005 号	计提工资	应付职工薪酬	贷	19 608	领料单 1、领料单 2
2020.03.31	记字第 004 号	计提折旧	累计折旧	贷	3 562.50	折旧表
2020.04.30	记字第 007 号	完工产品成本入库	库存商品	借	61 137.17	产品成本计算表、入库单
2020.05.31	记字第 003 号	交 4 月电费	银行存款	贷	11 588	用电分配表、增值税发票、委托收款
2020.07.31	记字第 007 号	完工产品成本入库	库存商品	借	63 237.17	产品成本计算表、入库单
2020.11.30	记字第 007 号	完工产品成本入库	库存商品	借	60 609.17	产品成本计算表、入库单
2020.11.31	记字第 002 号	领用原材料	原材料	借	15 900	领料单 1、领料单 2

表 9-22　记账凭证——主营业务成本

凭证日期	凭证号码	凭证摘要	对应科目		金额（元）	附件
			对应科目	方向		
2020.03.28	记字第 008 号	结转销售成本	库存商品	贷	61 394.02	出库单
2020.06.30	记字第 008 号	结转销售成本	库存商品	贷	58 967.27	出库单
2020.08.31	记字第 008 号	结转销售成本	库存商品	贷	60 107.91	出库单
2020.11.30	记字第 008 号	结转销售成本	库存商品	贷	57 548.85	出库单
2020.12.31	记字第 008 号	结转销售成本	库存商品	贷	66 933.32	出库单

注：(1) 原材料明细账和总账金额核对相符，“原材料”总账的贷方发生额与“生产成本——原材料”总账的借方发生额相符，原材料明细账及记账凭证核对相符，并取得原材料盘点表。原材料发出采用的是先进先出法，成本核算采用实际成本法。

(2) A 产品和 B 产品所耗用的直接材料成本为 163 300 元，直接人工成本为 261 516 元，制造费用为 338 924.04 元。

实施存货实质性程序，如表 9-23 至表 9-29 所示。

表 9-23 **存货审定表**

被审计单位：阳光实业有限公司　编制：李春梅　日期：2021.03.04　索引号：1200-1-1
会计期间：2020.01.01～2020.12.31　复核：刘涛　日期：　页次：

项目类别	本期未审数	账项调整		重分类调整		本期审定数	上期审定数	索引号
		借方	贷方	借方	贷方			
报表数	35 413.29					35 413.29		
明细数	35 413.29					35 413.29		
其中：								
A 材料	2 100					2 100		
B 材料	1 500					1 500		
库存商品 A	31 813.29					31 813.29		
库存商品 B	0					0		
审计说明	上年未对本项目进行审计调整，年初余额与上年审定数相符							
审计结论	已实施具体审计程序，未发现重大错报							

注：(1) 审计说明内容主要包括描述科目的性质、审计程序的设计和实施情况、错报的情况以及科目余额或者发生额与上年数比较的变动分析等。

(2) 审计结论包括但不限于：①存在重大错报，需要调整以后才可以确认。②除了已发现的调整事项，未发现其他重大错报。③已实施具体审计程序，未发现重大错报等。④依据我们对科目性质和余额的了解，无须进行进一步审计程序。⑤测试结果满意等。

表 9-24 **原材料明细表**

被审计单位：阳光实业有限公司　编制：李春梅　日期：2021.03.04　索引号：1200-1-2
会计期间：2020.01.01～2020.12.31　复核：刘涛　日期：　页次：

项目	期初余额	本期借方	本期贷方	期末余额	备注
A 材料	0	117 350	115 250	2 100	
B 材料	0	49 550	48 050	1 500	
合计		166 900	163 300	3 600	
审计说明	原材料可以确认： (1) 复核加计正确，并与明细账及合计数、总账数、未审报表数核对相符 (2) 原材料发出采用的是先进先出法，成本核算采用实际成本法 (3) “原材料”总账的贷方发生额应该与“生产成本——原材料”总账的借方发生额相符。通过检查明细账及记账凭证勾稽相符 (4) 已经取得原材料盘点表				

表 9-25　　**主营业务成本倒轧表**

被审计单位：阳光实业有限公司　编制：李春梅　日期：2021.03.04　索引号：1200-1-3
会计期间：2020.01.01～2020.12.31　复核：刘涛　日期：　页次：

项目	期末未审数	审计差异	审定数	备注
期初原材料余额	0		0	
加：本期购货净额	166 900		166 900	
减：期末原材料余额	3 600		3 600	
减：其他原材料发出额	0		0	
直接材料成本	163 300		163 300	
加：直接人工成本	261 516		261 516	
加：制造费用	338 924.04		338 924.04	
产品生产成本	763 740.04		763 740.04	
加：在产品期初余额				
减：在产品期末余额				
减：其他在产品发出额				
库存商品成本	763 740.04		763 740.04	
加：库存商品期初余额	0		0	
减：库存商品期末余额	31 813.29		31 813.29	
减：其他库存商品发出额	0		0	
主营业务成本	731 926.75		731 926.75	
审计说明	经核对相符，可以确认			

表 9-26　　**抽查表**

被审计单位：阳光实业有限公司　编制：李春梅　日期：2021.03.04　索引号：1200-1-4
会计期间：2020.01.01～2020.12.31　复核：刘涛　日期：　页次：

序号	凭证日期	凭证号	摘要	对应科目		金额	核对情况(用“是”“否”表示)								备注
				名称	方向		(1)	(2)	(3)	(4)	(5)	(6)	(7)	(8)	
1	2020.01.31	记字第 006 号	分配制造费用	制造费用	贷	13 386.67	是	是	是	是					
2	2020.02.28	记字第 005 号	计提工资	应付职工薪酬	贷	19 608	是	是	是	是					
3	2020.03.31	记字第 004 号	计提折旧	累计折旧	贷	3 562.50	是	是	是	是					
4	2020.04.30	记字第 007 号	完工产品成本入库	库存商品	借	61 137.17	是	是	是	是					
5	2020.05.31	记字第 003 号	交 4 月电费	银行存款	贷	11 588.00	是	是	是	是					
6	2020.07.31	记字第 007 号	完工产品成本入库	库存商品	借	63 237.17	是	是	是	是					

（续表）

序号	凭证日期	凭证号	摘要	对应科目		金额	核对情况（用“是”“否”表示）								备注
				名称	方向		(1)	(2)	(3)	(4)	(5)	(6)	(7)	(8)	
7	2020.11.30	记字第007号	完工产品成本入库	库存商品	借	60 609.17	是	是	是	是					
8	2020.12.31	记字第002号	领用原材料	原材料	借	15 900	是	是	是	是					

核对内容说明：	
(1) 原始凭证内容完整	(5)
(2) 有无授权批准	(6)
(3) 财务处理正确	(7)
(4) 金额核对相符	(8)
审计说明	经抽查，未见异常

表 9-27　　主营业务成本审定表

被审计单位：阳光实业有限公司　编制：李春梅　日期：2021.03.04　索引号：1201-1
会计期间：2020.01.01～2020.12.31　复核：刘涛　日期：　页次：

项目类别	本期未审数	账项调整		重分类调整		本期审定数	上期审定数	索引号
		借方	贷方	借方	贷方			
报表数	731 926.75					731 926.75		
明细数	731 926.75					731 926.75		
其中：								
主营业务成本——A产品	468 937.83					468 937.83		
主营业务成本——B产品	262 988.92					262 988.92		
审计说明	凭证、明细账、总账核对相符							
审计结论	经审计，主营业务成本的金额可以确认							

注：(1) 审计说明内容主要包括描述科目的性质、审计程序的设计和实施情况、错报的情况以及科目余额或发生额与上年数比较的变动分析等。

(2) 审计结论包括但不限于：①存在重大错报，需要调整以后才可以确认。②除已发现的调整事项外，未发现其他重大错报。③已实施具体审计程序，未发现重大错报等。④依据我们对科目性质和余额的了解，无须进行进一步审计程序。⑤测试结果满意等。

表 9-28

主营业务成本明细账

被审计单位：阳光实业有限公司　　编制：李春梅　　日期：2021.03.04　　索引号：1201-2

会计期间：2020.01.01～2020.12.31　　复核：刘涛　　日期：　　页次：

项目	1	2	3	4	5	6	7	8	9	10	11	12	合计	上期数	变动额	变动百分比
主营业务成本——A产品	38 993.85	31 986.39	40 230.98	38 100.74	42 809.72	37 504.17	38 813.62	38 277.95	43 944.06	39 499.40	35 193.78	43 583.17	468 937.83	0	468 937.83	0
主营业务成本——B产品	19 063.01	21 601.29	21 163.04	21 448.90	22 689.21	21 463.10	21 946.08	21 829.96	24 932.25	21 146.86	22 355.07	23 350.15	262 988.92	0	262 988.92	0
合计数	58 056.86	53 587.68	61 394.02	59 549.64	65 498.93	58 967.27	60 759.7	60 107.91	68 876.31	60 646.26	57 548.85	66 933.32	731 926.75	0	731 926.75	0
审计说明	复核加计正确，并与明细账及合计数、总账数、未审报表数核对相符；年初数与上年审定数相符															

表 9-29 **抽查表**

被审计单位：阳光实业有限公司　　编制：李春梅　　日期：2021.03.04　　索引号：1201-3

会计期间：2020.01.01～2020.12.31　　复核：刘涛　　日期：　　页次：

序号	凭证日期	凭证号	摘要	对应科目		金额	核对情况（用“是”“否”表示）								备注
				名称	方向		(1)	(2)	(3)	(4)	(5)	(6)	(7)	(8)	
1	2020.03.28	记字第 008 号	结转销售成本	库存商品	贷	61 394.02	是	是	是	是					
2	2020.06.30	记字第 008 号	结转销售成本	库存商品	贷	58 967.27	是	是	是	是					
3	2020.08.31	记字第 008 号	结转销售成本	库存商品	贷	60 107.91	是	是	是	是					
4	2020.11.30	记字第 008 号	结转销售成本	库存商品	贷	57 548.85	是	是	是	是					
5	2020.12.31	记字第 008 号	结转销售成本	库存商品	贷	66 933.32	是	是	是	是					

核对内容说明：	
(1) 原始凭证内容完整	(5)
(2) 有无授权批准	(6)
(3) 财务处理正确	(7)
(4) 金额核对相符	(8)
审计说明	经审计，主营业务成本发生额可以确认

【拓展内容】 注册会计师还可以对存货进行截止性测试，以确定是否满足截止认定的审计目标（见表 9-30 和表 9-31）。

表 9-30 **工作底稿——存货出入库截止测试（入库高估测试）**

入库高估测试

样本量	记账凭证			发票			入库单			是否跨期
	编号	日期	金额	编号	日期	金额	材料号	日期	数量（吨）	(Y/N)

截止日前

截止日期：　年　月　日

截止日后

审计说明										
审计结论										

表 9-31　　工作底稿——存货出入库截止测试(入库低估测试)

入库低估测试										
样本量	入库单			记账凭证			发票			是否跨期
	入库日期	原板号	数量	编号	日期	金额	编号	日期	金额	(Y/N)
截止日前 截止日期：　　年　月　日 截止日后										
审计说明										
审计结论										

为什么要从高估和低估两个方向对存货进行入库测试？在进行截止测试时，注册会计师最应关注的信息是数量、金额、编号还是日期？

参考答案

模块测试

一、单项选择题

1. 注册会计师在企业存货的盘点工作中，应当(　　)。

A. 亲自进行独立的存货盘点

B. 参与企业盘点，并对盘点工作进行适当地观察和检查

C. 观察企业盘点，完全不必亲自盘点

D. 制订盘点计划，由企业进行盘点，将盘点结果汇入工作底稿

2. 生产与存货循环、销售与收款循环的直接联系发生于(　　)。

A. 借记“原材料”账户、贷记“应付账款”账户之时

B. 借记“货币资金”账户、贷记“应收账款”账户之时

C. 借记“主营业务成本”账户、贷记“库存商品”账户之时

D. 借记“应付账款”账户、贷记“货币资金”账户之时

3. 注册会计师监盘客户存货的主要目的是(　　)。

A. 查明是否漏盘某些主要的存货项目

B. 查明存货的计价是否正确

C. 了解盘点指示是否贯彻执行

D. 获得存货是否实际存在的证据

二、多项选择题

1. 下列各项中,属于生产与存货循环涉及的主要凭证与会计记录的有(　　)。

A. 生产指令　　B. 工时记录　　C. 成本计算单　　D. 销售发票

2. 生产与仓储循环的内部控制包括(　　)。

A. 成本会计制度　　B. 存货存储控制

C. 存货的监盘　　D. 薪酬的内部控制

3. 直接材料成本实质性程序的主要内容包括(　　)。

A. 审查直接材料耗用量的真实性

B. 审查直接材料的计价

C. 审查直接材料费用的分配

D. 分析同一产品前后年度的直接材料成本,看有无重大变动

三、判断题

1. 如果由于被审计单位存货的性质或位置等原因导致无法实施存货监盘,注册会计师应当直接发表保留意见或无法表示意见。(　　)

2. 被审计单位有责任确定适当程序,进行准确的盘点并正确记录盘点数。(　　)

3. 被审计单位财务负责人认为本公司存货采用永续盘存制,因此可不必对存货进行实地盘点。注册会计师应接受这种意见。(　　)

四、案例分析题

晨华会计师事务所的注册会计师白叶负责审计甲公司等多家公司 2020 年度财务报表,与存货审计相关的事项如下:

(1) 考虑到甲公司存货品质和数量均较小,注册会计师白叶仅将存货监盘用作实质性程序。

(2) 乙公司 2020 年年末已入库未收到发票的存货金额占存货总额的 25%,注册会计师白叶认为该批存货金额重大,对其实施了监盘程序,未发现错误,认为暂估的金额准确。

(3) 由于丙公司人手不足,注册会计师白叶受管理层委托,于 2020 年 12 月 31 日协助丙公司盘点人员进行盘点工作。

(4) 在对丁公司盘点过程中收到的存货,注册会计师白叶不将其纳入盘点范围进行盘点。

要求:针对事项(1)～(4),逐项分析注册会计师白叶的做法是否恰当;如不恰当,请简要说明理由。

模块 10

货币资金审计

[考核目标]

1. 了解货币资金与各交易循环的关系。
2. 了解货币资金的内部控制。
3. 掌握货币资金控制测试的方法。
4. 明确库存现金和银行存款的审计目标。
5. 掌握库存现金和银行存款的实质性程序。

[实践目标]

1. 了解被审计单位货币资金内部控制及实施控制测试。
2. 实施库存现金和银行存款的实质性程序和编制相关工作底稿。

[知识点思维导图]

- 货币资金审计
  - 货币资金审计的特点
  - 货币资金内部控制
  - 货币资金的实质性程序
    - 库存现金的实质性程序
    - 银行存款的实质性程序

[案例导读]

2021 年 3 月，某省审计厅派出老王（审计组组长）、小张和小李组成的审计组对 ABC 邮电公司 2020 年资产、负债和所有者权益进行审计。审计员小张负责审查资产负债表中流动资产项目，为了加快工作进度，他首先设计好了各流动资产项目的审定表、检查情况表等工作底稿式样，其次要求被审计单位的出纳填写“库存现金审定表”。“库存现金审定表”的内容包括：

(1) 库存清点日现金余额。

(2) 审计截止日至现金清点其的现金支出。

(3) 审计截止日至现金清点其的现金收入。

(4) 2020 年 12 月 31 日应结存现金余额。

(5) 2020 年 12 月 31 日的现金账面余额。

出纳员小李在了解了“库存现金审定表”中数据的勾稽关系后，迅速填列了该表，并提供给了小张。小张查看表中的数据关系正常后，随即在该表的审计结论栏内做出“库存现金余额可确认”的结论。而事实上，出纳员小李并没有清点库存现金，也没有填列与“库存现金审定表”相关联的“库存现金监盘表”。为了加快速度，小张决定省略监盘程序及与之相关的审计工作底稿。

审计人员小张做法是否妥当？为什么？那么库存现金的主要审计程序有哪些呢？

任务 10.1　货币资金审计的特点

企业资金营运过程，从资金流入企业形成货币资金开始，到通过销售收回货币资金、成本补偿确定利润、部分资金流出企业为止。企业资金的不断循环，构成企业的资金周转。货币资金的增减变动与企业的日常经营活动密切相关，且涉及多个业务循环。

图 10-1 仅选取各业务循环中具有代表性的会计科目或者财务报表项目予以列示，并未包括各业务循环中与货币资金有关的全部会计科目或者财务报表项目。

货币资金业务涉及的凭证和会计记录主要有：①现金盘点表。②银行对账单。③银行存款余额调节表。④有关科目的记账凭证。⑤现金日记账和银行存款日记账。

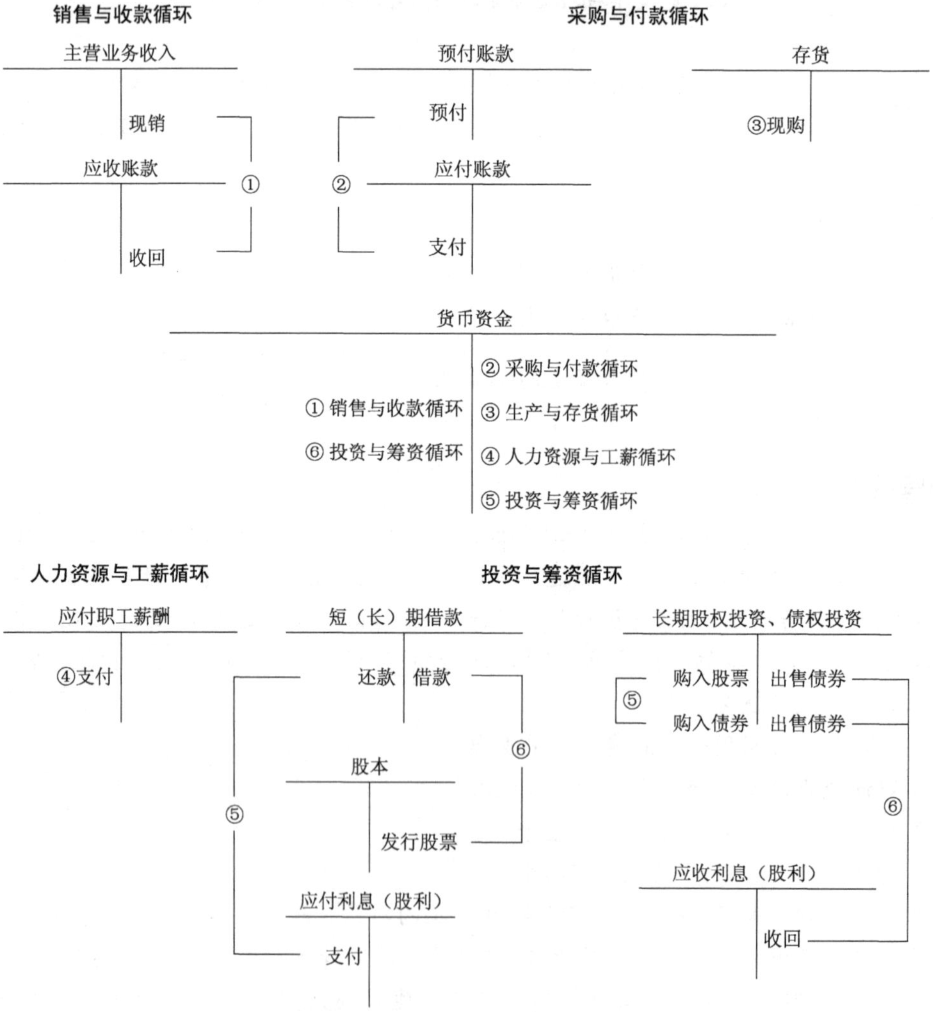

图 10-1　货币资金与业务循环的关系

任务 10.2 货币资金内部控制

由于货币资金是企业流动性最强的资产，企业必须加强对货币资金的管理，建立良好的货币资金内部控制，以确保全部应收取的货币资金均能收取，并及时正确地予以记录；全部货币资金支出是按照经批准的用途进行的，并及时正确地予以记录；库存现金、银行存款报告正确，并得以恰当保管；正确预测企业正常经营所需的货币资金收支额，确保企业有充足又不过剩的货币资金余额。

尽管由于每个企业的性质、所处行业、规模和内部控制健全程度等不同，使得其与货币资金相关的内部控制内容有所不同，但表 10-1 中的要求是通常应当共同遵循的。

表 10-1　　货币资金相关内部控制一览表

项目	内容
1. 岗位分工及授权批准	(1) 企业应当建立货币资金业务的岗位责任制，明确相关部门和岗位的职责权限，确保办理货币资金业务的不相容岗位相互分离、制约和监督。出纳人员不得兼任稽核、会计档案保管和收入、支出、费用、债权债务账目的登记工作。企业不得一人办理货币资金业务的全过程 (2) 企业应当对货币资金业务建立严格的授权审批制度，明确审批人员对货币资金业务的授权批准方式、权限、程序、责任和相关控制措施，规定经办人员办理货币资金业务的职责范围和工作要求 (3) 企业应当按照规定的程序办理货币资金支付业务：支付申请→支付审批→支付复核→办理支付 (4) 企业对于重要货币资金支付业务，应当实行集体决策和审批，并建立责任追究制度，防范贪污、侵占、挪用货币资金等行为 (5) 严禁未经授权的机构或人员办理货币资金业务或者直接接触货币资金
2. 库存现金和银行存款的管理	(1) 企业应当加强现金库存限额的管理，超过库存限额的现金应及时存入银行 (2) 企业必须根据《现金管理暂行条例》的规定，结合本企业的实际情况，确定本企业现金的开支范围 (3) 企业现金收入应当及时存入银行，不得从企业的现金收入中直接支付(即坐支) (4) 企业借出款项必须执行严格的授权批准程序，严禁擅自挪用、借出货币资金 (5) 企业取得的货币资金收入必须及时入账，不得私设"小金库"，不得账外设账，严禁收款不入账 (6) 企业应当定期和不定期地进行现金盘点，确保现金账面余额与实际库存相符；发现不符，及时查明原因并进行处理 (7) 企业应当严格按照《支付结算办法》等国家有关规定，加强银行账户的管理，严格按照规定开立账户，办理存款、取款和结算 (8) 企业应当严格遵守银行结算纪律，不准签发没有资金保证的票据或远期支票，套取银行信用；不准签发、取得和转让没有真实交易和债权债务的票据，套取银行和他人资金；不准违反规定开立和使用银行账户 (9) 企业应当指定专人定期核对银行账户(每月至少核对一次)，编制银行存款余额调节表，使银行存款账面余额与银行对账单调节相符；如调节不符，应查明原因，及时处理
3. 票据及有关印章的管理	(1) 企业应当加强与货币资金相关的票据的管理，明确各种票据的购买、保管、领用、背书转让、注销等环节的职责权限和程序，并专设登记簿进行记录，防止空白票据的遗失和被盗用 (2) 企业应当加强银行预留印鉴的管理。财务专用章应由专人保管，个人名章必须由本人或者其授权人员保管。严禁一人保管支付款项所需的全部印章 (3) 按规定需要有关负责人签字或者盖章的经济业务，必须严格履行签字或盖章手续

（续表）

项目	内容
4. 监督检查	(1) 企业应当建立对货币资金业务的监督检查制度，明确监督检查机构或人员的职责权限，定期和不定期地进行检查 (2) 货币资金监督检查的内容主要包括：①货币资金业务相关岗位及人员的设置情况，重点检查是否存在货币资金业务不相容岗位职责未分离的现象。②货币资金授权批准制度的执行情况，重点检查货币资金支出的授权批准手续是否健全，是否存在越权审批行为。③支付款项印章的保管情况，重点检查是否存在办理付款业务所需的全部印章交由一人保管的现象。④票据的保管情况，重点检查票据的购买、领用、保管手续是否健全，票据保管是否存在漏洞 (3) 对监督检查过程中发现的货币资金内部控制中的薄弱环节，应当及时采取措施，加以纠正和完善

任务 10.3　货币资金的实质性程序

完成控制测试之后，注册会计师基于控制测试的结果（即控制运行是否有效），确定从控制测试中已获得的审计证据及其保证程度，确定是否需要对具体审计计划中设计的实质性程序的性质、时间安排和范围做出适当调整。货币资金审计包括库存现金审计、银行存款审计和其他货币资金审计，现对其中最重要的两个项目——库存现金和银行存款的实质性程序进行详细讲解。

一、库存现金的实质性程序

库存现金的审计目标与认定之间的对应关系如表 10-2 所示。

表 10-2　审计目标与认定的对应关系

审计目标	财务报表认定				
	存在	完整性	权利和义务	计价和分摊	列报
A. 资产负债表中的“货币资金”项目中的库存现金在资产负债表日是存在的	√				
B. 所有应当记录的现金收支业务均已记录完毕		√			
C. 记录的库存现金由被审计单位拥有或者控制			√		
D. 库存现金以恰当的金额包括在财务报表的“货币资金”项目中，与之相关的计价调整已恰当记录				√	
E. 库存现金已按照《企业会计准则》的规定在财务报表中做出恰当的列报					√

库存现金的审计目标与审计程序之间的对应关系如表 10-3 所示。

表 10-3　审计目标与审计程序的对应关系

审计目标	可供选择的审计程序	索引号
D	1. 核对现金日记账与总账的金额是否相符；结合银行存款和其他货币资金余额，核对是否与报表数一致	

（续表）

审计目标	可供选择的审计程序	索引号
ABCD	2. 监盘库存现金	（略）
ABCD	3. 抽查大额库存现金收支，检查原始凭证是否齐全、记账凭证与原始凭证是否相符、账务处理是否正确、是否记录于恰当的会计期间，有无异常的收付业务等内容	

知识要点——现金监盘

库存现金监盘是证实资产负债表中“货币资金”项目下所列库存现金是否存在的一项重要审计程序。

企业盘点库存现金，通常包括对已收到但未存入银行的现金、零用金、找换金等的盘点。盘点库存现金的时间和人员应视被审计单位的具体情况而定，但出纳员和被审计单位会计主管人员必须参加，并由注册会计师进行监盘。盘点和库存现金监盘的步骤与方法如下：

(1) 制订监盘计划，确定监盘时间。对库存现金的监盘最好实施突击性的检查，时间最好选择在上午下班前或者下午下班时，盘点的范围一般包括被审计单位各部门经管的现金。在进行现金盘点前，出纳员应将现金集中起来存入保险柜；必要时可加以封存，然后出纳员把已办妥现金收付手续的收付款凭证登入现金日记账。如被审计单位库存现金存放部门有两处或者两处以上的，应同时进行盘点。

(2) 审阅现金日记账并同时与现金收付凭证相核对：一方面检查现金日记账的记录与凭证的内容和金额是否相符；另一方面了解凭证日期与现金日记账日期是否相符或接近。

(3) 出纳员根据现金日记账加计累计数额，结出现金结余额。

(4) 盘点保险柜内的现金实存数，同时由注册会计师编制“库存现金监盘表”，分币种、面值列示盘点金额。

(5) 注册会计师将盘点金额与现金日记账余额进行核对，如有差异，应要求被审计单位查明原因，必要时应提请被审计单位做出调整；如无法查明原因，应要求被审计单位按管理权限批准后做出调整。

(6) 若有冲抵库存现金的借条、未提现支票、未作报销的原始凭证，注册会计师应在“库存现金监盘表”中注明，必要时应提请被审计单位做出调整。

(7) 在非资产负债表日进行盘点和监盘时，注册会计师应调整至资产负债表日的金额。

二、银行存款审计

（一）银行存款的审计目标

银行存款的审计目标与认定之间的对应关系如表 10-4 所示。

表 10-4　　审计目标与认定的对应关系

审计目标	财务报表认定				
	存在	完整性	权利和义务	计价和分摊	列报
A. 资产负债表中的“货币资金”项目中的银行存款在资产负债表日是存在的	√				

（续表）

审计目标	财务报表认定				
	存在	完整性	权利和义务	计价和分摊	列报
B. 所有应当记录的银行存款收支业务均已记录完毕		√			
C. 记录的银行存款由被审计单位拥有或者控制			√		
D. 银行存款以恰当的金额包括在财务报表的“货币资金”项目中，与之相关的计价调整已恰当记录				√	
E. 银行存款已按照《企业会计准则》的规定在财务报表中做出恰当的列报					√

（二）银行存款的实质性程序

银行存款的审计目标与审计程序之间的对应关系如表 10-5 所示。

表 10-5　　审计目标与审计程序对应关系表

审计目标	可供选择的审计程序	索引号
D	1. 获取或者编制银行存款余额明细表：复核加计是否正确，并与总账数和日记账合计数核对是否相符；结合现金和其他货币资金余额，核对是否与报表数一致	（略）
AC	2. 检查银行存单：编制银行存单检查表，检查是否与账面记录金额一致，是否被质押或者限制使用，银行存单是否为被审计单位所拥有	
ABD	3. 取得并检查银行存款余额调节表： （1）取得被审计单位的银行存款余额对账单，并与银行询证函回函核对，确认是否一致，抽样核对账面记录的已付票据金额及存款金额是否与对账单记录一致 （2）获取资产负债表日的银行存款余额调节表，检查调节表中加计数是否正确，调节后银行存款日记账余额与银行对账单余额是否一致 （3）检查调节事项是否合理： 一是检查是否存在跨期收支和跨行转账的调节事项：编制跨行转账业务明细表，检查跨行转账业务是否同时对应转入和转出，未在同一期间完成的转账业务是否反映在银行存款余额调节表的调整事项中 二是检查大额在途存款和未付票据：①检查在途存款的日期，查明发生在途存款的查具体原因，追查期后银行对账单存款记录日期，确定被审计单位与银行记账时间差异是否合理，确定在资产负债表日是否需审计调整。②检查被审计单位的未付票据明细清单，查明被审计单位未及时入账的原因，确定账簿记录时间晚于银行对账单的日期是否合理。③检查被审计单位未付票据明细清单中有流程记录，但截至资产负债表日银行对账单无记录且金额较大的未付票据，获取票据领取人的书面说明，确认资产负债表日是否需要进行调整。④检查资产负债表日后银行对账单是否完整地记录了调节事项中银行未付票据金额。 （4）检查是否存在未入账的利息收入和利息支出 （5）检查是否存在其他跨期收支事项 （6）（当未经授权或授权不清支付货币资金的现象比较突出时）检查银行存款余额调节表中支付异常的领款（包括没有载明收款人）、签字不全、收款地址不清、金额较大的票据的调整事项，确认是否存在舞弊	
AC	4. 函证银行存款余额，编制银行函证结果汇总表	
CE	5. 关注是否存在质押、冻结等对变现有限制或者存在境外的款项，是否已做必要的调整和披露	
ABD	6. 抽查大额银行存款收支的原始凭证，检查原始凭证是否齐全、记账凭证与原始凭证是否相符、账务处理是否正确、是否记录于恰当的会计期间等内容。检查是否存在非营业目的的大额货币资金转移，并核对相关账户的进账情况；如有与被审计单位生产经营无关的收支事项，应查明原因并进行相应的记录	

（续表）

审计目标	可供选择的审计程序	索引号
AB	7. 检查银行存款收支的截止是否正确。选取资产负债表日前后________张、________金额以上的凭证实施截止测试	
E	8. 检查货币资金是否已在财务报表中做出恰当列报	

知识要点——银行存款函证

银行存款函证是指注册会计师在执行审计业务的过程中，需要以被审计单位名义向有关单位发函询证，以验证被审计单位的银行存款是否真实、合法、完整。按照国际惯例，财政部和中国人民银行于 1999 年 1 月 6 日联合印发了《关于做好企业的银行存款、借款及往来款项函证工作的通知》(以下简称《通知》)，《通知》对函证工作提出了明确的要求，并规定：各商业银行、政策性银行、非银行金融机构要在收到询证函之日起 10 个工作日内，根据函证的具体要求，及时回函并可按照国家的有关规定收取询证费用；各有关企业或者单位根据函证的具体要求回函。

函证银行存款余额是证实资产负债表所列银行存款是否存在的重要程序。通过向往来银行函证，注册会计师不仅可了解企业资产的存在，还可了解企业账面反映所欠银行债务的情况，并有助于发现企业未入账的银行借款和未披露的或有负债。

注册会计师应当对银行存款(包括零余额账户和在本期内注销的账户)及与金融机构往来的其他重要信息实施函证程序，确定被审计单位账面余额与银行函证结果的差异，对不符事项做出适当处理。除非有充分证据表明某一银行存款及与金融机构往来的其他重要信息对财务报表不重要且与之相关的重大错报风险很低。如果不对这些项目实施函证程序，注册会计师应当在审计工作底稿中说明理由。注册会计师需要考虑是否对在本期内注销的账户的银行进行函证，这通常是因为有可能存款账户已注销但仍有银行借款或其他负债存在。

【实训练习 10-1】

时间：2021 年 7 月。

地点：阳光实业有限公司、北京华城会计师事务所。

参与人员：注册会计师王鑫、刘涛，高级审计员陈妤，审计助理；阳光实业公司相关工作人员。

活动：设计和实施货币资金实质性程序，并完成工作底稿。

阳光实业有限公司提供的部分相关资料如下：

2021 年 6 月 30 日，该公司半年报资产负债表中货币资金期末余额为 340 816 元。

1. 总账——库存现金和银行存款(见表 10-6 和表 10-7)

表 10-6 库存现金总账

2021 年	摘要	借方发生额	贷方发生额	借或贷	余额	备注
1 月	上年结转			借	5 000	
1 月	本月合计	2 000		借	7 000	
……						
6 月	本月合计	10 000		借	16 276	

表 10-7　银行存款总账

2021 年	摘要	借方发生额	贷方发生额	借或贷	余额	备注
1 月	上年结转			借	710 000	
1 月	本月合计	5 850	60 020	借	655 830	
……						
6 月	本月合计		161 620	借	324 540	

2. 日记账——库存现金和银行存款(见表 10-8 至表 10-10)

表 10-8　库存现金日记账

2021 年	摘要	借方发生额	贷方发生额	借或贷	余额	备注
1 月	上年结转			借	5 000	
1 月	提现	2 000		借	7 000	
……						
5 月	本月合计	976		借	6 276	
6 月	本月合计	10 000		借	16 276	
6 月	本年累计	24 976	13 700	借	16 276	

表 10-9　银行存款日记账(工商银行)

2021 年	摘要	借方发生额	贷方发生额	借或贷	余额	备注
1 月	上年结转			借	210 000	
1 月	提现		2 000	借	208 000	
……						
5 月	本月合计	60 000	61 680	借	209 020	
6 月	本月合计		10 000	借	199 020	
6 月	本年累计	83 400	94 380	借	199 020	

表 10-10　银行存款日记账(交通银行)

2021 年	摘要	借方发生额	贷方发生额	借或贷	余额	备注
1 月	上年结转			借	500 000	
1 月	销售商品	5 850		借	505 850	
……						
5 月	本月合计	15 210	46 320	借	277 140	
6 月	本月合计		151 620	借	125 520	
6 月	本年累计	21 060	395 540	借	125 520	

3. 记账凭证汇总表——货币资金(见表 10-11)

表 10-11　货币资金记账凭证汇总表

凭证日期	凭证号码	凭证摘要	对应科目		金额(元)	附件
			对应科目	方向		
2021.03.21	现付字第 016 号	报销办公费用	管理费用	借	6 360	报销单、增值税普通发票

（续表）

凭证日期	凭证号码	凭证摘要	对应科目		金额（元）	附件
			对应科目	方向		
2021.05.15	银收字第 012 号	销售商品	主营业务收入	贷	11 300	增值税专用发票、银行进账单
2021.05.21	银付字第 031 号	购买原材料	材料采购	借	56 500	增值税专用发票、转账支票存根
2021.05.30	银收字第 040 号	收到上期货款	应收账款	贷	60 000	托收凭证
2021.06.12	银付字第 015 号	提现	库存现金	借	10 000	现金支票存根
2021.06.23	银付字第 031 号	购进材料	材料采购	借	113 000	增值税专用发票、转账支票、进账单

注：该公司年末未发现未达账项情况。

实施货币资金的实质性程序，如表 10-12 至表 10-17、图 10-2 和图 10-3 所示。

表 10-12　　货币资金审定表

被审计单位：阳光实业有限公司　　编制：陈好　　日期：2020.07.01　　索引号：B3-1-1
会计期间：2021.01.01～2021.06.30　　复核：刘涛　　日期：　　页次：

项目类别	本期未审数	账项调整		重分类调整		本期审定数	上期审定数	索引号
		借方	贷方	借方	贷方			
报表数	340 816					340 816		
明细数	340 816					340 816		
其中：								
库存现金	16 276					16 276		B3-1-2
银行存款	324 540					324 540		B3-1-3
审计说明								
审计结论	已实施具体审计程序，未发现重大错报							

注：(1) 审计说明内容主要包括描述科目的性质、审计程序的设计和实施情况、错报的情况以及科目余额或者发生额与上年数比较的变动分析等。
(2) 审计结论包括但不限于：①存在重大错报，需要调整以后才可以确认。②除已发现的调整事项外，未发现其他重大错报。③已实施具体审计程序，未发现重大错报等。④依据我们对科目性质和余额的了解，无须进行进一步审计程序。⑤测试结果满意等。

表 10-13　　库存现金盘点表

被审计单位：阳光实业有限公司　　编制：陈好　　日期：2021.07.01 索引号：B3-1-2
会计期间：2021.01.01～2021.06.30　　复核：刘涛　　日期：　　页次：

检查盘点记录					实有库存现金盘点记录						
项目	项次	人民币	美元		面额	人民币		美元			
						张	金额	张	金额	张	金额
上一日账面库存余额	①	16 276			1 000 元						
盘点日未记账传票收入金额	②				500 元						
盘点日未记账传票支出金额	③				100 元	150	15 000				

（续表）

检查盘点记录					实有库存现金盘点记录						
项目	项次	人民币	美元		面额	人民币		美元			
						张	金额	张	金额	张	金额
盘点日账面应有金额	④=①+②+③	16 276			50元	16	800				
盘点日实有现金数额	⑤	16 276			20元	20	400				
盘点日应有与实际金额的差异	⑥=④-⑤	0			10元	3	30				
差异原因分析					5元	8	40				
					2元						
					1元	6	6				
					5角						
					2角						
					1角						
					5角						
					2角						
追溯至报表日账面结存额	报表日至审计日库存现金付出总额				1角						
	报表日至审计日库存现金收入总额				合计		16 276				
	报表日库存现金应有余额	16 276			审计说明	已实施具体审计程序，未发现异常					
	报表日账面汇率										
	报表日余额折合本位币金额	16 276									
本位币合计		16 276									

注：在实务中，库存现金盘点表中的数据均是按照实际盘点数如实填列的，若盘点日与报表日期间发生现金收支业务，应在“追溯调整”栏列明。

表 10-14　　货币资金明细表

被审计单位：阳光实业有限公司　　编制：陈好　　日期：2021.07.01　　索引号：B3-1-3

会计期间：2021.01.01～2021.06.30　　复核：刘涛　　日期：　　页次：

项目	期初余额	本期借方	本期贷方	期末余额	备注
库存现金	5 000	24 976	13 700	16 276	
银行存款——中国工商银行××支行	210 000	83 400	94 380	199 020	
银行存款——交通银行××支行	500 000	21 060	395 540	125 520	
合计	715 000	129 436	503 620	340 816	
审计说明	（1）复核加计正确，并与明细账及合计数、总账数、未审报表数核对相符；年初数与上年审定数相符 （2）该单位的基本开户行为：中国工商银行××支行 （3）已经进行了询证，见银行询证函 A2-5-1 和 A2-5-2 （4）现金盘点程见现金盘点表底稿 B3-1-2 （5）年末未发现未达账情况				

表 10-15

银行存款函证结果汇总表

被审计单位：阳光实业有限公司　　编制：陈好　　日期：2021.07.01　　索引号：B3-1-4
会计期间：2021.01.01～2021.06.30　　复核：刘涛　　日期：　　页次：

开户银行	账号	币种	函证情况						冻结、质押等事项说明	备注
			对账单余额	函证日期	回函日期	回函金额	金额差异	银行询证函索引号		
中国工商银行××支行	6222285464645661 5877	人民币	199 020.00	2021.07.01	2021.07.01	199 020.00	0	A2-5-1	无	
交通银行××支行	6222076110180987 67957	人民币	125 520.00	2021.07.01	2021.07.01	125 520.00	0	A2-5-2	无	
审计说明	(1) 基本户为中国工商银行北京西城支行 (2) 银行存款只有人民币存款 (3) 银行日记账余额与银行对账单余额相等 (4) 银行均发函，和对账单金额相符									

注：注册会计师对银行存款进行函证，未发现异常。

表 10-16 **抽查表(库存现金)**

被审计单位:阳光实业有限公司　　编制:陈好　　日期:2021.07.01　　索引号:B3-1-5
会计期间:2021.01.01～2021.06.30　　复核:刘涛　　日期:　　页次:

序号	凭证日期	凭证号	摘要	对应科目		金额	核对情况(用“是”“否”表示)								备注
				名称	方向		(1)	(2)	(3)	(4)	(5)	(6)	(7)	(8)	
1	2021.03.21	现付字第016号	报销办公费用	管理费用	借	6 360	是	是	是	是					
2	2021.06.12	银付字第015号	提现	银行存款	贷	10 000	是	是	是	是					

核对内容说明:

(1) 原始凭证内容完整	(5)
(2) 有无授权批准	(6)
(3) 账务处理正确	(7)
(4) 金额核对相符	(8)
审计说明	经审计,未发现库存现金余额有重大错误

表 10-17 **抽查表(银行存款)**

被审计单位:阳光实业有限公司　　编制:陈好　　日期:2021.07.01　　索引号:B3-1-6
会计期间:2021.01.01～2021.06.30　　复核:刘涛　　日期:　　页次:

序号	凭证日期	凭证号	摘要	对应科目		金额	核对情况(用“是”“否”表示)								备注
				名称	方向		(1)	(2)	(3)	(4)	(5)	(6)	(7)	(8)	
1	2021.05.15	银收字第012号	销售商品	主营业务收入	贷	11 300	是	是	是	是					
2	2021.05.21	银付字第031号	购买原材料	材料采购	借	56 500	是	是	是	是					
3	2021.05.30	银收字第040号	收到上期货款	应收账款	贷	60 000	是	是	是	是					
4	2021.06.23	银付字第031号	购进材料	材料采购	借	113 000	是	是	是	是					

核对内容说明:

(1) 原始凭证内容完整	(5)
(2) 有无授权批准	(6)
(3) 财务处理正确	(7)
(4) 金额核对相符	(8)
审计说明	经审计,未发现银行存款余额有重大错误

银行询证函(样板 1)

编号：A2-5-1

中国工商银行××支行（银行）：

本公司（ 阳光实业有限公司 ）聘请的北京华城会计师事务所正在对本公司财务报表进行审计，按照《中国注册会计师审计准则》的要求，应当询证本公司与贵行的存款、借款往来及其他事项。下列数据出自本公司账簿记录，如与贵行记录相符，请在本函下端“信息证明无误”处签章证明；如有不符，请在“信息不符”处列明不符项目。如存在与本公司有关的未列入本函的其他项目，请在“信息不符”处列出这些项目的金额及其他详细资料。有关询证费用可直接从本公司存款账户（银行账号： 6222285464645661587 7 ）中收取。回函请直接寄至北京华城会计师事务所。

回函地址：北京市朝阳区使馆路××号××大厦×楼

邮编：000000 电话：010-12345678 传真：010-12345678

于2021 年06 月30 日，本公司银行存款、借款账户余额等列示如下：

1. 银行存款

账户名称	银行账号	币种	利率	余额	起止日期（活期/定期/保证金）	是否被抵押或者质押或其他限制	备注
阳光实业有限公司	62222854646456615877	人民币		199 020.00	活期	否	

注：除以上所述，本公司并无其他在贵行的存款。

2. 银行借款

银行账号	币种	余额	借款日期	还款日期	利率	其他借款条件	抵（质）押品/担保人	备注

注：除以上所述，本公司并无其他自贵行的借款。

3. 截至函证日止的一个年度内已注销的账户

账户名称	银行账号	币种	注销账户日

注：除以上所述，本公司并无其他截至函证日止的一个年度内已注销的账户。

4. 委托存款

账户名称	银行账号	借款方	币种	利率	余额	存款起止日期	备注

注：除以上所述，本公司并无其他通过贵行办理的委托存款。

（续）

5．委托贷款

账户名称	银行账号	贷款方	币种	利率	余额	贷款起止日期	备注

注：除以上所述，本公司并无其他通过贵行办理的委托贷款。

6．担保（如采用抵押或质押方式提供担保的，应在备注中说明抵押或者质押物情况）

被担保人	担保方式	担保金额	担保期限	担保事由	备注

注：除以上所述，本公司并无其他向贵行提供的担保。

7．尚未支付之银行承兑汇票

银行承兑汇票号码	票面金额	出票日	到期日

注：除以上所述，本公司并无其他由贵行承兑而尚未支付的银行承兑汇票。

8．已贴现而尚未到期之商业汇票

商业汇票号码	付款人名称	承兑人名称	票面金额	票面利率	出票日	到期日	贴现日	贴现率	贴现净额

注：除以上所述，本公司并无其他向贵行已贴现而尚未到期之商业汇票。

9．贵行托收的商业汇票

商业汇票号码	承兑人名称	票面金额	出票日	到期日

注：除以上所述，本公司并无其他由贵行托收的商业汇票。

10．未完成之已开具而不能撤销信用证

信用证号码	受益人	信用证金额	到期日	未使用金额

注：除以上所述，本公司并无其他由贵行开具而不能撤销之信用证。

（续）

11. 未完成之外汇买卖合约

类别	合约号码	买卖币种	未履行之合约买卖金额	汇率	交收日期
银行卖予公司					
公司卖予银行					

注：除以上所述，本公司并无其他与贵行未完成之外汇买卖合约。

12. 存放于银行之有价证券或者其他产权文件

有价证券或者其他产权文件名称	产权文件编号	数量	金额

注：除以上所述，本公司并无其他存放贵行之有价证券或者其他产权文件。

13. 其他事项（如信托存款、银行提供的担保等，若无除前面所述外的其他事项，则应填写“无”。）

公司盖章

日期：2021年07月01日

经办人：

以下仅供被函证银行使用

信息证明无误	信息不符
信息核对无误	（请列明不符项目的具体内容。其他未在本函列出的项目，请列出金额及其他详细资料）
银行盖章	银行盖章
日期	日期
经办人	经办人

图 10-2 银行询证函（样板 1）

银行询证函(样板2)

编号:A2-5-2

交通银行××支行(银行):

本公司(阳光实业有限公司)聘请的北京华城会计师事务所正在对本公司财务报表进行审计,按照《中国注册会计师审计准则》的要求,应当询证本公司与贵行的存款、借款往来及其他事项。下列数据出自本公司账簿记录,如与贵行记录相符,请在本函下端"信息证明无误"处签章证明;如有不符,请在"信息不符"处列明不符项目。如存在与本公司有关的未列入本函的其他项目,请在"信息不符"处列出这些项目的金额及其他详细资料。有关询证费用可直接从本公司存款账户(银行账号:622207611018098767957)中收取。回函请直接寄至北京华城会计师事务所。

回函地址:北京市朝阳区使馆路××号××大厦×楼

邮编:000000 电话:010-12345678 传真:010-12345678

于2021年06月30日,本公司银行存款、借款账户余额等列示如下:

1. 银行存款

账户名称	银行账号	币种	利率	余额	起止日期(活期/定期/保证金)	是否被抵押或者质押或其他限制	备注
阳光实业有限公司	622207611018098767957	人民币		125 520.00	活期	否	

注:除以上所述,本公司并无其他在贵行的存款。

2. 银行借款

银行账号	币种	余额	借款日期	还款日期	利率	其他借款条件	抵(质)押品/担保人	备注

注:除以上所述,本公司并无其他自贵行的借款。

3. 截至函证日止的一个年度内已注销的账户

账户名称	银行账号	币种	注销账户日

注:除以上所述,本公司并无其他截至函证日止的一个年度内已注销的账户。

4. 委托存款

账户名称	银行账号	借款方	币种	利率	余额	存款起止日期	备注

注:除以上所述,本公司并无其他通过贵行办理的委托存款。

（续）

5. 委托贷款

账户名称	银行账号	贷款方	币种	利率	余额	贷款起止日期	备注

注：除以上所述，本公司并无其他通过贵行办理的委托贷款。

6. 担保（如采用抵押或质押方式提供担保的，应在备注中说明抵押或质押物情况）

被担保人	担保方式	担保金额	担保期限	担保事由	备注

注：除以上所述，本公司并无其他向贵行提供的担保。

7. 尚未支付之银行承兑汇票

银行承兑汇票号码	票面金额	出票日	到期日

注：除以上所述，本公司并无其他由贵行承兑而尚未支付的银行承兑汇票。

8. 已贴现而尚未到期之商业汇票

商业汇票号码	付款人名称	承兑人名称	票面金额	票面利率	出票日	到期日	贴现日	贴现率	贴现净额

注：除以上所述，本公司并无其他向贵行已贴现而尚未到期之商业汇票。

9. 贵行托收的商业汇票

商业汇票号码	承兑人名称	票面金额	出票日	到期日

注：除以上所述，本公司并无其他由贵行托收的商业汇票。

10. 未完成之已开具而不能撤销信用证

信用证号码	受益人	信用证金额	到期日	未使用金额

注：除以上所述，本公司并无其他由贵行开具而不能撤销之信用证。

（续）

11. 未完成之外汇买卖合约

类别	合约号码	买卖币种	未履行之合约买卖金额	汇率	交收日期
银行卖予公司					
公司卖予银行					

注：除以上所述，本公司并无其他与贵行未完成之外汇买卖合约。

12. 存放于银行之有价证券或者其他产权文件

有价证券或者其他产权文件名称	产权文件编号	数量	金额

注：除以上所述，本公司并无其他存放贵行之有价证券或者其他产权文件。

13. 其他事项（如信托存款、银行提供的担保等，若无除前面所述外的其他事项，则应填写“无”。）

公司盖章

日期：2021年07月01日

经办人：

以下仅供被函证银行使用

信息证明无误	信息不符 （请列明不符项目的具体内容。其他未在本函列出的项目，请列出金额及其他详细资料）
信息核对无误	
银行盖章	银行盖章
日期	日期
经办人	经办人

图 10-3　银行询证函（样板 2）

【拓展内容】注册会计师还可以对大额资金支出进行测试，以确定这些大额资金支出是否存在被高估或者低估的情况(见表 10-18 和表 10-19)。

表 10-18 **工作底稿——大额收支测试(高估方向)**

日记账				银行回单				银行对账单				其他支持性文件			
编号	日期	金额	摘要	日期	编号	金额	付款方/收款方	银行名称	银行账号	日期	金额	编号	日期	金额	摘要
收款:															
付款:															
审计说明															
审计结论															

注:注册会计师取得现金日记账和银行存款日记账，其中选取各类性质金额重大、性质异常或者非经常性的交易实施实质性测试，追踪检查至银行回单、银行对账单、发票、销售合同或者采购合同等。

表 10-19

工作底稿——大额收支测试(低估方向)

银行对账单				银行回单				日记账				其他支持性文件			
银行名称	银行账号	日期	金额	日期	编号	金额	付款方/收款方	编号	日期	金额	金额	摘要	日期	金额	摘要
收款:															
付款:															
审计说明															
审计结论															

注:注册会计师取得并浏览被审计单位所有银行账户在被审计期间内的全部银行对账单,选取金额重大、性质异常或者非经常性的交易实施实质性测试,追踪至银行付款回单,日记账,发票,销售合同或采购合同等。

想一想

为什么顺查法可以查大额收支的低估，而逆差法可以查大额收支的高估?

模块测试

参考答案

一、单项选择题

1. 注册会计师对库存现金实有数额的审计应通过对库存现金实施(　　)来进行的。

A. 函证　　B. 监盘　　C. 分析程序　　D. 重新计算

2. 货币资金审计不涉及的凭证与记录是(　　)。

A. 库存现金盘点表　　B. 银行对账单

C. 银行存款余额调节表　　D. 库存现金对账单

3. 注册会计师在测试被审计单位的银行存款内部控制时，应当对收款凭证实施的检查，下列说法中，不恰当的是(　　)。

A. 核对收款凭证与银行对账单是否相符

B. 核对银行存款日记账的收入金额是否正确

C. 核对收款凭证与存入银行账户的日期和金额是否相符

D. 核对收款凭证与应付账款等相关明细账的记录是否相符

4. 注册会计师负责审计大华公司 2020 年度财务报表，了解到大华公司因特殊事项需要坐支现金的均符合公司内部控制的要求。下列选项中，属于能够授权审批公司坐支现金的是(　　)。

A. 大华公司开户银行　　B. 大华公司财务总监

C. 大华公司董事长　　D. 大华公司内部审计部门

5. 下列关于货币资金的管理及记录的说法中，恰当的是(　　)。

A. 货币资金包括现金和银行存款

B. 经营过程中发生的一切货币收支业务均可使用现金

C. 不应将现金大量留存在企业

D. 对于保证金等受限资金，应在编制财务报表中披露

二、多项选择题

1. 影响银行存款的循环包括(　　)。

A. 销售与收款循环　　B. 采购与付款循环

C. 筹资与投资循环　　D. 生产与仓储循环

2. 下列对监盘库存现金的表述中，正确的有(　　)。

A. 监盘库存现金，是证实资产负债表所列库存现金是否存在的一项重要程序

B. 实施突击性检查，时间最好是上午上班之前或者下午下班时进行

C. 在盘点之前，注册会计师应将库存现金集中起来

D. 对库存现金存放部门有两处或两处以上的，应同时进行盘点

3. 下列审计程序中，属于货币资金的控制测试程序的有(　　)。

A. 监盘库存现金

B. 检查外币现金的折算方法是否符合有关规定

C. 检查付款的授权批准手续是否符合规定

D. 检查银行存款余额调节表中未达账项在资产负债表日后的进账情况

4. 监盘库存现金，可以实现的审计目标有（　　）。

A. 确定库存现金在财务报表日是否确实存在，是否为被审计单位所有

B. 确定在特定期间内发生的现金收支业务是否均已记录完毕

C. 确定库存现金的余额是否正确

D. 确定库存现金在财务报表上的披露是否恰当

5. 下列对函证银行存款的处理中，正确的有（　　）。

A. 对存款余额为零的开户银行也进行了函证

B. 注册会计师委托出纳将函证信送交银行

C. 函证银行存款的同时，也对银行借款和借款抵押的情况进行了函证

D. 对存款余额较小的开户行采用的是消极式函证

三、判断题

1. 监盘库存现金必须有出纳员和被审计单位会计机构负责人参加，并由注册会计师亲自进行盘点。（　　）

2. 监盘库存现金通常采用突击的方式进行，库存现金保管人员不必始终在场。（　　）

3. 若被审计单位某一银行账户已结清，注册会计师可不再向此银行进行函证。（　　）

4. 资产负债表日后进行库存现金盘点时，注册会计师应倒推计算调整至资产负债表日的金额。（　　）

5. 银行存款函证的目的不包括查找未入账的银行借款。（　　）

四、案例分析题

1. DUIA会计师事务所负责审计南江公司2020年度财务报表，项目组记录的部分与南江公司货币资金相关的内部控制摘录如下：

(1) 南江公司的出纳不可以兼任稽核、收入、支出、费用、债权债务账目的登记工作，但是会计负责会计档案的保管工作。

(2) 在对货币资金的审批支付过程中，对于经办人遇到的审批人超越职权的审批款项，应当先行支付再向审批人的上级授权部门报告。

(3) 公司填写错误或者其他原因导致作废的法定票据，应当及时销毁以免被重复使用。

要求：针对(1)～(3)项，逐项分析南江公司的内部控制是否恰当；如不恰当，请简要说明理由。

2. 注册会计师在对ABC公司的银行存款进行审计时，经查该公司2020年12月31日银行存款日记账的余额为84 000元，银行对账单的余额为111 000元，经过逐笔核对发现如下未达账项：

(1) 公司收到销货款3 000元已登账，银行尚未入账。

(2) 公司支付购料款27 000元已登账，银行尚未入账。

(3) 银行收到购货方汇来货款15 000元已登账，公司尚未入账。

(4) 银行代公司支付购料款12 000元已登账，公司尚未入账。

要求：编制银行存款余额调节表。

模块 11

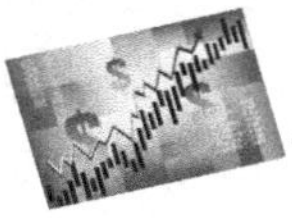

完成审计工作与出具审计报告

［考核目标］

1. 了解审计完成阶段的工作内容。
2. 理解管理层声明书。
3. 撰写审计报告。

［实践目标］

1. 能够编制调整分录汇总表、未更正错报汇总表、试算平衡表。
2. 能够理解管理层声明书和撰写审计报告。

［知识点思维导图］

- 完成审计工作与出具审计报告
  - 完成审计工作
    - 编制调整分录汇总表、未更正错报汇总表和试算平衡表
    - 获取管理层声明
    - 出具管理建议书
    - 进行审计工作完成情况的检查核对
    - 完成质量控制复核
  - 出具审计报告
    - 审计报告概述
    - 审计意见的形成
    - 审计报告的基本内容

［案例导读］

审计报告

安永华明(2020)审字第 61266642_G01 号

广发证券股份有限公司

广发证券股份有限公司全体股东：

一、审计意见

我们审计了广发证券股份有限公司的财务报表，包括 2019 年 12 月 31 日的合并及公司资产负债表，2019 年度的合并及公司利润表、股东权益变动表和现金流量表以及相关财务报表附注。我们认为，后附的广发证券股份有限公司的财务报表在所有重大方面按照《企业会计准则》的规定编制，公允反映了广发证券股份有限公司 2019 年 12 月 31 日的合并及公司财务状况以及 2019 年度的合并及公司经营成果和现金流量。

二、形成审计意见的基础

我们按照《中国注册会计师审计准则》的规定执行了审计工作。审计报告的“注册会计师对财务报表审计的责任”部分进一步阐述了我们在这些准则下的责任。按照《中国注册会计师职业道德守则》,我们独立于广发证券股份有限公司,并履行了职业道德方面的其他责任。我们相信,我们获取的审计证据是充分、适当的,为发表审计意见提供了基础。

三、关键审计事项(略)

四、其他信息(略)

五、管理层和治理层对财务报表的责任(略)

六、注册会计师对财务报表审计的责任(略)

安永华明会计师事务所(特殊普通合伙)　　　　中国注册会计师:赵　雅(项目合伙人)

中国　北京

中国注册会计师:何彦仪

中国　北京　2020 年 3 月 27 日

资料来源: 佚名. 广发证券:2019 年度审计报告[EB/OL]. (2020-03-28)[2021-06-06]. http://data.eastmoney.com/notices/detail/000776/AN202003271377082575,JWU1JWI5JWJmJWU1JThmJTkxJWU4JWFmJTgxJWU1JTg4JWI4.html#.

想一想

该审计报告包含了什么内容?该审计报告属于什么类型的审计报告?

任务 11.1　完成审计工作

审计完成阶段是审计的最后一个阶段。注册会计师按业务循环完成各财务报表项目的审计测试和一些特殊项目的审计工作后,在审计完成阶段汇总审计测试结果,进行更具综合性的审计工作,如评价审计中的重大发现,评价审计过程中发现的错报,关注被审计单位持续经营的情况、或有事项和期后事项对财务报表的影响,复核审计工作底稿和财务报表等。在此基础上,评价审计结果,在与客户沟通以后,获取管理层声明,确定应出具的审计报告的意见类型和措辞,进而编制并致送审计报告,终结审计工作。

一、编制调整分录汇总表、未更正错报汇总表和试算平衡表

注册会计师在完成按业务循环进行的控制测试、财务报表项目的实质性程序和特殊项目的审计后,对审计项目组成员在审计中发现的错报,应予以汇总,并建议被审计单位对重大错报进行调整,使经审计的财务报表所载信息能够公允地反映被审计单位的财务状况、经营成果和现金流量。

(一) 编制调整分录汇总表、未更正错报汇总表

无论是核算错误还是重分类错误，在审计工作底稿中通常都是以会计分录的形式反映的。由于审计中发现的错误往往不止一两项，为便于审计项目的各级负责人综合判断、分析和决定，也为了便于有效编制试算平衡表和代编已审的财务报表，注册会计师通常需要将这些错误分别汇总至账项调整分录汇总表、重分类调整分录汇总表、列报调整汇总表和未更正错报汇总表(见表11-1至表 11-4)。

表 11-1 账项调整分录汇总表

序号	内容及说明	索引号	调整项目和金额				影响利润表	影响资产负债表
			借方项目	借方金额	贷方项目	贷方金额		

与被审计单位的沟通：
参加人员：
被审计单位：　　　　　　　　　　审计项目组：
被审计单位的意见：
结论：
是否同意上述审计调整：
被审计单位授权代表签字：　　　　　日期：

表 11-2 重分类调整分录汇总表

序号	内容及说明	索引号	调整项目和金额				影响利润表	影响资产负债表
			借方项目	借方金额	贷方项目	贷方金额		

与被审计单位的沟通：
参加人员：
被审计单位：　　　　　　　　　　审计项目组：
被审计单位的意见：
结论：
是否同意上述审计调整：
被审计单位授权代表签字：　　　　　日期：

表 11-3 列报调整汇总表

一、被审计单位财务报表附注中的漏报项目包括：
二、被审计单位财务报表附注中的错报项目包括：

与被审计单位的沟通：
参加人员：
被审计单位： 审计项目组：
被审计单位的意见：
结论：
是否同意上述审计调整：
被审计单位授权代表签字： 日期：

表 11-4 未更正错报汇总表

序号	内容及说明	索引号	未调整内容				备注
			借方项目	借方金额	贷方项目	贷方金额	

未更正错报的影响：

项目	金额	百分比	计划内百分比
总资产			
净资产			
销售收入			
费用总额			
毛利			
净利润			

结论：
被审计单位授权代表签字： 日期：

注册会计师确定核算错误和重分类错误后，应以书面方式及时征求被审计单位的意见。若被审计单位予以采纳，应取得其同意调整的书面确认；若被审计单位不予采纳，应分析原因，并根据错报的性质和重要程度，确定是否在审计报告中予以反映，以及如何反映。

(二) 编制试算平衡表

编制的试算平衡表如表 11-5 至表 11-7 所示。

表 11-5　　资产负债表试算平衡(资产)　　单位:元

项目	期末未审数	账项调整		重分类调整		期末审定数
		借方	贷方	借方	贷方	
流动资产:						
货币资金						
交易性金融资产						
衍生金融资产						
应收票据						
应收账款						
应收款项融资						
预付款项						
其他应收款						
存货						
合同资产						
持有待售资产						
一年内到期的非流动资产						
其他流动资产						
流动资产合计						
非流动资产:						
债权投资						
其他债权投资						
长期应收款						
长期股权投资						
其他权益工具投资						
其他非流动金融资产						
投资性房地产						
固定资产						
在建工程						
生产性生物资产						
油气资产						
使用权资产						
无形资产						
开发支出						
商誉						
长期待摊费用						
递延所得税资产						
其他非流动资产						
非流动资产合计						
资产总计						

表 11-6　　资产负债表试算平衡(负债和所有者权益)　　单位:元

项目	期末未审数	账项调整		重分类调整		期末审定数
		借方	贷方	借方	贷方	
流动负债:						
短期借款						
交易性金融负债						
衍生金融负债						
应付票据						
应付账款						
预收款项						
合同负债						
应付职工薪酬						
应交税费						
其他应付款						
持有待售负债						
一年内到期的非流动负债						
其他流动负债						
流动负债合计						
非流动负债:						
长期借款						
应付债券						
租赁负债						
长期应付款						
长期应付款						
预计负债						
递延收益						
递延所得税负债						
其他非流动负债						
非流动负债合计						
负债合计						
所有者权益:						
实收资本						
其他权益工具						
资本公积						
减:库存股						
其他综合收益						
专项储备						
盈余公积						
未分配利润						
所有者权益合计						
负债和所有者权益总计						

表 11-7　　　　　　　　　　　　利润表试算平衡　　　　　　　　　　　　单位：元

项目	本年未审数	账项调整		重分类调整		本年审定数
		借方	贷方	借方	贷方	
一、营业收入						
减：营业成本						
税金及附加						
销售费用						
管理费用						
研发费用						
财务费用						
其中：利息费用						
利息收入						
加：其他收益						
投资收益(损失以“－”号填列)						
净敞口套期收益(损失以“－”号填列)						
公允价值变动收益(损失以“－”号填列)						
信用减值损失(损失以“－”号填列)						
资产减值损失(损失以“－”号填列)						
资产处置收益(损失以“－”号填列)						
二、营业利润(亏损以“－”号填列)						
加：营业外收入						
减：营业外支出						
三、利润总额(亏损以“－”号填列)						
减：所得税费用						
四、净利润(亏损以“－”号填列)						
五、其他综合收益的税后净额						
六、综合收益总额						
七、每股收益：						
(一) 基本每股收益						
(二) 稀释每股收益						

二、获取管理层声明

管理层声明是指被审计单位管理层向注册会计师提供的关于财务报表的各项陈述。注册会计师在出具审计报告前应向被审计单位索取管理层声明。

三、出具管理建议书

管理建议书是指注册会计师在完成审计工作后，针对审计过程中已注意到的，可能导致被审计单位财务报表产生重大错误报告的内部控制重大缺陷提出书面建议。

四、进行审计工作完成情况的检查核对

项目组内注册会计师应该在审计工作完成阶段依据审计工作完成情况核对表对审计工作完成情况进行核对检查。

五、完成质量控制复核

会计师事务所应当建立完善的审计工作底稿分级复核制度。如前所述，对审计工作底稿的复核可分为两个层次：项目组内部复核和独立的项目质量控制复核。

（一）项目组内部复核

项目组内部复核又分为两个层次：审计项目经理的现场复核和项目合伙人的复核。

1. 审计项目经理的现场复核

审计项目经理的现场复核属于第一级复核，通常在审计现场完成，以便及时发现和解决问题，争取审计工作的主动。

2. 项目合伙人的复核

项目合伙人的复核既是对审计项目经理复核的再监督，也是对重要审计事项的把关。

（二）独立的项目质量控制复核

独立的项目质量控制复核是指在出具报告前，对项目组做出的重大判断和在准备报告时形成的结论做出客观评价的过程。独立的项目质量控制复核也称独立复核。

《会计师事务所质量控制准则第 5101 号——业务质量控制》要求对包括上市公司财务报表审计在内的特定业务实施项目质量控制复核，并在出具报告前完成。

任务 11.2　出具审计报告

一、审计报告概述

（一）审计报告的含义

审计报告是指注册会计师根据审计准则的规定，在执行审计工作的基础上，对财务报表发表审计意见的书面文件。

（二）审计报告的作用

注册会计师签发的审计报告，主要具有鉴证、保护和证明三方面的作用。

1. 鉴证作用

注册会计师签发的审计报告不同于政府审计和内部审计的审计报告，是以超然独立的第三者身份，对被审计单位财务报表的合法性、公允性发表意见。这种意见具有鉴证作用。

2. 保护作用

注册会计师通过审计，可以对被审计单位财务报表出具不同类型审计意见的审计报告，以

提高或者降低财务报表使用者对财务报表的信赖程度，能够在一定程度上对被审计单位的债权人和股东以及其他利害关系人的利益起到保护作用。

3. 证明作用

审计报告是对注册会计师审计任务完成情况及其结果所做的总结，它可以表明审计工作的质量并明确注册会计师的审计责任。因此，审计报告可以对审计工作质量和注册会计师的审计责任起证明作用。

二、审计意见的形成

注册会计师应当根据由审计证据得出的结论，清楚表达对财务报表的意见。无论是出具标准审计报告，还是非标准审计报告，注册会计师一旦在审计报告上签名并盖章，就标明对其出具的审计报告负责。

出具审计报告时，注册会计师要判断财务报表未更正错报金额或者因审计范围受到限制的影响是否重大，这往往离不开重要性水平。在其他条件相同的情况下，重要性水平是考虑审计报告类型的重要依据。审计意见的类型如表 11-8 所示。

表 11-8 审计意见的类型

事项与类型	不重要	重要	重要且广泛
未更正错报金额	无保留意见	保留意见	否定意见
审计范围受到限制	无保留意见	保留意见	无法表示意见

三、审计报告的基本内容

(一) 审计报告的要素

1. 标题

审计报告应当具有标题，统一规范为“审计报告”字样。

2. 收件人

审计报告的收件人是指注册会计师按照业务约定书的要求致送审计报告的对象。它一般是指审计业务的委托人。审计报告应当按照审计业务的约定载明收件人的全称。

3. 审计意见

审计意见部分由两部分构成。

第一部分指出已审计财务报表，应当包括下列方面：① 指出被审计单位的名称。② 说明财务报表已经审计。③ 指出构成整套财务报表的每一财务报表的名称。④ 提及财务报表附注。⑤ 指明构成整套财务报表的每一财务报表的日期或者涵盖的期间。

第二部分应当说明注册会计师发表的审计意见。如果注册会计师对财务报表发表无保留意见，除非法律法规另有规定，审计意见应当使用：“我们认为，财务报表在所有重大方面按照[适用的财务报告编制基础(如《企业会计准则》等)]编制，公允反映了 [……]”的措辞。

4. 形成审计意见的基础

审计报告应当包含标题为“形成审计意见的基础”的部分。该部分提供关于审计意见的重要背景，应当紧接在审计意见部分之后，并包括下列方面：

(1) 说明注册会计师按照审计准则的规定执行了审计工作。

(2) 提及审计报告中用于描述审计准则规定的注册会计师责任的部分。

(3) 声明注册会计师按照与审计相关的职业道德要求对被审计单位保持了独立性，并履行了职业道德方面的其他责任。

(4) 说明注册会计师是否相信获取的审计证据是充分、适当的，为发表审计意见提供了基础。

5. 管理层对财务报表的责任

审计报告应当包含标题为“管理层对财务报表的责任”的部分，其中应当说明管理层负责下列方面：

(1) 按照适用的财务报告编制基础编制财务报表，使其实现公允反映，并设计、执行和维护必要的内部控制，以使财务报表不存在由于舞弊或者错误导致的重大错报。

(2) 评估被审计单位的持续经营能力和使用持续经营假设是否适当，并披露与持续经营相关的事项(如适用)。

6. 注册会计师对财务报表审计的责任

审计报告应当包含标题为“注册会计师对财务报表审计的责任”的部分，其中应当包括下列内容：

(1) 说明注册会计师的目标是对财务报表整体是否不存在由于舞弊或者错误导致的重大错报获取合理保证，并出具包含审计意见的审计报告。

(2) 说明合理保证是高水平的保证，但并不能保证按照审计准则执行的审计在某一重大错报存在时总能发现。

(3) 说明错报可能由于舞弊或者错误导致。

(4) 说明在按照审计准则执行审计工作的过程中，注册会计师运用职业判断，并保持职业怀疑。

(5) 通过说明注册会计师的责任，对审计工作进行描述。

(6) 说明注册会计师与治理层就计划的审计范围、时间安排和重大审计发现等事项进行沟通，包括沟通注册会计师在审计中识别的值得关注的内部控制缺陷。

(7) 对于上市实体财务报表审计，指出注册会计师就已遵守与独立性相关的职业道德要求向治理层提供声明，并与治理层沟通可能被合理认为影响注册会计师独立性的所有关系和其他事项，以及相关的防范措施(如适用)。

(8) 对于上市实体财务报表审计，以及决定按照《中国注册会计师审计准则第 1504 号——在审计报告中沟通关键审计事项》的规定沟通关键审计事项的其他情况，说明注册会计师从已与治理层沟通的事项中确定哪些事项对本期财务报表审计最为重要，因而构成关键审计事项。注册会计师应当在审计报告中描述这些事项，除非法律法规禁止公开披露这些事项，或者在极少数情形下，注册会计师合理预期在审计报告中沟通某事项造成的负面后果超过在公众利益方面产生的益处，因而决定不应在审计报告中沟通该事项。

7. 按照相关法律法规的要求报告的事项（如适用）

除了审计准则规定的注册会计师对财务报表出具审计报告的责任外，相关法律法规可能对 注册会计师设定了其他报告责任。例如，如果注册会计师在财务报表审计中注意到某些事项，可能被要求对这些事项予以报告。此外，注册会计师可能被要求实施额外的规定的程序并予以报告，或者对特定事项(如会计账簿和记录的适当性)发表意见。

8. **注册会计师的签名和盖章**

审计报告应当由项目合伙人和另一名负责该项目的注册会计师签名和盖章。

9. **会计师事务所的名称、地址和盖章**

审计报告应当载明会计师事务所的名称和地址，并加盖会计师事务所公章。

10. **报告日期**

审计报告应当注明报告日期。审计报告日不应早于注册会计师获取充分、适当的审计证据（包括管理层认可对财务报表的责任且已批准财务报表的证据），并在此基础上对财务报表形成审计意见的日期。

在确定审计报告日时，注册会计师应当确信已获取下列两方面的审计证据：

(1) 构成整套财务报表的所有报表（包括相关附注）已编制完成。

(2) 被审计单位的董事会、管理层或类似机构已经认可其对财务报表负责。

（二）审计报告

1. **无保留意见审计报告**

无保留意见审计报告的范文见图 11-1。

审 计 报 告

ABC 股份有限公司全体股东：

一、审计意见

我们审计了后附的 ABC 股份有限公司（以下简称“ABC 公司”）财务报表，包括 2020 年 12 月 31 日的资产负债表，2020 年度的利润表、现金流量表和所有者权益变动表以及财务报表附注。

我们认为，后附的财务报表在所有重大方面按照《企业会计准则》的规定编制，公允反映了 ABC 公司 2020 年 12 月 31 日的财务状况以及 2020 年度的经营成果和现金流量。

二、形成审计意见的基础

我们按照《中国注册会计师审计准则》的规定执行了审计工作。审计报告的“注册会计师对财务报表审计的责任”部分进一步阐述了我们在这些准则下的责任。按照《中国注册会计师职业道德守则》，我们独立于 ABC 公司，并履行了职业道德方面的其他责任。我们相信，我们获取的审计证据是充分、适当的，为发表审计意见提供了基础。

三、关键审计事项

关键审计事项是我们根据职业判断，认为对本期财务报表审计最为重要的事项。这些事项的应对以对财务报表整体进行审计并形成审计意见为背景，我们不对这些事项单独发表意见。

……

四、其他信息

ABC 公司管理层对其他信息负责。其他信息包括年度报告中涵盖的信息，但不包括财务报表和我们的审计报告。

……

五、管理层和治理层对财务报表的责任

管理层负责按照《企业会计准则》的规定编制财务报表，使其实现公允反映，并设计、执行和维护必要的内部控制，以使财务报表不存在由于舞弊或者错误导致的重大错报。

在编制财务报表时，管理层负责评估 ABC 公司的持续经营能力，披露与持续经营相关的事项（如适用），并运用持续经营假设，除非计划进行清算、终止运营或者别无其他现实的选择。

治理层负责监督ABC公司的财务报告过程。

六、注册会计师对财务报表审计的责任

我们的目标是对财务报表整体是否不存在由于舞弊或者错误导致的重大错报获取合理保证,并出具包含审计意见的审计报告。合理保证是高水平的保证,但并不能保证按照审计准则执行的审计在某一重大错报存在时总能发现。错报可能由于舞弊或错误导致,如果合理预ABC公司2020年年度报告全文××期错报单独或者汇总起来可能影响财务报表使用者依据财务报表做出的经济决策,则通常认为错报是重大的。

在按照审计准则执行审计工作的过程中,我们运用职业判断,并保持职业怀疑。同时,我们也执行以下工作:

(1) 识别和评估由于舞弊或者错误导致的财务报表重大错报风险,设计和实施审计程序以应对这些风险,并获取充分、适当的审计证据,作为发表审计意见的基础。由于舞弊可能涉及串通、伪造、故意遗漏、虚假陈述或者凌驾于内部控制之上,未能发现由于舞弊导致的重大错报的风险高于未能发现由于错误导致的重大错报的风险。

(2) 了解与审计相关的内部控制,以设计恰当的审计程序,但目的并非对内部控制的有效性发表意见。

(3) 评价管理层选用会计政策的恰当性和做出会计估计及相关披露的合理性。

(4) 对管理层使用持续经营假设的恰当性得出结论。同时,根据获取的审计证据,就可能导致对ABC公司持续经营能力产生重大疑虑的事项或者情况是否存在重大不确定性得出结论。如果我们得出结论认为存在重大不确定性,审计准则要求我们在审计报告中提请报表使用者注意财务报表中的相关披露;如果披露不充分,我们应当发表非无保留意见。我们的结论基于截至审计报告日可获得的信息。然而,未来的事项或者情况可能导致ABC公司不能持续经营。

(5) 评价财务报表的总体列报、结构和内容(包括披露),并评价财务报表是否公允反映相关交易和事项。

(6) 就ABC公司中实体或业务活动的财务信息获取充分、适当的审计证据,以对财务报表发表审计意见。我们负责指导、监督和执行集团审计,并对审计意见承担全部责任。

我们与治理层就计划的审计范围、时间安排和重大审计发现等事项进行沟通,包括沟通我们在审计中识别出的值得关注的内部控制缺陷。

我们还就已遵守与独立性相关的职业道德要求向治理层提供声明,并与治理层沟通可能被合理认为影响我们独立性的所有关系和其他事项,以及相关的防范措施(如适用)。

从与治理层沟通过的事项中,我们确定哪些事项对本期财务报表审计最为重要,因而构成关键审计事项。我们在审计报告中描述这些事项,除非法律法规禁止公开披露这些事项,或者在极少数情形下,如果合理预期在审计报告中沟通某事项造成的负面后果超过在公众利益方面产生的益处,我们确定不应在审计报告中沟通该事项。

XYZ会计师事务所(特殊普通合伙)　　　　中国注册会计师:×××(项目合伙人)

中国××市

中国注册会计师:×××

中国北京　2021年××月××日

图11-1　无保留意见审计报告

2. 保留意见审计报告

保留意见审计报告的范文见图11-2。

审 计 报 告

ABC股份有限公司全体股东：

一、审计意见

我们审计了后附的ABC股份有限公司（以下简称“ABC公司”）财务报表，包括2020年12月31日的资产负债表，2020年度的利润表、现金流量表和所有者权益变动表以及财务报表附注。

我们认为，除“形成保留意见的基础”部分所述事项产生的影响外，后附的财务报表在所有重大方面按照《企业会计准则》的规定编制，公允反映了ABC公司2020年12月31日的财务状况以及2020年度的经营成果和现金流量。

二、形成审计意见的基础

ABC公司2020年12月31日资产负债表中存货的列示金额为×万元。ABC公司管理层（以下简称“管理层”）根据成本对存货进行计量，而没有根据成本与可变现净值孰低的原则进行计量，这不符合《企业会计准则》的规定。ABC公司的会计记录显示，如果管理层以成本与可变现净值孰低来计量存货，存货列示的金额将减少×万元。相应地，资产减值损失将增加×万元，所得税、净利润和股东权益将分别减少×万元、×万元和×万元。

我们按照《中国注册会计师审计准则》的规定执行了审计工作。审计报告的“注册会计师对财务报表审计的责任”部分进一步阐述了我们在这些准则下的责任。按照中国注册会计师职业道德守则，我们独立于ABC公司，并履行了职业道德方面的其他责任。我们相信，我们获取的审计证据是充分、适当的，为发表审计意见提供了基础。

三、关键审计事项

关键审计事项是我们根据职业判断，认为对本期财务报表审计最为重要的事项。这些事项的应对以对财务报表整体进行审计并形成审计意见为背景，我们不对这些事项单独发表意见。除了“形成保留意见的基础”部分所述事项，我们确定下列事项是需要在审计报告中沟通的关键审计事项。

……

四、其他信息

ABC公司管理层对其他信息负责。其他信息包括年度报告中涵盖的信息，但不包括财务报表和我们的审计报告。

……

五、管理层和治理层对财务报表的责任

（同无保留意见审计报告格式，此处略）

六、注册会计师对财务报表审计的责任

（同无保留意见审计报告格式，此处略）

XYZ会计师事务所（特殊普通合伙）　　中国注册会计师：×××（项目合伙人）

中国××市

中国注册会计师：×××

中国北京　2021年××月××日

图11-2 保留意见审计报告

3. 否定意见审计报告

否定意见审计报告的范文见图 11-3。

审 计 报 告

ABC 股份有限公司全体股东：

一、审计意见

我们审计了后附的 ABC 股份有限公司（以下简称“ABC 公司”）财务报表，包括 2020 年 12 月 31 日的资产负债表，2020 年度的利润表、现金流量表和所有者权益变动表以及财务报表附注。

我们认为，由于“形成否定意见的基础”部分所述事项的重要性，后附的财务报表没有在所有重大方面按照××财务报告编制基础的规定编制，未能公允反映了 ABC 公司 2020 年 12 月 31 日的财务状况以及 2020 年度的经营成果和现金流量。

二、形成审计意见的基础

如财务报表附注×所述，2020 年 ABC 集团通过非同一控制下的企业获得对 DEF 公司的控制权，因未能取得购买日 DEF 公司某些重要资产和负债的公允价值，故未将 DEF 公司纳入财务报表的范围。按照××财务报表编制基础的规定，该集团应将这一子公司纳入范围，并以暂估金额为基础核算该项收购。如果将 DEF 公司纳入财务报表的范围，后附的 ABC 集团财务报表的多个报表项目将受到重大影响。但我们无法确定未将 DEF 公司纳入范围对合并财务报表产生的影响。

我们按照中国注册会计师审计准则的规定执行了审计工作。审计报告的“注册会计师对财务报表审计的责任”部分进一步阐述了我们在这些准则下的责任。按照中国注册会计师职业道德守则，我们独立于 ABC 公司，并履行了职业道德方面的其他责任。我们相信，我们获取的审计证据是充分、适当的，为发表审计意见提供了基础。

三、关键审计事项

除了“形成否定意见的基础”部分所述事项，我们认为，没有其他需要在我们的报告中沟通的关键审计事项。

……

四、其他信息

ABC 公司管理层对其他信息负责。其他信息包括年度报告中涵盖的信息，但不包括财务报表和我们的审计报告。

……

五、管理层和治理层对财务报表的责任

（同无保留意见审计报告格式，此处略）

六、注册会计师对财务报表审计的责任

（同无保留意见审计报告格式，此处略）

XYZ 会计师事务所（特殊普通合伙）　　中国注册会计师：×××（项目合伙人）

中国××市

中国注册会计师：×××

中国北京　2021 年××月××日

图 11-3　否定意见审计报告

4. 无法表示意见审计报告

无法表示意见审计报告的范文见图 11-4。

审 计 报 告

ABC 股份有限公司全体股东：

一、无法表示审计意见

我们接受委托，审计 ABC 股份有限公司(以下简称"ABC 公司")财务报表，包括 2020 年 12 月 31 日的资产负债表，2020 年度的利润表、现金流量表和所有者权益变动表以及财务报表附注。

我们不对后附的 ABC 公司财务报表发表审计意见。由于"形成无法表示意见的基础"部分所述事项的重要性，我们无法获取充分、适当的审计证据以作为对财务报表发表审计意见的基础。

二、形成无法表示意见的基础

我们于 2021 年 1 月接受委托审计 ABC 公司财务报表，因而未能对 ABC 公司 2020 年年初余额金额为×元的存货和年末金额为×元的存货实施监盘程序。此外，我们也无法实施替代审计程序获取充分、适当的审计证据。并且，ABC 公司于 2020 年 9 月采用新的应收账款电算化系统，由于存在系统缺陷导致应收账款出现大量错误。截至报告日，ABC 公司管理层(以下简称"管理层")仍在纠正系统缺陷并更正错误，我们无法实施替代审计程序，以及截至 2020 年 12 月 31 日的应收账款总额×元获取充分、适当的审计证据。因此，我们无法确定是否有必要对存货、应收账款以及财务报表其他项目做出调整，也无法确定应调整的金额。

三、管理层和治理层对财务报表的责任

(同无保留意见审计报告格式，此处略)

四、注册会计师对财务报表审计的责任

我们的责任是按照审计准则的规定，对 ABC 公司的财务报表执行审计工作，以及出具审计报告。但由于"形成无法表示意见的基础"部分所述的事项，我们无法获取充分、适当的审计证据以作为发表审计意见的基础。

按照《中国注册会计师职业道德守则》，我们独立于 ABC 公司，并履行了职业道德方面的其他责任。

XYZ 会计师事务所(特殊普通合伙)　　　　中国注册会计师：×××(项目合伙人)

中国××市

中国注册会计师：×××

中国北京　2021 年××月××日

图 11-4　无法表示意见审计报告

模块测试

参考答案

一、单项选择题

1. 注册会计师如果认为必要，可以在审计报告的（　　）增加强调事项段，对重大事项加以说明。

A. 引言段之后　　B. 意见段之后　　C. 意见段之前　　D. 审计报告附注中

2. 注册会计师在出具保留意见、否定意见或者无法表示意见的审计报告时，应在（　　）增加说明段，说明所持意见的理由。

A. 意见段之前　　B. 意见段之后　　C. 引言段之前　　D. 引言段之后

3. 注册会计师在出具保留意见、否定意见或者无法表示意见的审计报告时，应在意见段之前增加说明段，说明所持意见的全部理由，并在可能的情况下指出其对（　　）的影响程度。

A. 审计意见　　B. 财务报表　　C. 审计风险　　D. 被审计单位现金流量

二、多项选择题

1. 索取被审计单位管理层声明的作用主要有（　　）。

A. 明确管理层对财务报表的责任　　B. 确认注册会计师的审计范围

C. 保护注册会计师　　D. 提供审计证据

2. 下列各项中，通常包括在管理层声明书里的有（　　）。

A. 管理层认可其对财务报表的编制责任

B. 注册会计师应对财务报表的可靠程度提供绝对的保证

C. 对财务报表具有重大影响的重大不确定事项

D. 管理层声明财务会计资料已全部提供给注册会计师

3. 审计报告的引言段主要说明（　　）。

A. 被审计单位的名称

B. 被审计单位财务报表已经过审计

C. 构成整套财务报表的每张报表的名称、日期和涵盖的期间

D. 提及财务报表附注

4. 审计意见的基本类型有（　　）。

A. 无保留意见　　B. 否定意见　　C. 保留意见　　D. 无法表示意见

三、判断题

1. 管理层声明书是一种独立来源的说明书，因此可作为可靠的审计证据，代替其他证据。（　　）

2. 注册会计师明知应当出具否定意见的审计报告时，为了规避风险，可以用无法表示意见的审计报告代替。（　　）

3. 被审计单位管理层将财务报表与审计报告一同提交给财务报表使用者，可以减少其对财务报表的真实性、合法性所负的责任。（　　）

4. 审计报告的签署日期为审计报告完稿日期。（　　）

5. 因审计范围受到限制，未能取得充分、适当的审计证据，未发现的错报可能影响重大，

但不广泛，则注册会计师应当发表保留意见。 ( )

四、案例分析题

某会计师事务所的注册会计师张扬作为项目经理带领项目组已于 2021 年 4 月 10 日完成了对 ABC 有限责任公司 2020 年财务报表的审计工作，获取了充分、适当的审计证据。合伙人李力作为项目负责人复核了审计工作底稿。注册会计师确定的财务报表层次重要性水平为 5 万元。在审计过程中，注册会计师发现 ABC 有限责任公司财务报表存在如下问题：

(1) 2020 年 12 月，预付 2021 年财产保险费 5 000 元，全部作当月管理费用处理。该公司没有接受注册会计师的调整建议。

(2) 2020 年 1 月，从二级市场购入 10 万元股票，将其列入"管理费用"账户，造成资产、利润、所得税反映失实。注册会计师提出了调整建议，该公司拒绝采纳。

(3) 该公司管理层拒绝注册会计师参加存货盘点，该存货占总资产的 50%，注册会计师无法对存货运用替代审计程序。

要求：

(1) 分别根据上述问题(1)～(3)，说明注册会计师应发表何种审计意见，并简要说明理由。

(2) 假如只存在问题(1)，请编写一份审计报告。